전설의
프로 트레이더
빅2

옮긴이 | 이은주

이화여자대학교 법학과를 졸업했고 현재 번역 에이전시 엔터스코리아에서 금융과 경제 분야 전문 번역가로 활동하고 있다. 옮긴 책으로는《전설의 프로 트레이더 빅 2》《벤저민 그레이엄 자서전》《모든 주식을 소유하라》《투자의 미래》《히트 메이커스》등 다수가 있다.

세 자리 수익률의 열쇠,
테크노펀더멘털 트레이딩 실전편

전설의
프로 트레이더
빅2

빅터 스페란데오 지음 | 이은주 옮김

액티브
ACTIVE

30년 전의 빛나는 통찰,
얻을 것과 버릴 것

투자는 어렵다. 트레이딩도 어렵다. 스포츠 경기에는 다음 경기와 다음 시즌이 있다. 하지만 트레이딩 게임은 한순간이고 패자는 퇴출된다. 트레이딩에는 승자보다 패자가 많고 패자는 늘 탄식과 후회에 갇힌다. 패배의 원인을 자신보다 타인에게서 찾기 마련이고 애널리스트, 경제학자, 매스미디어 등 증시에서 나도는 온갖 조언을 불신한다. 그러다 지친 이들이 갖는 마지막 감정은 냉소다. 전문가와 원숭이의 수익률 승부에서 승자는 원숭이였다는 실험은 이럴 때 소환되곤 한다.

승리할 방법은 분명히 있다. 조지 소로스는 경제 이론과 실제의 간극을 활용한 매크로 투자로 큰돈을 벌었다. 에드 세이코타는 추세 추종이라는 단순한 전략만으로 높은 승률을 기록했다. 짐 사이먼스의 르네상스테크놀로지는 퀀트 알고리즘으로 탁월

한 성과를 이어갔다. 누구나 공감하듯이 워런 버핏은 자신의 투자철학을 그대로 적용한 버크셔 해서웨이로 역사를 만들었다. 이처럼 시장을 압도하는 승자는 분명 존재한다.

이들의 방법론에 관한 책도 수없이 나와 있다. 이를 적용해 성공한 투자자도 있지만 개인 투자자 대다수는 따라 하지 못한다. 그러다 보니 시장을 이길 수 없다면 장기적으로 '평균 매입 단가 인하 효과(dollar cost averaging effect)'를 꾀하는 게 낫다는 의견으로 모여진다. 주, 월, 분기 등 일정 기간에 일정 자금을 투자하는 적립식 투자가 늘어나는 배경이다. 굳이 타이밍을 찾지 않고 마음 편한 적립식 투자에 나서는 것도 합리적 선택이라고 본다.

하지만 아쉽지 않은가? 분명 투자에는 소수의 승자가 존재하고, 성공의 열매는 너무나 달다. 투자는 경마와 복권처럼 승자가 소수이고 패자가 다수인 마이너스섬 게임에 가깝다. 경마에서 1등을 맞히거나 복권에 당첨될 확률은 대단히 낮다. 그래도 세상 누군가에게는 그런 일이 일어난다. 앞서 언급한 조지 소로스, 에드 세이코타, 짐 사이먼스, 워런 버핏이 그 증거다. 하지만 개인 투자자가 따라 하기에는 한계가 있다. 상한가 따라잡기, 수급과 재료 분석 등 국내 트레이더들의 실전 전략을 적용해도 승자는 소수다. 동물적 감각만이 트레이드를 승리로 이끄는 것 아니냐는 자조 섞인 복기도 나온다.

이쯤에서 주목해야 할 인물이 미국의 전설적 트레이더인 빅터 스페란데오다. 그의 저서 《전설의 프로 트레이더 빅》은 한국에서 번역 출간된 후 꽤 시간이 지나서 입소문을 탔다. '18년간

단 한 해도 손실 없이 연 수익률 72%를 기록했다'는 투자 성과도 호기심을 자극했지만, 그보다 책을 읽은 독자들의 평가가 트레이더에게 매력적으로 들렸다. 매크로를 다루지만 그리 어렵지 않고, 타이밍을 잡는 기술적 분석 기법도 포함되어 있다. 무엇보다 위험 관리와 감정 조절 같은, 트레이더들이 실전에서 공감할 접근법이 자세히 정리되어 있다.

《전설의 프로 트레이더 빅》에서 트레이딩의 기초 지식과 감정 절제력을 전반적으로 아울렀다면, 후속작《전설의 프로 트레이더 빅 2》는 좀더 나아간다. 저자는 분석의 틀로 정치 변수도 고려한 경제 펀더멘털과 기술적 분석을 제시한다. 여기에 옵션거래로 수익을 배가하는 기법과 트레이더의 감정 관리를 덧붙였다. 4부 14장으로 구성된 이 책은 매 장이 독립적이어서 주제에 따라 읽고 싶은 곳을 골라 읽어도 된다.

전작은 증권업계의 실상을 왜곡된 관점으로 전달한 영화 '월스트리트'를 보고 자극을 받아 썼고, 이번 책은 1993년 아버지 조지 부시가 물러나고 빌 클린턴이 대통령으로 취임하는 시기에 썼다. 저자는 정치를 중시한다. 길게 보면 주가는 경제를 반영하고 경제는 정치가들에 의해 사이클을 이룬다고 본다. 자유주의자를 대표하는 에인 랜드를 언급하는 것에서 클린턴 집권 초기 경제에 대한 저자의 부정적 시각이 비친다.

하지만 이제 와서 돌이켜 보면 클린턴 정부가 "문제는 경제야"라는 슬로건으로 집권한 후 경제가 성장했고 월가는 번영을 구가했다. 1995~1996년에 다우지수는 4,000포인트, 5,000포인트, 6,000포인트를 차례로 돌파했다.

《전설의 프로 트레이더 빅 2》를 재발간하는 지금, 한국의 트레이더들은 이미 빅터 스페란데오의 방법론을 적용하고 있다. 미국 대통령 선거 기간 동안 도널드 트럼프가 당선될 가능성이 높아지면서, 트럼프 정책 수혜가 기대되는 자산이 상승하는 '트럼프 트레이드'에 편승하는 트레이더가 늘어났다. 이처럼 저자의 방법론은 이미 널리 통용되고 있다.

30년 전에 쓰인 책이 지금도 여전히 소환되는 이유는 크게 세 가지다. 첫째, 통설에 대한 반론이 책 전반에 흐른다. 예를 들어 경제학은 루트비히 폰 미제스로 대표되는 오스트리아학파에서 출발한다. 우리는 매일매일 미국 경제지표 발표와 연준 관련 뉴스 속에서 투자시장을 바라본다. 화폐와 신용이 가치를 키운다는 사고다. 오스트리아학파는 이와 결이 달라서 화폐와 신용은 경제 원칙의 기본 요소가 아니라 부산물일 뿐이라고 생각한다.

그렇다 보니 이들의 경기 이론은 총수요 부족에서 불황이 기인한다는 케인스학파와 대척점에 있다. 케인스학파는 통화정책과 재정정책으로 총수요를 증가시켜 불황에서 벗어나려 하지만, 오스트리아학파는 이러한 정책이 오히려 모든 불행의 근원이라고 본다. 그래서 경제를 바라보는 프레임을 경제 외부에서 찾는다. 선거 결과에 따른 정책 전환에 바탕을 둔 경기 사이클에 집중해야 한다고 주장한다. '국가의 경제활동을 지배하려는 어설픈 시도가 호황과 불황의 순환고리를 만들어낸다'라는 폰 미제스의 조언을 반복해 강조한다.

옵션을 향한 시선도 월가 또는 여의도와 차이가 있다. 전문가 대다수는 일반 투자자에게 옵션 매매를 권하지 않는다. 옵션 매수는 확률이 너무 낮고, 옵션 매도는 너무 위험하기 때문이다. 여의도 생활 30년 동안 주식 투자로 망했다는 소식보다 옵션 매도로 파산했다는 소식을 더 빈번하게 접했다. 이론적으로 옵션 매도자는 결국 휴지가 될 옵션을 매도해 프리미엄만큼 이득을 가져갈 수 있다. 하지만 열 번 수익을 내도 한 번 시장가격이 크게 움직이면 손실이 기하급수적으로 증가한다.

저자는 이론에서 벗어나 일종의 투기로서 옵션을 강조한다. 옵션을 물가 프리미엄과 시간 프리미엄의 집합체가 아니라, 주어진 기간에 순수한 레버리지를 매매할 권리로 보자는 것이다. 일리 있는 이야기다. 콜옵션이나 풋옵션 매수로 대박을 낸 이들은 영웅으로 여의도에 회자된다. 멀게는 9.11 테러 때, 가깝게는 2024년 8월 5일 한국 증시가 급락하기 전에 외가격 풋옵션을 사둔 이들은 몇십 배의 이익을 거두었다. 옵션이 세 자리 수익률을 달성하기 위한 마법 열쇠라고 주장하는 저자의 생각이 일면 타당한 이유다.

이 책을 관통하는 두 번째 장점은 편향되지 않았다는 것이다. 물과 기름처럼 기본적 분석가와 기술적 분석가는 서로를 인정하지 않는다. 나아가 기본적 분석은 기업과 매크로로 나뉘는데, 특히 주가는 기업 가치에 수렴할 뿐이라는 시각에서 보면 매크로 분석이나 기술적 분석이나 투자의 본질에서 벗어난 접근이다. 저자는 매크로와 기술적 분석을 활용해 시장을 바라본다.

사실 장기 투자자의 시각에서 기업 가치를 정확히 산정할 수
만 있다면 이보다 나은 투자법은 없다. 경기가 좋든 나쁘든, 주
가가 어디에 위치하든, 기업 분석을 통해 좋은 기업을 발굴해 보
유한다면 장기적인 승자가 될 것이다. 어떤 기업이 제품을 많이
팔아서 비용을 제외한 실제 이윤을 계속 만들어낼 수만 있다면
주가는 따라가기 때문이다. 전쟁이 나면 군수 산업이 돈을 벌고,
코로나가 확산되면 진단기기 제조사의 주가가 크게 상승하는
것과 같다.

　　하지만 현실에서는 이렇게 접근하기가 쉽지 않다. 기업 가치
는 접근법에 따라, 또 외부 환경에 따라 변하기 때문이다. 저자는
두 가지 큰 분석 틀로 경제 펀더멘털(1부)과 기술적 분석(2부)을
제시한다.

> 시장은 경제 펀더멘털의 지배를 받고, 펀더멘털은 현 정치에 영향을 받으
> 므로 궁극적으로 시장은 정치가들에 의해 변화된다.(24쪽)
> 시장 참여자들의 지배적 심리가 가격 흐름의 방향을 결정하고, 이것이 변
> 화의 시점을 결정한다.(25쪽)

　　'무엇이' 발생할지는 정치적 선택에 의한 경제 펀더멘털에서,
'언제' 행동할지는 기술적 분석을 통해서 파악해야 한다는 저자
의 프레임이다. 여기에 시장 심리를 파악하고 리스크를 관리해
트레이딩 성공 확률을 높일 수 있다고 주장한다. 이미 투자자와
펀드매니저, 트레이더는 알고 있다지만 이렇게 확실히 정리해

준 사람은 저자가 처음이다.

　마지막으로 이 책이 지닌 매력은 트레이더로서 살아남는 데 필요한 상식을 알기 쉽게 소개한 데 있다. 전작과 마찬가지로 트레이더가 성공하기 위한 심리적 자질을 다룬다. 트레이딩은 결국 자신과의 싸움이라고 보면, 자신의 성향과 태도를 파악해야 한다는 저자의 조언은 너무나 당연하다.

　트레이더로서 생존하기 위한 위험 관리도 매우 실용적으로 쉽게 설명한다. 돈을 벌기 위해서는 이익을 일관되게 내는 것 못지않게 이익을 보전해야 한다는 시각은 쉽지만 실천하기 어려운 숙제다. 돈을 벌면 번 만큼 더 공격적으로 투자하고, 돈을 잃으면 위험을 줄이고 손실을 최소화해야 한다. 하지만 대개 트레이더는 반대로 행동한다. 물리면 단가를 낮추는 물타기에 나서고, 이익이 나면 서둘러 확정한다. 위험과 보상의 균형을 맞추라는 저자의 조언은 반드시 알아야 할 트레이딩 원칙이다. 이익과 손실 축적에 맞춰 위험 수준을 조정함으로써 일관된 성공 확률을 높일 수 있기 때문이다.

　투자와 트레이딩은 가깝고도 먼 이웃과 같다. 투자 대상 자체에 집중하는 투자와 달리 트레이딩은 타이밍이 성공 여부를 결정한다. 하지만 어떤 경우든 성공한 투자자와 트레이더는 세상을 잘 읽거나 잘 읽어내려고 부단히 노력하는 사람이다. 빅터 스페란데오는 투자자보다 트레이더에 가깝다. 이 책은 그가 어떻게 타이밍을 잡았고 그 이유가 무엇인지를 정리한 것만으로도 의미가 있다. 물론 30여 년 전에 쓰이다 보니 저자의 오해도 보이고 활용한 데이터의 오류도 보인다. 그렇다고 해서 이 책의 가치를 폄하할 이유는 없다.

이 책은 트레이딩의 교과서가 아니다. 독자 스스로 트레이더로서 생존하기 위한 밑그림을 그리는 데 필요한 책이다. 책이 쓰인 1993년에 비해 데이터와 경제지표는 더 다양해졌고 IT 기반 환경은 비교할 수 없을 정도로 발전했다. 빅터 스페란데오에게 배울 것은 트레이딩의 본질이다. 세상의 모든 투자 지식이 옳거나 틀린 것은 아니다. 정답을 알려주는 해답지는 없다. 독자는 이 책을 읽으면서 깨달을 것이다. 투자 지식에서 버릴 건 버리고 얻을 건 얻으면 된다는 사실을.

윤지호

경제 평론가, 《한국형 탑다운 투자 전략》 공저자

차례

1부	경제 펀더멘털
	: 경제의 큰 흐름을 읽는 법

[1장 | 건전한 투자철학의 기본 원칙]

[2장 | 경제 원칙으로 시장 예측하기]

일러두기

1. 저자는 전작 《전설의 프로 트레이더 빅》에서 시장 참여자를 트레이더(trader), 투기자(speculator), 투자자(investor)로 나누어 설명했다. 트레이더는 '장중 또는 며칠에서 몇 주일의 단기추세에 주목해 거래하는 사람', 투기자는 '몇 주일에서 몇 개월 동안의 중기추세를 이용하는 사람', 투자자는 '주로 장기추세에 주목하며 몇 개월에서 몇 년 동안 포지션을 유지하는 사람'으로 구분했다. 그러면서 투기자를 부정한 거래로 이익을 챙기는 자로 오해하지 말라고 양해를 구했다.
2. 해외 단행본 중 국내 번역서가 있는 경우는 《인간 행동(Human Action)》, 번역서가 없는 경우는 《Technical Analysis of Stock Trends(주가 추세의 기술적 분석)》식으로 표기한다.
3. 단행본은 《 》, 잡지(일·월간지, 비정기 간행물)는 〈 〉, 영화와 기사와 논문은 ' '로 표기한다.

세계 역사상 가장 뛰어난 남녀 지도자 두 분에게 이 책을 바친다.

엘리자베스 1세(Elizabeth I): 영국 여왕(1558~1603년 재임). 엘리자베스 1세가 왕위에 올랐을 당시 국가 재정은 파탄 지경이었다. 여왕의 천재성은 부채 해결을 위해 채택한 세수 증대 방법에 있었으니, 자발적 조세라는 획기적인 정책을 채택한 것이다! 여왕은 말했다. "세금을 부과하면서 사랑받는 것은 인간에게 허락되지 않은 일이다. 나는 처음과 같이 내 백성들에게 사랑받으며 마무리할 것이다." 15년 만에 영국 재정은 흑자로 돌아섰고 여왕은 영국 국민의 큰 사랑을 받았다.

토머스 제퍼슨(Thomas Jefferson): 미국 독립선언서 작성자이자 미국의 제3대 대통령. 제퍼슨의 지도 철학은 독립선언서 전문에 잘 표현되어 있다. "우리는 다음과 같은 사실을 자명한 진리로 받아들인다. 즉 모든 사람은 평등하게 창조되었고, 창조주는 몇 개의 양도할 수 없는 권리를 부여했으며, 그 권리 중에는 생명과 자유와 행복의 추구가 있다." (참고. '행복 추구'는 원래 '재산'으로 쓰여 있었다.)

시장 분석과 예측에 필요한 두 개의 틀

나는 전작 《전설의 프로 트레이더 빅》에서 아마추어뿐 아니라 전문 트레이더에게도 도움이 될 '투기(speculation)'의 기본 원칙을 소개했다. 이번 책 《전설의 프로 트레이더 빅 2》에서는 전작에서 한발 더 나아가 시장 분석 및 예측을 위한 분석 도구에 대해 더욱 상세한 설명을 담았다.

이미 전문가의 반열에 올라선 트레이더에게 이 책은 각종 분석 도구의 사용 설명서와 같은 역할을 할 것이다. 그러나 내가 생각하는 독자는 전문 트레이더를 희망하는 이를 비롯해 취미로 골프나 여가 활동 대신에 투자를 해보려는 보통 사람을 포함한다. 이 책의 목적은 아주 명확하다. 바로 당신의 트레이딩 실력을 향상시켜 더 많은 수익을 얻도록 돕는 것이다.

트레이더로 성공하려면 상당히 많은 시간과 노력을 쏟아부어야 한다. 모든 시장은 중요한 속성 한 가지를 공유한다. 끊임없이 변한다는 사실이다. 정상의 자리를 유지하려면 꾸준한 연습과 연구가 필요하며, 세심하게 디테일을 챙기고 끊임없이 학습해야 한다. 그렇다면 이를 잘 해나갈 최적의 방식은 무엇인가? 이런 숙련 과정을 거쳐 트레이딩 의사결정을 할 때 최선의 방식은 무엇인가?

개인의 철학을 정의하기

이들 질문에 대답하려면 트레이딩과 투자에 관한 철학을 개발할 필요가 있다. 철학이란 스스로 '진리'라고 믿는, 인생과 세계에 관한 특정 관점을 말한다. 우선 나의 트레이딩 철학을 독자 여러분이 제대로 이해했을 때 비로소 트레이딩 의사결정에 필요한, 견고하고도 확실한 토대가 확립될 것이다.

나의 트레이딩 철학은 몇 가지 기본 원칙을 바탕으로 한다. 이제 간략히 소개할 이 기본 원칙은 오랜 시간 경제학을 공부하는 과정에서 성립되었다.

먼저 경제학의 흥미로운 속성 하나를 소개하겠다. 경제학은 최고의 교육을 받은 사람들이 수많은 이론과 견해를 도출하고, 이런 이론과 견해를 뒷받침하는 연구와 실험 자료를 수없이 생산해내는 학문 분야다. 경제학은 부정확한 과학에 속하기 때문에 연구에 상당한 수준의 주관성과 개인 철학이 포함된다. 경제학을 연구하거나 저술하는 사람은 누구나 연구 결과에 개인의 가치와 신념을 어느 정도 개입시키기 마련이고, 이 부분은 나도 예외가 아니다.

　여러분이 읽을 이 책에도 내가 지난 28년 동안 트레이딩에 몸담으면서 형성한, 경제학의 '진리'에 관한 개인적 시각이 담겨 있다. 나는 전문가들 대다수가 인정하는 경제학 이론을 소개한 뒤, 내가 동의하지 않는 부분과 그 이유를 설명하려 한다. 내가 판단하기로는 경제학의 일반적 이론 일부에는 투자 결정을 망칠 법한 심각한 오류와 왜곡이 존재하기 때문이다.

　여러분이 이미 나와 같은 의견이라면 다행이다. 그렇지 않다면 열린 마음으로 다시 숙고하길 바란다. 나는 경제학 측면은 오스트리아학파(Austrian School of Economics)를 지지하고, 철학 측면은 에인 랜드(Ayn Rand)가 주창한 객관주의를 신봉한다.

기본 원칙 세 가지

　나의 철학적 경향을 지배하는 가장 중요한 원칙은, 일반적으로 시장 동향은 거시적인 경제 펀더멘털의 결과이고, 따라서 정치적 행위와 결정의 산물이라는 것이다. 최근(1993년 여름) 있었던 국가보건의료 제도에 관한 논쟁을 예로 들어보자. 의회는 의료 산업에 규제를 강화하려고 했고(정치적 결정) 이는 관련 회사의 수익 저하로 이어질 것이 뻔했다(경제적 결과). 이는 의료주 투매로 이어져, 실제로 1992년 2월부터 1993년 2월까지 의료 업종의 주가가 30% 넘게 하락했다.

　두 번째 원칙은 첫 번째 원칙의 당연한 귀결로서, 올바른 방법론만 있다면 과거의 사건을 통해 미래에 발생할 일을 예측할 수 있다는 것이다. 자신의 철학을 현재 사건에 적용하는 방법을 터득하는 가장 좋은 방법은, 실제 자료가 존재하는 시점으로 거슬러 올라가 어떤 사건이 발생했는지, 또 그런 사건이 발생한 이유는 무엇인지를 바탕으로 역사를 재구성해보는 것이다. 기초가 되는 원인을 분석하고 종합함으로써 미래에 발생할 사건을 예측할 수 있다.

자칭 '전문가'의 말을 맹목적으로 받아들여서는 안 된다. 트레이더는 역사적 사례를 기준으로, 자신이 믿고 추측하는 데 사용할 모든 견해와 관점을 증명해야 한다. 진리에 도달했다는 확신이 들 때까지 역사적 자료를 조사하고, 각각의 견해를 분석하고, 또 객관적인 실제 자료로 이를 검증하라.

진리의 발견은 매우 중요하다. 왜냐하면 실패 분석이야말로 인생의 난관을 통해서 우리가 성장하는 기반이 되기 때문이다. 이따금 시장에서는 원인이 잘못되어도 옳은 결과가 나올 수 있고, 성공할 확률이 높았어도 잘못된 결과에 이른다. 그 이유는 모호해 보이지만 단순하다. 바로 시장이 늘 객관적이지는 않다는 점이다. 시장은 때때로 감정적이고 주관적이며 심리적이다.

세 번째 원칙은 '역행적 사고(contrarian thinking)'와 밀접하게 관련된다. 역행적 사고는 외골수처럼 행동하라는 의미가 아니다. 군중 심리에 휘둘리지 말고 독립적인 사고를 하라는 뜻이다. 돈을 버는 일에서 핵심은, 그릇된 믿음이 존재한다는 사실을 인지하고 그런 믿음의 전개 과정을 주시해서 누구보다 먼저 과단성 있게 행동하는 것이다.

이 세 가지 원칙을 내가 경험한 사례들에 비추어 이 책에 담아 냈다. 내 판단이 옳았던 적도 있고 틀렸던 적도 있다.

이번 책에서 가장 중요한 주제는 역사적 사건을 미래 예측에 활용하는 것이다. 마찬가지로 역사적 사실들을 토대로 모든 이론과 사건의 이면에 숨어 있는 진실을 찾아내는 일이 중요하다. 이하 본문에서는 성공적이었다고 입증된 다양한 역사적 연구와 관련해 내가 실제 경험한 사실을 자세히 공유하려 한다.

이 책의 구성

금융 예측, 시장 분석, 전문 투기의 영역만큼 원칙이 절실히 필요한 곳도 없을 것이다. 워낙 복잡하고 세부적인 사건, 사실, 수치 등이 난무하는 영역인 만큼, 단단한 기반이 되어줄 투자 원칙을 이해해야 한다. 그러지 않고 트레이딩에 임하는 것은 요행을 바라는 동전 던지기와 다를 게 없어진다.

순전히 운이 좋아서 한때나마 큰돈을 버는 트레이더도 없지는 않다. 그러나 우리 대부분은 수많은 사실과 수치를 낱낱이 조사해서 낟알과 쭉정이를 확실히 구분하고 미래에 발생할 사건에 관한 예측을 바탕으로 자금을 투자하는 것이 최선이다.

투자 원칙은 지적 탈곡 과정에서 일종의 체(여과기) 역할을 한다. 무관한 것을 골라내 본질적인 것만을 취하고, 시장을 바르게 분석하고 미래를 예측한다. 탈곡기와 마찬가지로 지적 체는 위부터 순서대로 놓아야 한다. 첫 번째 체는 가장 성겨서, 굵은 가지는 남기고 낟알과 겨는 밑으로 빠져나가게 한다. 두 번째 체는 이보다 좀 촘촘해서, 자잘한 줄기와 겨는 남기고 낟알과 부스러기만 빠져나가게 한다. 세 번째는 더 촘촘해서 낟알을 더 섬세하게 분류한다. 이런 식으로 점점 더 촘촘한 체를 사용해서 순수한 낟알만 남을 때까지 진행한다.

처음부터 너무 촘촘한 체를 사용하면 올바른 판단에 필요한 정보를 너무 많이 솎아내는 결과가 된다. 마지막에 너무 성긴 체를 대면 정보가 너무 많이 남아서, 이를 처리하기는커녕 엄청난 양에 질식할 위험이 있다. 미래의 시장 행동을 정확히 예측하려면 분석 과정에서 올바른 원칙 세트를 올바른 순서로 적재적소에 배치해야 한다.

1부. 경제 펀더멘털: 경제의 큰 흐름을 읽는 법

시장 유형을 불문하고 시장 분석은 목표 설정에서 시작해야 한다. 전문 투기의 맥락에서 보면 나의 목표는 항상 돈을 버는 것이고 따라서 나의 트레이딩 철학은 세 가지 원칙, 즉 자본 보전, 일관된 이익, 더 높은 수익률 추구에 바탕을 둔다. 이 철학은 1장에서 자세히 다루기로 한다.

기본 목표 설정의 다음 단계는 그 목표를 달성하게 하는 체계화된 지식을 구축하는 일이다. 의사가 되고자 하는 사람은 본과 공부를 하기 전에 수학, 화학, 생물학 같은 기초 과목부터 배워야 한다. 마찬가지로 전문 트레이더(trader: 단기추세 이용), 투기자(speculator: 중기추세 이용), 투자자(investor: 장기추세 이용)가 되고자 하는 사람은 고차원적 트레이딩 지식을 습득하기 전에 시장 분석의 기본 원칙부터 배워야 한다. 나는 필요한 정보를 제대로 추려내고 합리적인 시장 예측을 통해 올바른 트레이딩 결정을 내리는 데 필수적이라고 믿는 원칙들을 차례로 제시하겠다.

안타깝게도 시장 예측에 관한 한, 합리적 태도가 예측의 정확성을 담보하거나 확실한 매매 수익을 보장하지는 않는다. 시장은 수많은 사람이 각기 다르게 선택한 결과들로 구성되기 때문에 시장 행동을 정확하게 예측하는 일 자체가 불가능하다. 우리가 할 수 있는 최선의 작업은 각자의 지적 '탈곡기'를 사용해서 가장 있을 법한 시나리오를 예측한 뒤 성공 확률이 높다고 판단할 때만 트레이딩에 나서는 것이다. 이렇게만 할 수 있다면 수많은 참여자 중에서 단연 앞서 나갈 것이다.

그러나 가장 유망한 시나리오를 어떻게 예측해서 구성할 것인가? 앞서 언급한 기본 명제에서 시작하자.

> 시장은 경제 펀더멘털의 지배를 받고, 펀더멘털은 현 정치에 영향을 받으므로, 궁극적으로 시장은 정치가들에 의해 변화된다.

시장 상황은 인과의 법칙으로 간단히 설명된다. 연관된 사람의 수에 관계없이 사람의 행동과 경제의 성장·쇠락 사이에 인과 관계가 존재한다는 사실을 재확인하는 과정일 뿐이다.

본질적으로 경제활동은 생산과 매매의 과정이다. 인간이 사용하고 소비하기 위해 자연 자원을 재구성하는 과정인 생산은 생존에 필수적이다. 잉여 생산물을 자유로이 교환하는 과정인 매매는 경제 팽창과 실질적 성장에 필수적이다. 소수 부족이든 거대 산업 국가든 원칙은 동일하며, 트레이더는 앞으로 발생할 경제적 사건을 정확히 예측하기 위해서 원칙들을 제대로 이해해야 한다.

기본적인 경제적 관계를 분석하고 그 분석 결과를 토대로 미래를 예측하는 것이 기본적 분석의 영역이고, 이는 1부의 나머지 부분에서 상세히 설명하겠다.

그러나 기본적 분석은 미래에 관한 포괄적 그림을 제시하는 데 그친다. 따라서 장기(몇 개월에서 몇 년) 투자를 제외하고는 무엇을 매매할지 판단하는 근거로 사용하기가 불충분하다. 정확한 시점을 포착하는 데 주안점을 두는 접근법이 아니기 때문이다. 기본적 분석 접근법으로는 앞으로 '무엇이' 발생할지는 가늠할 수 있지만 그것이 '언제' 발생할지 정확히 알 수 없다.

2부. 기술적 분석: 추세와 시장 여론을 읽는 법

시장에는 저마다 추구하는 가치가 다른 수많은 사람이 모여 있고, 각자가 추구하는 가치는 개인의 고유 맥락 안에서 정해진다. 주식시장이든 다른 어떤 시장이든, 시장은 참여자 대다수가 시장이 변화하고 있다거나 변화가 다가오고 있다고 믿을 때만 실제로 변화할 것이다. 이것이 경제의 두 번째 기본 명제다.

> 시장 참여자들의 지배적 심리가 가격 흐름의 방향을 결정하고, 이것이 변화의 시점을 결정한다.

그러므로 시장의 추세 전환을 정확하게 예측하려면 시장 여론을 파악할 방법이 있어야 한다.

내가 아는 한 시장의 지배적 여론을 파악하는 가장 정확하고 믿을 만한 유일한 방법은 시장의 자산 투자 동향을 살펴보는 것이다. 이는 가격 흐름의 패턴을 관찰함으로써 실행할 수 있다. 완전히 새로운 경제 환경을 창출할 만큼 특이한 상황은 아주 드물게 발생하기 때문에, 경제적 행동 패턴을 가격 흐름 패턴에 연관시킬 수 있다. 이것이 바로 기술적 분석의 영역이며 7장부터 11장까지 상세히 설명한다.

이렇게 해서 이제 우리는 기본 명제 두 가지와 연관된 분석 도구 두 세트를 보유했다. 하나는 기본적 분석으로, 경제 펀더멘털이 시장을 움직인다는 원리와 연관된다. 다른 하나는 기술적 분석으로, 시장 참여자들의 지배적 심리가 추세 전환의 시점을 결정한다는 원리와 연관된다.

두 명제는 밀접하게 연관된다. 경제 펀더멘털은 인간 생존의 기본 요건을 반영하지만, 그런 요건이 어떻게 그리고 언제 충족되는지는 전적으로 각 개인이 자신의 자산을 어떻게 투자할지 결정하는 방법에 좌우된다. 그 결정은 또한 정부의 유인책과 규제의 영향을 크게 받는다. 각 개인은 이 과정에서 투자 결정을 적절히 조정해야 한다. 시장 참여자 대다수가 비슷한 경로를 추구하면 그것이 시장 추세로 자리 잡는다. 시장 참여자 대다수가 스스로 잘못된 경로에 있다고 판단하면 추세가 전환된다. 이 맥락에 기본적 분석과 기술적 분석의 연결고리가 존재한다.

투자자 대부분은 트레이딩의 잠재력을 평가할 때 기본적 분석이나 기술적 분석 중 하나만 사용한다. 이는 상당히 잘못된 방식이다. 투기를 위한 분석 도구에 기본적 분석과 기술적 분석 모두를 통합해야 하는 것은, 그래야만 미래에 벌어질 사건뿐 아니라 그 시점까지도 가늠할 수 있기 때문이다. 이렇게 함으로써 트레이딩에 성공할 가능성이 높아진다.

더 나아가 중기(몇 주에서 몇 개월)적 시장 진입과 청산 시점을 정확하게 포착하는 데 필요한 연구와 지식의 수준을 끌어올릴 때 이익이 극대화된다. 여기까지 잘 따라오며 매매 시점을 포착하는 기술까지 습득한 투자자라면 이제 '옵션의 세계'에서 더 높은 수익률을 추구할 준비가 되었다.

3부. 옵션 거래로 수익 키우기

투기자의 업무 가운데 가장 어려운 것이 바로 12장과 13장에서 다룰 옵션 거래다. 옵션 거래는 미래의 가격 추세 방향과 시점, 추세 패턴 등을 비교적 정확하게 예측해야 하기 때문이다. 그동안 발표된 수많은 연구 결과를 보면 이 작업을 제대로 해낸 사람이 거의 없을 정도다.

그러나 옵션 거래의 가장 큰 장점은, 위험의 수준을 낮게 제한하는 동시에 전략이 성공하면 이익이 극대화된다는 점이다. 기본적 분석과 기술적 분석을 체계적으로 결합함으로써 옵션 거래는 이익 극대화에 가장 좋은 방법이 될 수 있다.

옵션 거래를 하지 않더라도 이 전략을 이해하는 것이 중요하고 무엇보다 옵션시장, 특히 주식과 주가지수 옵션시장은 항상 주시할 필요가 있다. 1980년 이후 거대 기관투자가들이 시장 주도 세력으로 자리 잡았다. 따라서 기관 소속 펀드매니저 한 사람이 시장 자금 수십억 달러를 관리할 수 있다. 그 결과 소수의 투자자가 단기추세와 중기추세를 결정지을 수 있다.

4부. 트레이딩하는 마음

본질적으로 시장은 가장 무자비한 재판관이다. 투자자가 내린 판단의 효율성이 매일 시험대에 오르고, 장 마감을 알리는 벨소리와 함께 시장이라는 판사가 의사봉을 두드리며, '피고'(투자자)의 트레이딩에 대한 '형량'(성과)이 자동으로 원장(元帳)에 기록된다. 투자자의 판단이 맞으면 꾸준히 돈을 벌 것이다. 그러나 투자자의 판단이 틀리면 그의 생존은 행운의 여신에게 넘어가고, 여신은 아주 잠깐의 연명만 허용할 것이다.

이처럼 무자비한 압력에 끊임없이 노출되면 심리와 감정에 큰 부담이 쌓인다. 트레이딩에서 오는 극심한 스트레스와 지속적인 긴장감은 육체와 정서에 감당하기 어려운 고통을 부과한다. 트레이더는 이를 방치해서는 안 된다. 극도의 스트레스와 긴장감으로 심신이 고갈되는 일을 피하려면 생각, 감정, 행동의 통합이 반드시 필요하다.

에필로그

여기서는 부의 윤리와 관련해서 매우 개인적인 의견을 피력한다. 이런 사안에 관해 꽤 솔직하게 드러내는 사람은 거의 없지만 말이다. 정보의 디테일과 씨름하기 전에 우리는 트레이딩의 궁극적 목적을 기억해야 한다. 트레이딩의 목적은 돈을 버는 것이다. 트레이딩은 고된 일이고 내가 아는 한 가장 힘든 일이다. 그러니 열심히 노력하고 수고한 투자자라면 성공을 누릴 자격이 있다.

글을 마치며 내 전작을 읽은 분들에게 감사의 말씀을 전한다. 그분들이 있었기에 책이 성공할 수 있었다. 동시에 사과의 말씀도 전한다. 이 책의 내용 중 일부가 중복되기 때문이다. 이 책에 정리한 원칙들은 전작에서 설명한 원칙들의 확장판이다. 하지만 내용을 좀 더 정확히 전달하기 위해서 반복적인 설명이 불가피했다.

이번 책 역시 다양한 지식과 정보를 제공하지만, 사실 트레이딩의 본질적 속성은 과학보다는 기술에 더 가깝다. 고수익 창출에 유용한 자료로 활용될 수는 있을지언정 성공을 보장하는 것은 아니다. 이 또한 트레이딩의 속성 가운데 하나라는 사실을 이해해주길 바란다.

PRO TRADER

1부

경제 펀더멘털

: 경제의 큰 흐름을 읽는 법

VICTOR
SPERANDEO

1

건전한 투자철학의
기본 원칙

투기를 논하는 책에서 철학이라는 단어를 사용하면 현학적으로 들릴지 모르겠다. 대학 시절 철학 수업의 난해하고 비현실적인 분위기를 떠올린다면 더욱 그럴 것이다.

　내가 말하는 철학은 더 오래된 의미인 '지혜 혹은 지식에 대한 사랑'이다. 이렇게 정의하면 철학은 현실적이며 진리에 대한 탐구가 된다. 우리가 충분히 알지 못하면, 다시 말해 목표를 세우고 지식을 습득하고 이를 성공적으로 활용해 목표를 달성하지 못하면, 현실 세계는 거대한 쓰레기 처리기처럼 우리를 삼켜 실패의 늪에 빠뜨릴 것이다. 금융시장의 투기나 투자도 이와 같은 논리가 적용된다.

　《웹스터 사전》1979년판은 더 제한된 맥락에서 철학을 '지식, 활동 등 분야의 일반적인 원칙 또는 법칙'으로 정의한다. 투자 분야에서 철학을 구성하는 기본 원칙은 세 가지다. 중요도순으로 정리하면 다음과 같다.

1. 자본 보전
2. 일관된 이익
3. 더 높은 수익률 추구

이 세 가지 원칙을 통합해 전문 투기와 투자의 기초로 삼는다면, 완벽한 투자법을 구성하는 데 필요한 나머지 요소들을 조합하는 일이 수월해진다.

자본 보전

샘 배스(Sam Bass)의 돈 버는 법칙 첫 번째는 "한 푼도 잃지 말라"이다. 투기의 관점에서는 나도 동의한다. 단, 애초에 돈이 있는 사람이라면 말이다.

돈을 물려받지 못한 우리에게 돈 버는 법칙 첫 번째는 "무언가를 생산하라"이다. 인간은 생존을 위해 생산해야만 하는 존재다. 그러나 생존을 넘어 성장과 번영을 누리려면, 생계에 필요한 양 이상을 생산하고, 나중에 소비하거나 다른 곳에 사용하기 위해 잉여 생산물을 저축해야 한다. 투자를 위한 저축은 '자본 저축'으로 정의하며 간단히 '자본'이라고도 한다.

트레이딩을 하려면 자기 것이든 남의 것이든 자본이 있어야 하고, 트레이딩할 때마다 투자 자본은 위험에 노출된다. 시장에서 전문 투자자로 살아남으려면, 최소한 투자 자본을 갉아먹지 않고 트레이딩 비용을 충당할 만큼 자주 성공해야 한다. 다시 말해 최소한 트레이딩업을 유지할 자본을 보전해야 한다. 너무 당연하게 들리겠지만 그래서 더욱 간과하기 쉽다.

자본 보전의 원칙은 잠재 시장 참여를 고려하기 전에 위험을 가장 중요시해야 한다는 의미다. 잠재적 위험이라는 맥락 안에서만 잠재적 보상이 포지션 선택의 결정적 인자가 된다. 이것이 위험과 보상을 평가하는 진정한 의미다. 위험 대비 보상 배수를 잘 적용하면 트레이딩이나 투자에 참여할지 여부뿐 아니라 어느 정도로 참여할지 평가할 기준이 확립된다. 따라서 자본 보전, 즉 '한 푼도 잃지 말라' 원칙은 신중한 자금 관리의 기초다.

시장에 참여할 때 위험을 가장 중요한 요소로 간주하면 상대적 관점이 아니라 절대적 관점으로 투자 성과를 바라보게 된다. 이는 투자자와 펀드매니저 대다수가 간과하는 점이다. 그들의 목표는 단지 '평균 이상의 성과'다. 시장이 15% 하락할 때 자신의 포트폴리오가 10%만 하락한다면 성공으로 간주한다. 그러나 이런 태도는 나쁜 성과에 대한 허무맹랑한 핑계일 뿐, 위험 관리 능력을 정확히 평가하지 못하게 만든다.

성과 관련 질문 중 타당한 것은 하나뿐이다. "돈을 벌었는가, 못 벌었는가?" 돈을 벌었다면 위험에 노출되는 자본의 비율을 높이는 것이 합당하다. 돈을 벌지 못했다면 위험에 노출되는 자본의 비율을 낮춰야 한다. 다른 접근법들은 궁극적으로 자본 소모를 유발할 뿐이다.

1장 | 건전한 투자철학의 기본 원칙

[표 1.1] 매매에서의 자본 보전

매매 회차	가용자본	위험에 노출된 자본의 비율(3%)	승패	자본 손익	수익률(%)
1	100.00	3.00	패	-3.00	-3.00
2	97.00	2.91	패	-2.91	-5.91
3	94.09	2.82	패	-2.82	-8.73
4	91.27	2.74	승	8.22	-0.51
5	99.49				

일반 원칙으로서 내가 모든 트레이딩의 최소 요건으로 사용하는 위험 대비 보상 배수는 3배 이상이다. 다시 말해 나는 기본적 분석 결과와 9장에서 설명할 '위험과 보상' 측정 결과를 종합해 판단해서 최소 상승(보상) 가능성이 최대 하락(위험) 가능성보다 3배 이상 높을 때만 포지션을 잡는다.

게다가 새 회계 기간(회계연도)의 초기에는 위험 비율을 더 줄인다. 즉 보상 가능성에 상관없이 포지션 가용자본의 2~3% 정도만 위험을 부담한다. 예를 들어 위험 비율이 3%이고 세 번 연속 실패한 다음 네 번째 매매에서 3배가 되었다면, 표 1.1에서 보는 바와 같이 총손실은 0.5%에 불과하다.

위험 대비 보상 배수를 최소 3으로 하고 이 기준에 따라 위험에 노출되는 자본의 양을 적절하게 제한한다면, 매매 3회 중 1회(4회 중 1회가 아님)만 성공해도 이익을 낼 수 있다.

일관된 이익

자본 보전 원칙을 자금 관리의 기초로 삼으면 '일관된 이익'은 자연스럽게 달성된다. 그러므로 원칙 2는 원칙 1을 적용하면 당연히 따라오는 결과다. 그러나 원칙 자체만 놓고 보면 '일관된 이익'은 자금 관리와 자산 배분에 관한 의사결정의 질을 높여서 자본을 보전하고 꾸준히 수익을 낼 수 있게 해준다.

자본은 고정된 것이 아니고 늘어나거나 줄어든다. 자본을 늘리려면 이익을 일관되게 내야 하지만, 이익을 일관되게 내려면 이익은 보전하고 손실은 최소화해야 한다. 따라서 트레이딩을 결정할 때마다 위험과 보상의 균형을 맞추고, 이익이나 손실 축적에 맞춰 위험 수준을 조정함으로써 일관된 성공 확률을 높여야 한다.

예를 들어 위험 대비 보상 배수가 3배이고 세 번째 매매마다 성공한다고 가정하자. 초기 자본의 3%를 위험에 노출해서 트레이딩을 시작하고, 계속해서 가용자본의 3%를 위험에 노출해서 트레이딩을 이어간다. 그런 다음 포트폴리오 계정이 적자에서 흑자로 바뀔 때마다 이익금의 50%를 떼어 비축하고, 당해 회계 연도 동안 건드리지 않는다. 이 가정에 기초한 매매의 성과는 표 1.2와 같다.

이 매매 실적을 1년으로 늘리고 그해에 30회 매매한다고 가정하면, 모든 매매에서 위험에 노출된 자본의 비율이 3%를 넘지 않고도 연 수익률은 27.08%가 된다.

[표 1.2] 일관된 이익 원칙 적용

매매 회차	가용자본[a]	위험에 노출된 자본의 비율(3%)	승패	자본 손익	총성과(%)[b]	누적 이익
1	100.00	3.00	패	-3.00	-3.00	0.00
2	97.00	2.91	패	-2.91	-5.91	0.00
3	94.09	2.82	승	+8.47	+2.56	1.28
4	101.28	3.04	패	-3.04	-0.48	1.28
5	98.24	2.95	패	-2.95	-3.43	1.28
6	95.29	2.86	승	+8.98	+5.15	3.85
7	101.29	3.04	패	-3.04	+2.11	3.85
8	98.25	2.95	패	-2.95	-0.84	3.85
9	95.30	2.86	승	+8.58	+7.74	7.72
10	100.01					

[a] 가용자본 = 초기 자본 ± 이익(손실) - 보유 이익
[b] 총성과 = 총이익(손실) ÷ 초기 자본 × 100

물론 과도하게 단순화한 사례지만 자본 보전의 원칙과 일관된 이익의 원칙을 매우 잘 보여준다. 실제로는 3회 연속으로 매매에 실패하고 이후 2회 성공한 다음 또 5회 연속 손실을 낼 수도 있다. 다음에는 5회 중 3회 성공할 수도 있다. 위와 같이 자금을 관리하고 매매 성공률 33%를 기록한다면 승패 순서와 무관하게 결과는 거의 비슷하다.

표 1.2의 가용자본 항목을 보면 수치가 상당히 안정적이다. 최대 하락 폭이 5.91%이고, 매매 3회 중 1회 성공하는 한 이것이 최대 손실이 될 것이다. 또 10번째 매매에서 가용자본이 초기 자본을 약간 웃도는데, 이는 자본을 보전하면서 이익금 일부

를 떼어놓는 전략을 구사했기에 가능했다는 점에 주목할 필요가 있다.

심지어 매매 3회 중 1회를 성공하지 못하더라도 위험에 노출되는 자본의 양을 제한함으로써 매매 밑천을 남길 수 있다. 예를 들어 위험 수준을 가용자본의 최대 3%로 제한하면, 30회 연속 실패해도 초기 자본의 40.1%가 매매 밑천으로 남는다. 전부를 잃는 것보다는 이편이 훨씬 낫다.

이제 총성과 항목에 주목하자. 3회 트레이딩을 한 사이클로 보면 사이클 안에서 손실과 이익이 번갈아 나타나기는 하지만 전체적으로는 손실이 더 적고 이익이 더 컸다. 매매 3회 중 1회 성공률로 꾸준히 자본을 관리하면 궁극적으로는 이익을 기록할 것이다. 시장 신호를 비교적 정확하게 포착한다는 가정하에 이런 방식으로 포트폴리오를 효율적으로 관리해야 한다.

손실이 이익으로 바뀔 때마다 이익의 50%를 떼어 비축하면 이후 가용자본이 증가할 뿐 아니라 이익을 낼 확률도 높아진다. 실전 매매에서 양의 수익이 난다는 전제하에 매매에서 이익을 낼 때마다 이익의 50%를 비축하기로 정할 수도 있지만 결과는 큰 차이가 없다. 기본 논리는 이익 전부를 위험에 노출시키지 말라는 것이다. 이익이 기대되는 포지션을 두 배 키우는 것은 괜찮지만, 이익 전부를 위험에 노출해야만 한다면 이는 바람직하지 않다.

세금을 고려하더라도 이 원칙은 여전히 타당하다. 위험을 제한하고 발생한 이익의 일부를 비축하면 이익이 쌓일 것이다. 적

정한 수익성에 도달하면 이제 더 높은 수익률을 추구하는 단계
로 나아갈 수 있다.

더 높은 수익률 추구

매매할 때마다 더 높은 수익률을 기록할 수 있다. 이 말을 들
으면 기존 3배 수익을 5배, 10배로 높인다고 생각할지 모른다.
물론 그것도 좋지만 내가 말하려는 바는 아니다. 더 높은 수익률
추구는 공격적인 위험 부담과 연결된다. 여기서 위험에 노출하
려는 것은 초기 투자금이 아니라 이익의 일부로 제한한다.

얼핏 보면 공격적인 위험 부담이 기본적인 위험 대비 보상 배
수를 바꾸는 것처럼 여겨진다. 그러나 잠재적 위험 수준을 무시
하거나 과소평가하는 것은 어리석은 일이다. 발생한 이익은 본
질적으로 자본과 동일하고 따라서 보전해야 한다. 그러나 적정
수준의 수익률에 도달했다면, 이익 일부를 위험에 노출함으로
써 포지션을 키우는 것도 생각해봄 직하다. 성공하면 이익 규모
가 극대화된다. 실패해도 여전히 이익을 낼 수 있으며, 더 높은
수준의 위험 정체기에 다시 도달할 때까지 일관된 이익 원칙을
계속 추구할 수 있다.

내가 더 높은 수익률을 추구하기 위해 가장 선호하는 방법은
바로 옵션 거래다. 12장에서 상세히 다루겠지만 옵션의 장점은
위험은 최소한으로 제한하면서 많은 경우에 이익은 극대화한다
는 것이다. 변동성이 큰 시장에서는 특히 그렇다. 다음은 기회

손실로 슬프게 끝나긴 했지만 내가 실제로 겪었던 일이다.

1991년 11월 14일 목요일, 나는 리볼빙 금리(revolving interest rates)에 상한선을 두겠다는 상원의 의결안을 접하고 고객들에게 다음과 같은 팩스를 보냈다.

어제 리볼빙 금리에 상한선을 둔다는 금융 법안이 상원에서 74 대 19로 승인되었습니다. 이 법안의 대표 발의자인 알폰스 다마토(Alfonse D'Amato) 상원의원은 은행과 기타 대형 신용카드 발행 기관들이 '소비자를 착취'하고 있다면서, 국세청(IRS)이 부과한 연체 이자에 4%포인트를 더한 수준을 상한선으로 해야 한다고 주장했습니다. 그러면 상한선은 14%가 되어 현재 평균 18.94%보다 훨씬 낮고, 다마토 의원은 이로써 소비자의 이자 지출 비용이 75억 달러나 절감된다고 추정했습니다.

정치인들은 이 조치로 경기 부양 효과를 낼 거라고 주장합니다. 저는 정반대로 생각합니다. 사실 이 법안이 하원을 통과한다면 10월 9일의 저점이 뚫릴 거라고 믿습니다.

제 추론은 이렇습니다.

1. 역사적 관점으로 볼 때, 고리 금지법은 모든 가격 폭 제한 정책과 같이 공급 부족을 유발합니다. 지금 가장 피해야 할 정책은 신용 수축을 확산하는 것입니다.
2. 은행과 기타 금융기관에서 수익성이 가장 높은 부문인 리볼빙 금리 수입 부문의 이윤이 26% 정도 감소할 것입니다.
3. 이 부문의 수입이 없으면 은행과 카드 발행사는 대손충당금 규모를 늘

리라는 압박을 받을 것입니다. 게다가 신용한도(credit limit)를 줄이고, 신규 카드를 발행할 때 대상자의 신용도를 더 꼼꼼히 조사할 것입니다. 그동안 이 카드 저 카드로 이른바 돌려막기를 해온 카드 소지자 다수가 파산에 이르고 그 손실액은 카드 발행사들이 고스란히 떠안을 것입니다.

4. 결과적으로 소비자 부채가 급격히 감소해서 소비자 지출에 막대한 영향을 미치게 됩니다. 경기 회복이 지체되고, 주가 역시 폭락은 아니어도 하락할 것입니다.

오늘 아침에 다마토 법안에 관한 소식이 나오자 금융주가 일제히 하락 갭을 형성했습니다. 신용카드 대출에 대한 보험 서비스를 제공하는 애드밴타(Advanta)는 38.5달러에서 29.5달러로 떨어졌습니다. [이 회사는 저축, 신용카드 대출, 신용카드 보험 등의 서비스를 제공하고 자체 신용카드도 발행합니다.] 이 법안이 통과되면 이 추세가 더욱 빨라질 거라고 생각합니다. 장외시장(OTC)의 투기 거품이 꺼지는 계기가 될지도 모릅니다.

이런 판단에 따라 나는 시장이 약세 기미를 보이기 시작한 목요일(옵션 만기 하루 전) 오후, 행사가격이 370(당시 주가는 371)인 11월물 OEX(S&P100) 풋옵션을 계약당 125달러에 150계약 매수했다.

그런데 안타깝게도 이날 오후 마이애미로 출장을 가야 했다. 마이애미로 가는 동안 다우지수가 15포인트 반등했다. 마이애미에 도착해서 확인해보니 시장은 내 기대 이상의 강세로 마감했다. 출장 중에는 포지션을 면밀하게 모니터링할 수 없을 테니, 조수에게 다음 날 아침에 S&P 선물이 상승 출발하면 포지션을 청산하라고 일러두었다.

다음 날 S&P 선물은 정말 2틱 상승으로 출발해서 당일 고가를 찍었다. S&P 선물 외에 다른 것은 모두 하락 출발했지만 내 조수는 융통성 없이 내 말을 곧이곧대로 받아들여서, 계약당 50달러 손실을 내면서 포지션을 청산해버렸다. 나는 실망해서 그날 종일 시장 상황을 지켜보면서, 내가 시세 스크린 앞을 지켰다면 포지션을 유지하고 관망했을 거라고 생각했다.

금요일에는 종일 주가가 폭락했다. 내가 보유했던 풋옵션은 이날 만기가 되기 전에 계약당 1,500달러로 상승했고 나는 잠재적 이익 20만 6,250달러를 손해 봤다. 이렇게 따지면 마이애미 출장 비용이 엄청나게 비쌌던 셈이다. 다행히 나는 고객용으로 12월물 풋옵션들을 매수했고 이들을 유지해서 이익을 냈다. 그러나 내 계좌의 잔고는 '0'이 되었다.

나는 이것을 역방향 사례로 사용한다. 나는 더 높은 수익률을 추구하는 자세가 아니었다. 일반적인 매매에서 기회를 찾았다. 위험 대비 보상 배수는 그런대로 괜찮았으나 투자금 전부를 잃고 싶지는 않아서 일상적인 규칙에 따라 포지션을 청산했다. 그러나 내가 더 공격적인 자세를 취했다면 풋옵션 포지션에 더 많은 시간을 할애하고 더 큰 위험을 기꺼이 부담해서, 이 사례에서는 1,100% 수익률을 기록했을 것이다.

결론

 '자본 보전, 일관된 이익, 더 높은 수익률 추구'는 금융시장에서 이익을 내기 위한 작업의 출발점이자 중요 지침이다. 이 세 가지 원칙에도 위계질서가 존재해서, 자본 보전이 일관된 이익을 만들어내고 일관된 이익은 또 더 높은 수익률 추구를 가능하게 한다.

 그러나 이 원칙들을 실전에서 성공적으로 활용하려면 더 많은 정보가 필요하다. 예를 들어 자본을 보전하려면 이익보다 위험을 먼저 고려해야 한다. 그런데 위험은 무엇이며 어떻게 측정할 수 있는가? 이 질문을 비롯해서 시장 분석에 관한 세부적 접근법과 관련한 수많은 질문에 답하려면 시장을 지배하는 원칙들을 가능한 한 많이 이해해야 한다. 2장에서는 이 중에서 가장 기본적인 정보인 '시장 예측에 관한 경제 원칙'을 설명하겠다.

—————

'자본 보전, 일관된 이익, 더 높은 수익률 추구'는
금융시장에서 이익을 내기 위한 작업의
출발점이자 중요 지침이다.
이 세 가지 원칙에도 위계질서가 존재해서,
자본 보전이 일관된 이익을 만들어내고
일관된 이익은 또 더 높은 수익률 추구를 가능하게 한다.

—————

2

경제 원칙으로
시장 예측하기

조지 소로스(George Soros)는 명실상부 투자계의 막강한 실력자다. 나는 최근에야 그의 비밀을 배울 수 있었다. 그가 비영리단체인 통화 연구 및 교육 위원회(Committee for Monetary Research and Education)에서 한 연설을, 전 〈배런즈(Barron's)〉 기자 존 리스치오(John Liscio)는 이렇게 요약했다.

경제의 역사는 거짓과 허위 그리고 진실이 아닌 것들에서 비롯된 에피소드들로 끝없이 이어진다. 여기에 큰돈을 버는 지름길이 있다. 관건은 거짓 명제에 기초한 추세를 포착한 뒤 그 추세에 편승했다가, 의심을 받기 전에 뛰어내리는 것이다.

참으로 믿을 수 없을 만큼 서글픈 말이다. 세상에서 가장 뛰어난 투자자 가운데 한 사람이, 돈을 버는 최선의 방법이란 거짓과 허위에 기반한 추세에 편승하는 일이라고 공개적으로 천명했다.

퍽 냉소적인 견해로 들리지만 나 역시 소로스의 주장에 기본적으로 동의하지 않을 수 없다. 거짓 명제를 식별하려면 진실이라는 잣대를 들이대 의심해야 한다. 그러나 실상은 투자자 대다수가 거짓 명제에 따라 행동하면서 거짓을 진실로 받아들인다.

여기서 소로스가 말하는 바의 핵심은, 큰돈을 벌고 싶다면 먼저 경제학의 기본 진리를 완벽하게 이해한 뒤, 주변을 살펴보고 그 진리에 어긋나는 추세를 찾아내라는 것이다. 그런 다음 그 추세에 편승했다가 시장 참여자 대다수가 스스로 진실의 반대편에 서 있다는 사실을 깨닫기 전에 빠져나오라는 것이다.

이는 내가 프롤로그에서 언급한 '시장 분석과 예측에 관한 두 가지 기본 원칙'과 맥을 같이한다.

1. 시장은 경제 펀더멘털의 지배를 받고, 경제 펀더멘털은 현 정치에 영향을 받으므로, 궁극적으로 시장은 정치가들에 의해 변화한다.
2. 시장 참여자들의 지배적 심리가 가격 흐름의 방향이 변화하는 시점을 결정한다.

나는 이 원칙들을 오래전부터 막연하게나마 이해하긴 했다. 하지만 1990년과 1991년에 저질렀던 나의 엄청난 실수는 첫 번째 원칙에만 과도하게 초점을 맞추고 두 번째 원칙에는 거의 관심을 두지 않았던 게 화근이었다.

예를 들어 1991년 4월 10일 자 〈뉴욕타임스〉는 미국의 주류 경제학자 70%가 향후 경기의 회복을 점쳤다고 보도했다. 나머지 30%가 어떤 의견을 내놓았는지는 몰라도 나는 70%에 달하는 '전문가' 대다수의 의견이 잘못되었다고 강하게 확신했다. 나는 1991년은 경제가 기껏해야 느리게 성장할 것으로 판단했고 5월 13일 자 〈배런즈〉에 내 의견을 피력했다.

경기 후퇴기에 정부의 고강도 과세 정책과 대출 규제 정책이 맞물리면, 연방준비제도(Fed, 이하 '연준')의 금리 정책과 상관없이 경기 후퇴가 계속되거나 경기 침체가 유발된다는 것이 내 주장의 근거였다. 단기 금리 인하만으로는 신용팽창의 필수 요건인 장기 금리 인하 효과를 볼 수 없다고 주장했다. 양적완화 정책으로 경기를 부양하려는 시도는 채권시장에 인플레이션 우려를 유발하고 장기 금리가 상승하도록 압박한다고 말했다.

나는 다양한 주장을 종합해서 다음처럼 결론을 도출했다.

이들 요소 모두가 1991년의 느린 성장을 초래할 것이다. 어떤 것도 현재의 주가 수준을 설명하지 못한다. (중략) 어떤 생각이 주가를 현재의 고점까지 끌어올렸는지 이해하더라도 시장이 기대만큼 회복할지는 회의적이다. 궁극적으로는 회복하겠지만 (중략) 그리 빠르지 않을 것이고, 회복하더라도 도중에 중단될 것이다.

이 책을 쓰는 1993년 현재, '아버지' 부시(George H. W. Bush) 대통령이 물러나고 클린턴(Bill Clinton)이 대통령으로 취임했다. 당시 모든 이의 관심사는 바로 경제였다. 연준은 1989년 4월 이후 단기 금리를 24회 이상 낮추어서 연방기금금리가 9.75%에서 한때 3.0% 근처로 떨어졌다. 같은 기간에 장기 채권 수익률은 약간 하락해 7.5~8.0%를 오락가락했고 은행 대출은 여전히 경색된 상태였다.

몇 개월 전만 해도 (경제 전망에 대한) 소비자 신뢰도는 1982년 경기 침체 때보다 낮았다. 의회는 이제 경기 부양 여부가 아니라 부양 시기와 방법을 놓고 논쟁했다. 재정 적자를 관리하는 데 초점을 맞췄던 (물론 정부가 스스로 잘못을 인정하는 일 따위는 없다) 1991년과는 180도 달라진 상황이었다. 경기 후퇴가 계속될 것이라는 우려가 지배적이었다. 다시 말해 내 예측이 맞았다.

하지만 경제 예측은 옳았어도 내 주식시장 수익률은 볼품없었다. 평균적으로 주가 수준이 너무 높다고 판단해서 과감하게 매수 포지션을 취하는 것이 내키지 않았기 때문이다. 이때 포지션을 취하지 않은 결과로 큰 이익을 낼 기회, 특히 장외시장에서 이익을 낼 기회를 완전히 날려버렸다. 당시 장외시장의 초강세가 거품이라는 느낌이 강하게 들었는데, 이것이야말로 소로스가 말한 '거짓' 중 하나였다.

그러나 소로스와 달리 나는 시장에 적극적으로 진입하지 않았고, 시장이 인정한 거짓 추세에 편승하지 않았다. 돌이켜 보면 편승해야 했다.

스티브 맥퀸(Steve McQueen)과 에드워드 로빈슨(Edward Robinson)이 주연한 오래된 영화 '신시내티 키드(The Cincinnati Kid)'의

한 장면이 떠오른다. 두 사람 모두 포커판을 주름잡는 전문 도박사였다. '더 맨(The man)'으로 불리는 로빈슨이 포커 일인자였다. 맥퀸은 떠오르는 루키로서 최종 목표는 포커 일인자가 되는 것이었다. 영화가 끝을 향해 갈 때 드디어 맥퀸이 로빈슨과 포커 테이블에 마주 앉았다. 포커판에 몇 시간이 흐른 뒤 모두 나가떨어지고 이제 둘이 마지막 패를 보일 순간만 남았다.

이들이 한 게임은 파이브카드 스터드(five-card stud)로, 카드 한 장은 앞면이 보이지 않게 엎고(다운 카드) 다음 장은 앞면이 보이게 둔 다음(업 카드) 베팅이 한 차례 돌아간다. 세 번째 카드를 업 카드로 돌리고서 베팅하고 네 번째 카드도 그렇게 해서 마지막 베팅은 다운 카드 한 장과 업 카드 네 장으로 구성된다.

카드 세 장을 받았을 때 신시내티 키드(여기서는 맥퀸)의 업 카드는 '10' 두 장이었고 더 맨의 업 카드는 다이아몬드 퀸과 킹이었다. 키드는 페어에 베팅했지만 더 맨은 더 크게 베팅해서 다운 카드가 최소 킹 또는 퀸임을 암시했다. 키드의 페어보다 더 좋은 패다. 키드는 콜을 했고 다음 카드가 돌아갔다. 키드는 에이스 카드였고 더 맨은 다이아몬드 10 카드였다. 또다시 더 맨은 세게 베팅했는데 이번에는 패가 플러시, 어쩌면 스트레이트 플러시일지도 모르는 상황이었다. 포커에서 스트레이트 플러시는 정말 나오기 어려운 패다.

딜러가 마지막 업 카드를 돌렸다. 키드는 또 다른 에이스였고 더 맨은 다이아몬드 에이스였다. 키드의 업 카드는 투 페어였고 더 맨의 업 카드는 '10', 다이아몬드 에이스, 퀸, 킹이었다. 나도

2장 | 경제 원칙으로 시장 예측하기

포커를 좀 알기 때문에 이 장면에서 손에 땀이 날 정도로 긴장했다. 여러분도 알다시피 세 번째 업 카드를 받은 상황에서 더 맨은 승산이 없었다. 키드의 패에 압도당했고, 더 맨이 유리한 카드를 뽑을 확률은 64만 9,700분의 1이었다!

두 사람 사이에 베팅이 오갔고 마침내 키드가 콜을 외쳤다. 그리고 다운 카드를 뒤집었다. 키드의 다운 카드는 에이스였고 패는 에이스 하이 풀하우스였다. 그러나 더 맨의 다운 카드는 다이아몬드 잭이어서 로열 스트레이트 플러시를 완성했다. 가장 높은 패이자 그 게임에서 키드를 물리칠 수 있는 유일한 패였다.

더 맨은 테이블에서 일어서며 키드를 보고 이렇게 말했다. "한참 바람을 탔더라도, 잘못된 흐름이라는 것을 알았으면 끝까지 가지는 말았어야지."

어느 모로 보나 1991년 초에 시장에서 매수 포지션을 취하는 것은 잘못된 베팅이었다. 그럼에도 불구하고 그렇게 베팅한 사람들은 돈을 벌었다. 내 경우도 신시내티 키드와 같아서, 베팅 자체는 옳았지만 시점이 잘못되었다.

이 장의 목적은 시장 예측의 기본 원칙을 토대로 '잘못된' 베팅을 할 '올바른' 시점을 정확히 찾아낼 수 있게 하는 것이다. 다시 말해 강세장에서든 약세장에서든 이익을 낼 기회를 창출하는 거짓 경제 추세를 제대로 포착하는 방법을 제시하려고 한다. 그러나 거짓 명제를 확인하려면 시장 행동을 지배하는 경제 펀더멘털부터 이해해야 한다. 안타깝게도 이것이 항상 쉬운 일은 아니다.

거짓 경제 명제들 가운데 가장 위험한 것이 경제학 연구 자체에 대한 그릇된 인식이다. 오늘날 경제학은 정부의 경제 통제에 관한 연구, 다시 말해 정부가 민간 자원을 어디서 어떻게 얼마나 수용해서 다른 개인과 경제 부문에 분배할지 연구하는 학문인 것처럼 축소되어 인식된다.

존 메이너드 케인스(John Maynard Keynes)는 자신이 주창한 신경제학(new economics)에서, 인류의 역사만큼이나 오래된 경제적 오류(소로스가 말한 거짓 명제)에 준과학적(quasi-scientific) 지위를 부여함으로써 이 개념을 공식화했다. 케인스는 정부의 자유시장 개입, 정부의 화폐와 신용 공급 통제, 무책임한 적자 지출 정책, 통화 팽창 정책 등을 합리화했다.

학계는 거의 예외 없이 케인스의 오류를 자명한 진리로 받아들였고 이를 더 복잡한 지식과 수학 공식의 체계로 확장함으로써, 가장 명확하고 기초적이며 중요한 경제 쟁점들을 혼돈에 빠뜨렸다.

경제학의 정의

경제학은 인간의 행동을 연구하는 학문이다. 경제학자 루트비히 폰 미제스(Ludwig von Mises)는 이렇게 말했다. "경제학은 선택한 목표를 달성하기 위해서 적용할 수단을 연구하는 과학이다. (중략) 사물과 유형물을 다루는 학문이 아니라 인간의 의도와 행동을 다루는 학문이다."[1] 다시 말해 경제학은 인간이 목적

달성에 쓸 수 있는 수단, 기법, 행동을 연구한다.

루트비히 폰 미제스는 경제학 관련 책을 20권이나 썼다. 그러나 대학 교재에서 그의 이름을 거의 찾아볼 수 없다. 오스트리아학파를 가르치는 앨라배마주 오번대학교와 네바다대학교에서 사용한 교재가 예외적이다. 폰 미제스의 가장 유명한 책《인간행동(Human Action)》은 900쪽이 넘고 읽기가 쉽지 않다. 폰 미제스의 제자 가운데 가장 유명한 인물은 프리드리히 폰 하이에크(Friedrich von Hayek)로 노벨 경제학상을 받았다.

오스트리아학파는 개인의 자유, 완전한 자유시장, 금본위제 사용, 가치의 주관적 속성 등을 지지하지만 이는 그들 원칙의 극히 일부다. 내가 지금껏 보아온 학파 중에서 세상이 단기적으로, 더 중요하게는 장기적으로 어떻게 움직이는지에 대해 가장 정확한 관점을 제시한 학파라고 생각한다.

생명체의 유일하며 가장 중요한 목표는 바로 생존이다. 거의 모든 생명체의 생존은 사실상 자동적으로 진행되며, 그 삶과 죽음은 선택보다는 환경에 따라 결정된다. 그러나 인간의 생존은 정신의 의식적 운동에 지배받고, 게다가 더 나은 삶의 가치를 추구하기 위한 선택에 좌우된다. 우리는 생존에 필요한 무언가(폰 미제스는 이를 '목표'라고 했다)뿐만 아니라 그것을 취할 방법(폰 미제스는 이를 '수단'이라고 했다)까지 발견하고 선택해야 한다.

폰 미제스가 말하는 경제학에서 핵심 단어는 바로 '선택'이다. 인간은 학습과 생존, 번영을 위해 선택을 해야 한다. 기생충이 되는 길을 선택하지 않는 한, 모든 인간은 사용 가능한 목표와 수단을 평가하고 선택해서 효율적으로 행동함으로써 자신의 생존에 필요한 준비를 하는 방법을 배워야 한다.

개인이 어떤 경제 철학을 지녔든 간에, 모든 경제적 관점은 다음의 기본적인 과정을 포함해야 한다.

- 평가
- 생산
- 저축
- 투자
- 혁신
- 교환

나는 이 모든 과정이 우선 개인 차원에서 발생한 다음에 전체 사회의 수준에서 발생한다고 믿는다. 이에 관해 전작 《전설의 프로 트레이더 빅》에서 기술한 내용을 인용하면 다음과 같다.

예를 들어 대니얼 디포(Daniel Defoe)의 소설에 등장하는 로빈슨 크루소를 생각해보자. (중략) 섬에 좌초한 크루소는 먼저 식량 확보 기법을 개발하여 당장 필요한 양 이상으로 식량을 축적한 다음, 다른 필수품을 확보하는 방향으로 노력을 돌린다. 그는 이렇게 절약한 시간으로 집을 지었고 식인종에 대응하는 방어물을 세웠으며 옷도 만들었다. 이어서 근면성과 창의성과 시간 관리를 통해서 필수품 획득 절차를 단순화했고 남는 시간을 이용해서 다른 사치품을 생산했다.

2장 | 경제 원칙으로 시장 예측하기

그가 생활 수준을 향상시킨 과정의 핵심은 평가, 생산, 저축, 투자, 혁신이었다. 그는 선택 가능한 목적과 수단을 평가했고 그의 필요에 가장 들어맞는 대안을 선택했다. 그는 그 목적이 얼마나 필요한가, 달성하기 위한 수단이 있는가, 달성에 들어가는 비용은 얼마나 되는가를 기준으로 각 목적의 가치를 평가했다. 그는 생존에 필요한 이상으로 필수품을 생산하여 충분히 저축한 다음, 남은 에너지를 그가 원하는 다른 제품 개발에 투자했다.

각 단계에서 그가 치른 가격은 자신의 필요에 따라 평가하여 소비한 에너지였다. 이 교환을 통해서 그가 얻은 것이 이익이었다. 그가 잘못 판단하여 노력이 쓸모없어졌으면 그는 손실을 보았다. 그의 선택이 바로 교환 행위로서, 덜 바람직한 상태를 더 바람직한 상태와 바꾸는 작업이었다. 그는 모든 단계에서 시간을 관리했다. 그는 단기, 중기, 장기 성과를 바탕으로 대안을 선택했다. 기술 혁신을 통해서 그의 능력이 더 정교해질수록 필수품 비용(필수품 획득에 들어가는 시간과 에너지)이 감소하여 더 많은 시간을 '사치품' 생산에 투입할 수 있었다.[2]

무인도에 홀로 남은 사람이 생존을 위해 기본 경제 원칙에 따라 행동해야 하듯이, 복잡한 산업사회에서 살아가는 사람도 마찬가지다. 이 과정들이 각 개인의 요구 사항과 별개로 존재한다고 생각하는 것 자체가 중대한 오류다. 경제 원칙이 유효하려면 가장 먼저 개인에게 적용되어야 한다. 그러고 나서야 더 큰 인간 집단 혹은 전체 사회에 확대 적용할 수 있다.

평가, 생산, 저축, 투자, 혁신, 교환이라는 경제 원칙은 인간 개인의 생존을 위한 전제 조건이다. 이 맥락에서 이해하면 이 원칙들이 모든 규모의 경제를 분석하는 기초가 된다.

생산이 최우선

케인스학파의 영향으로 오늘날의 정부는 주로 목표 달성에 적용할 수단을 찾는 데 주안점을 둔다. 따라서 경제학이 시장에 대한 정부의 개입에 관한 연구로 범위가 축소되었다. 케인스학파의 논리대로라면 생산을 뒷받침하는, 따라서 인류의 경제적 진보를 가능하게 하는 동인(動因)은 바로 총수요다.

총수요는 소비하려는 욕구의 총화로서, 달러와 센트로 표시되는 가처분소득으로 측정한다. 케인스는 생산을 늘리려면 정부가 모든 사람의 손에 총수요 증가에 사용할 추가 지폐를 주의 깊게 쥐여줘야 한다고 말했다. 그에 화답해서 기업이 더 많이 생산하고, 사람들은 더 많이 소비할 테니, 국내총생산(GDP)으로 측정되는 국가의 부 또한 늘어날 것이다.

나는 총수요가 생산 수준을 결정한다는 전제에 중대한 오류가 있다고 생각한다. 혼자 행동하는 한 사람이 더 많이 주문하거나 더 많이 소비함으로써 부를 축적할 수는 없다. 사실 다른 조건은 모두 같다고 할 때, 무인도에 있는 한 사람이 더 많이 원하고 그에 맞춰 소비를 늘리기 시작한다면 자기 파괴의 길에 접어들고 미래에 더 많이 생산할 능력을 소진하게 된다. 모아놓아도 마찬가지다.

경제 성장을 위해서는 불가침의 사슬이 존재하고, 사슬의 첫 번째 고리인 생산은 인간 생존의 기본 요건이다. 그러나 생산만으로는 성장을 유발하지 못하고 저축이 필요하다.

저축, 투자, 기술 혁신

월급을 주는 주체는 고용주가 아니다. 고용주는 돈을 다룰 뿐이다. 월급을 주는 주체는 바로 상품(생산물)이다. - 헨리 포드

성장을 위해서는 생산이 이루어져야 한다. 충분한 생산은 당장 생존에 필요한 것들을 제공할 뿐 아니라 미래 생산을 위한 '종자'도 제공한다. 다시 말해 경제 성장을 위해서는 저축에 필요한 잉여물의 생산이 우선되어야 한다.

저축에는 두 가지 유형이 있다. 단순 저축(plain saving)은 나중에 사용하기 위해, 아직 소비하지 않은 생산물을 떼어 비축하는 것이다. 자본 저축(capital saving)은 미래의 생산 과정에 직접 사용하기 위해 비축된 물품을 할당하는 것이다. 두 가지 저축 모두가 경제 성장의 선행 요건이다.

단순 저축은 자연적 혹은 인위적 위험에 대비한 방어책이다. 간단한 수준은 겨울에 생존하기 위해 과일과 채소를 통조림으로 만들어 저장하는 것이다. 더 나아간 수준은 기업이 잉여금을 비축하는 것으로, 이를 통해 제품 매출이 감소하는 시기에도 생존할 수 있다. 두 경우 모두 미래에 다른 목표를 추구하는 데 소요될 시간을 단축하는 중요한 수단이다.

자본 저축은 단순 저축에서 한발 더 나아가서 미래의 생산 과정에 투자하기 위해 할당한 잉여금으로 구성된다. 이듬해에 뿌리려고 종자를 떼어두는 것을 생각해보라. 좀 더 복잡한 사례는 새 기계 구입에 사용하려고 이익금을 떼어두는 것이다.

분석 수준과 무관하게 자본 저축은 생산의 또 다른 핵심 요소인 '기술 혁신'과 연관된다. 미래의 생산 과정에 투입하기 위해 저축하려면, 그리고 이것이 자본 저축이 되려면 먼저 두 가지 요건을 충족해야 한다.

첫째, 다른 생산 활동에 시간을 투자할 수 있도록 단순 저축이 비축되어야 한다. 둘째, 미래 생산을 위한 수단이 존재해야 한다. 단순 저축의 규모가 충분하다고 가정할 때, 다음 단계로서 미래 생산을 위한 수단을 개발하는 데 필요한 것이 기술 혁신이다.

요즘은 기술이라고 하면 컴퓨터 칩과 첨단 전자기기를 먼저 떠올리게 된다. 그러나 사실 기술 혁신은 유형을 불문하고 새롭게 적용된 지식, 즉 자본 저축을 활용하는 새로운 방법을 가리킨다. 낚싯바늘부터 우주선에 이르기까지 인간의 물질적 진보는 모두 기술 혁신과 자본 저축이 결합해 만들어냈다. 다시 말해 우리는 지금 선조들의 혁신과 저축이라는 토대 위에서 무언가를 만들어내고 있다.

경제 발전과 진보의 각 단계에서 누군가는 새로운 상품을 창조하거나 기존 상품의 효율성을 높이기 위해 자연적·인공적 요소를 재조합하고 재배치하는 방법을 알아내야 한다. 그러나 단지 방법을 아는 것으로는 충분치 않다. '무엇'을 가지고 하느냐의 문제도 반드시 해결해야 한다. 이 무엇이 바로 자본 저축이다. 이런 뜻에서 자본 저축과 투자 자본은 같은 개념이다.

새로운 생산 활동을 예로 들어보자. 기업가가 미래 생산을 위한 자원 활용법에 관한 콘셉트를 개발한다. 그러고 나서 이 사람 또는 다른 개인 또는 집단이 이 콘셉트를 실현하기 위해 시간이든 물질이든 저축한 것을 투자한다. 이 과정에서 이들은 위험을 부담한다. 성공하면 새로운 상품과 서비스를 탄생시켜서 혜택 또는 이익을 누리게 되는데, 이는 저축을 위험에 노출함에 따라 발생한 결과다. 실패하면 이전 생산물의 손실, 즉 저축 소진으로 고통받는다.

지금까지 내가 화폐 혹은 신용이라는 단어를 사용하지 않고 주로 경제, 금융과 관련 있는 일반 용어를 사용한 점에 주목하길 바란다. 기초 경제 원칙이라는 관점에서 보면 생산, 저축, 투자, 자본, 이익, 손실 등은 화폐, 신용과 아무런 관계가 없다. 화폐와 신용은 생산과 경제 성장의 사슬을 더 효율적이고 관리 가능하고 측정 가능하게 만들어주는 기술 혁신일 뿐이다.

안타깝게도 많은 경제학자가 '화폐'와 '부', '신용'과 '새로운 부의 원천'을 동일시한다. 현재와 같은 복잡한 수준의 경제 체계에 도달하려면 화폐와 신용이 필요하지만, 이 두 가지가 경제 성장의 전제 조건은 아니다. 화폐는 복잡한 시장경제 내의 교환과 회계, 가치 평가의 전제 조건이다. 신용은 복잡한 경제에서 축적된 저축물을 거래하는 수단이다. 이에 대해서는 3장에서 더 상세하게 다룰 것이다.

다만 경제 분석의 필수 원칙인 평가와 교환은 간략하게 언급하고 넘어가고자 한다.

평가와 교환

우리는 왜 생산하는가? 무엇을 생산할지를 어떻게 결정하는가? 왜 거래하는가? 언제 소비할지, 아니면 저축하거나 투자할지 어떻게 결정하는가? 이 질문에 대한 답변은 결코 쉽지 않지만 상당히 중요하다.

무인도에 홀로 사는 사람이라면 답변이 더 분명해진다. 육체적 생존의 문제에 봉착한 로빈슨 크루소 앞에는 두 가지 선택지가 있다. 생산하거나 죽거나. 일단 생산하기로 선택하면 가장 중요한 필수품부터 확인해야 한다. 너무 당연하게 중요도순으로 꼽으면 식량과 쉼터다.

그다음부터는 조금 복잡해진다. 먼저 물고기를 잡을까, 먹을 수 있는 풀을 찾아볼까? 식량을 구했다면 이후 쉼터를 짓는 데 쓸 시간을 벌고자 식량 일부를 비축해야 하는가? 하루의 절반은 식량을 구하고 나머지 절반은 쉼터를 지을까? 쉼터를 지으면 도구를 만드는 일에 착수할 수 있다. 낚싯대를 만들어야 하나, 그물을 만들어야 하나? 잡은 물고기를 햇볕에 말려야 하나, 훈제 처리 장치를 만들어야 하나? 기타 등등.

각 단계에서 크루소는 실행 가능한 목표와 수단을 평가하고, 자신이 지각한 바를 기준으로 자신의 요구에 가장 잘 들어맞는 선택지를 골라야 한다. 크루소가 한 선택이 곧 교환이며 거래다. 그는 덜 바람직한 상태를 더 바람직한 상태와 교환함으로써 자기 자신과 거래한다. 크루소의 사고 과정은 다음과 같다.

음, 생산은 어렵지만 죽음보다 나으니 생산과 죽음을 맞바꾸겠어. 음, 식물은 갓 채취해서 신선할 때가 더 맛있지만, 나는 너무 추워서 꽁꽁 언 채 혹은 모래에 반쯤 파묻힌 채 일어나는 데 지쳤어. 그러니 하루 종일 쉼터를 지을 수 있도록 이틀 동안 식량을 충분히 구해 비축해둘 거야. 음, 낚싯대 만들기가 더 쉽지만 그물이 있으면 물고기를 더 많이 잡으니, 추가 노력을 들여서 어획량을 높일 기회를 얻겠어.

각각의 선택에서 그는 위험을 부담하면서 이익을 즐기거나 손실에 고통받는다.

무인도라서 경쟁할 사람이 없고 시장도 없고 화폐도 없으니 크루소는 기본 경제 원칙에 따라 생활해야 한다. 어떤 선택지가 있는지 확인하고, 각 선택지의 가치를 평가하고, 무엇을 추진할지 선택하고, 얼마나 소비하거나 투자할지 결정하고, 자신의 시간과 저축물을 위험에 노출시켜야 한다. 이 모두가 거래, 즉 덜 바람직한 것을 더 바람직한 것과 교환하는 과정이다.

크루소의 선택을 더 복잡한 시장에 적용해도 본질은 크게 달라지지 않는다. 평가, 생산, 저축, 투자, 혁신, 교환이라는 기본 과정은 동일하다. 경제 환경이 더 정교하고 복잡해질수록, 가치란 궁극적으로 주관적이라는 것을 기억하는 일이 더 중요해진다. 가치는 시장 참여자 개개인이 채택한 평가 과정과 고유 맥락에 좌우된다.

시장은 수많은 개인으로 구성되고, 개인들은 본질적으로 크루소가 무인도에서 행했던 과정을 사용해야 한다. 크루소처럼 우리 모두는 틀리기 쉽고 개인으로든 집단으로든 실수를 저지를 수 있다. 개인이나 집단이 움직여서 어떤 상태를 다른 상태와 교환하게 만드는 것이 바로 가치에 대한 지각이다.

'소로스 기회'를 포착하라

가치는 교환하려는 물건이나 투자를 고려하는 대상에 저장되지 않는다. 대신 주관적 지표로서 크게 소비자 가치(consumer value)와 투자 가치(investment value)라는 두 가지 범주로 나뉜다. 소비자 가치는 개인의 욕구(wants)에 대한 인식과, 문제의 상품이 그 욕구를 충족하는 정도에 대한 인식 간의 심리적 관계를 의미한다. 투자 가치는 싼 것과 비싼 것에 대한 인식 간의 심리적 관계를 의미하며, 이는 해당 대상의 가격을 평가할 때 무엇을 중요하게 여길지 정하는 주관적 관점에 기반한다.

위험은 측정이 가능하지만 불확실성은 측정이 불가능하다! 위험은 특정 사건이 일어날 확률 대 일어나지 않을 확률의 비율이다. 트레이더로서 성공하려면 둘을 구분해야 한다.

전문 투기자 혹은 투자자로서 시장 참여자 대다수가 잘못된 지각을 하고 있다는 사실을 알면 내가 만들어낸 말인 '소로스 기회(Soros opportunity)', 즉 돈을 벌 호재로 이용할 수 있는 상황이 만들어진다. 이를 포착하려면 시장의 지배적 의견이 무엇인지 맥락을 이해해야 한다.

예를 들어 1991년 내내 경제 환경은 초약세였다. IBM 같은 시총 상위 기업의 주가가 1987년 대폭락의 저점 아래로 떨어졌고 주당순이익의 10~12배 가격으로 거래되었다. 에너지 기업인 모빌(Mobil)은 수익률(yield)이 5%였지만 유가가 하락하고 있었기 때문에 역시 주당순이익의 11배 가격으로 거래되었다.

동시에 이른바 성장주들은 수익률이 2% 이하였지만 주가이익배수(PER) 30배, 40배, 심지어 더 높게 거래되었다. 예를 들어 PER 37배이던 머크(Merck)는 수익률이 1.5%였는데 그것도 사상 최고치에 가까운 수치였다. 또 암젠(Amgen)은 적자여서 PER이 -1,500배였다.

비슷한 사례는 아주 많지만 핵심은 하나다. 시장 참여자들이 PER이나 수익률은 등한시한 채 생명공학주, 제약주, 이익 성장이나 잠재 이익을 보인 주식들을 사들이고 있었다.

그러나 가치에 대한 시장의 인식이 달라지면 추세가 어느 정도 바뀐다. 시장이 폭락하면 인식이 완전히 달라지고 PER이 높은 주식이 가장 큰 타격을 입을 것이다. 예를 들어 그림 2.1에 제시한 PSE&G를 살펴보자. 1928년 당시 PSE&G의 주가 고점은 137.5달러였고 주당순이익은 3.93달러(PER 35배)였으며 주당 3.40달러를 배당금으로 지급했다. 1932년에는 주당순이익이 3.46달러였고 배당금은 3.30달러였으며 주가는 28달러였다. 기

[그림 2.1] PSE&G 스페셜 차트

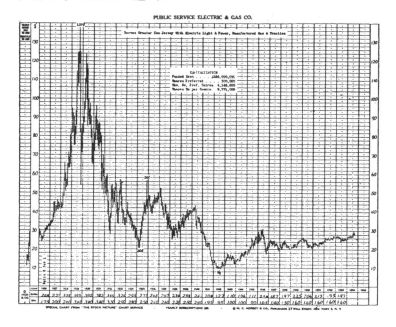

업 자체는 큰 변화가 없었고 이익 규모도 큰 차이가 없었으나 기업의 가치에 대한 시장의 인식이 극적으로 달라졌다.

여기에는 두 가지 교훈이 있다. 첫째, 애널리스트가 주식에 '공정 시장가치(fair market value)'를 매길 때마다, 진정한 가치 척도는 시장이 말해주는 가치뿐이라는 사실을 명심하라. 가치는 주관적이고 끊임없이 변화한다. 중요한 것은 시장이 애널리스트의 평가 결과를 그대로 믿느냐는 것이다. 둘째, 한 종목(혹은 종목 집단)의 가치가 과대평가되었다고 믿는다면 이를 분석할 때 시장의 지배적 의견을 반영했는지 확인하라. 샤를 드골(Charles de Gaulle)은 이렇게 말했다. "조약은 장미꽃과 어린 소녀와 같아

2장 | 경제 원칙으로 시장 예측하기

서 그 수명이 유지되는 동안에만 효력이 있다." 여기서 '조약'을 '추세'로 바꾸면 훌륭한 명제가 탄생한다.

'아무것도 변하지 않으면 아무것도 변하지 않는다'라는 옛말은 전적으로 옳다. 시장을 너무 앞서 나가는 바람에 쓸데없이 낭패를 보지 말라. 소로스의 조언을 따르라. 거짓 추세에 편승하고, 진실이 밝혀지기 전에 빠져나오라.

이익은 잉여물 생산에서 나온다

많은 오해와 오류는 가치가 주관적이라는 사실을 인식하지 못한 데서 비롯된다. 가장 흔하고 치명적인 오류 하나는 '한 사람의 이익은 다른 사람의 손실'이라는 개념이다. 이 명제가 진실인지 여부는 차치하고, 정말 이렇다면 경제 성장이 불가능하니 이 오류 명제는 부의 본질을 철저히 무시하고 있다.

이와 관련해서 나는 《전설의 프로 트레이더 빅》에서 이렇게 썼다.

평가가 주관적인 덕분에 거래 당사자 둘 다 거래를 통해서 이익을 얻을 수 있다.[3] 옥수수는 남아돌지만 고기가 부족한 농부는, 소에게 옥수수를 먹여야 하는 목장 주인보다 옥수수의 가치를 낮게 평가한다. 여기서 거래 기회가 발생한다. 이런 잉여물 교환 과정에 참여하는 사람이 증가할수록 거래가 더 복잡해진다. 이렇게 수많은 개인이 자유롭게 모여 생산하고 거래하는 사회 장치가 바로 시장이다.

이 글에서 핵심은, 이익은 거래가 아니라 잉여물 생산에서 발생한다는 점이다. 여기서 잉여물은 시장이 경제적 가치를 부여한 혹은 경제적 상품으로 인식한 대상물이다. 거래는 이익을 극대화하는 메커니즘이지만 이익 창출원은 아니다.

경제적 가치는 인지된 필요(needs)를 충족시키고 그 자체로 시장에 인식되며 획득할 수 있는 무엇으로, 상품과 서비스가 모두 포함된다. 부는 소비되지 않은 경제적 가치가 어떤 형태로든 축적된 것이다. 이는 저축의 원천이고 따라서 경제 성장의 기본 토대가 된다.[4]

전문 투기자인 내가 어떤 근거로 이익이 거래에서 비롯되지 않는다고 단호하게 말할 수 있는지 의아해하는 사람이 있을 수 있겠다. 어쨌거나 내가 하는 일은 오로지 거래를 통해 이익을 내는 것이고 실제로 내 이익이 다른 누군가의 손실인 경우도 허다하다. 그러나 내가 거둔 이익은 잉여물 생산에서 비롯된다. 즉 앞서 정의한 바와 같이 이익이 이미 존재하지 않는다면 무에서 유를 창조하는 식으로 이익을 낼 수는 없다.

논의 범위를 경제라는 범주로 축소하면, 투기자로서 내 임무는 수요·공급의 원칙에 따라 자본을 적기 적소에 올바로 사용함으로써 다른 사람들의 실수를 바로잡는 것이다.

예를 들어 내가 생각하기에 1992년 3월 당시 시장은 '성장주', 특히 앞에서 이야기한 제약주와 생명공학주의 변화가 임박했다는 의견이 지배적이었다. 나는 이들 종목에 대해 매도 포지션을 취했고 확실히 이들 종목의 주가는 1992년 11월까지 약세를 유지했다. 결국 나는 자본 배분의 오류를 인식하고 자본을 좀 더 생산적으로 사용함으로써 큰 이익을 냈다(이 사례에서는 시장의 지배적 의견이 틀렸고 나의 판단이 옳았다).

결과적으로 잘못된 투자 위험을 부담했던 시장 참여자들의 손실분을 내가 싼값에 사들인 셈이었다. 물론 나의 판단이 틀렸다면 정반대의 상황이 전개되었을 것이다.

흥미롭게도 제약주와 생명공학주는 빌 클린턴이 대통령 선거에서 승리한 이후 반등하기 시작했다. 시기적인 오판의 가능성을 감수하고 두 종목의 미래를 감히 예측하면 이렇다. 클린턴 행정부와 민주당이 지배하는 의회의 '대기업 비친화적' 성향 때문에 제약주는 상승이 오래가지 않을 것이다. 반대로 생명공학주는 '중소기업 친화적' 성향 때문에 제약주보다는 나을 것이다.

결론

이처럼 경제 분석의 기본 원칙들을 정리하는 것은 시장 추세의 근간이 되는 경제적 진실과 거짓을 제대로 파악할 토대를 다지기 위해서다.

내 생각에 시장 행동 분석의 가장 좋은 접근법은 탑다운(top down) 접근법이다. 제일 먼저 전반적 경기 순환을 유발하는 경제 펀더멘털들을 관찰하고, 이어서 주식, 채권, 상품 등 시장의 파생적 추세를 관찰한 다음, 마지막으로 개별 주식과 채권, 선물 등의 움직임을 관찰하는 것이다.

이 장에서는 기본 경제 원칙들을 이해했으니, 이제부터는 근대 경제사에서 자주 나타난 호황과 불황의 순환 주기를 뒷받침하는 인과관계를 심층적으로 살펴보자.

3

통화정책이
경기 순환에
미치는 효과

이 책을 쓸 당시에 미국인 대다수는 위정자들이 미국 경제를 침체의 늪에서 벗어나게 해줄 '어떤 조치'를 취할 거라고 낙관했다. 그러나 그 '어떤' 조치가 무엇으로 나타날지는 상당한 불확실성이 내재한다.

클린턴 행정부 치하에서, 그리고 민주당이 상원과 하원을 모두 지배하는 상황에서 증세냐 감세냐를 놓고 극렬한 논쟁이 벌어졌다. 민주당원 일부는 이른바 '부자 과세'를 지지했다. 어떤 이들은 정부의 지원과 인센티브 정책 확대를 주장했다. 또 다른 이들은 경제 불황이 연준의 정책 탓이라고 비난하면서, 경기 회복의 핵심 열쇠는 금리의 추가 인하라고 주장했다.

워싱턴 입법자들이 경제 문제를 해결해주리라는 기대는 슬픈 아이러니다. 감히 단언하건대 선출직 관료 50명 중에 경기 침체의 원인을 제대로 파악한 인사는 단 한 명도 없다. 경기 회복을 위한 종합 정책을 논하는 과정에서 기초 경제 원칙을 언급하는 사람 역시 없다. 대신에 그들은 현 경제위기의 책임을 정적(政敵)에게 돌리고, 해당 지역구 유권자들의 감정에 호소할 추상적이고 상투적인 문구만 뇌까릴 뿐이다. 그리고 이렇게 정치적 논쟁만 되풀이하는 동안 경기 침체의 골은 더욱 깊어지고 있다.

가장 아이러니한 사실은 경기 순환이 정치 지도자들이 주도한 금융 정책과 재정정책의 직접적 결과물이라는 점이다. 국가의 경제활동을 지배하려는 어설픈 시도가 호황과 불황의 순환 고리를 만들어낸다. 이 부분에 관해 루트비히 폰 미제스는 다음과 같이 기술하고 있다.

거듭 호황기 뒤에 불황기가 이어지면서 경제 시스템이 뒤흔들리는 것은, 신용팽창으로 시장금리를 낮추려는 시도가 되풀이된 필연적 결과다.[1]

이 인용문의 진정한 의미를 이해했다면 다음 장에서 다룰 주제로 넘어가도 괜찮다. 그러나 그렇지 않다면 폰 미제스의 문장을 제대로 이해하기 위해 거듭 읽어라. 그래야만 미래 경제활동의 내용을 비교적 정확하게 예측할 능력이 생길 것이다. 그리고 일단 이를 알게 되면 그 예측의 맥락에서 그런 활동이 전개될 시점을 알아내는 일에 초점을 맞출 수 있다.

미래의 경제 상황을 비교적 정확하게 예측할 수 있다는 말이 오만하게 들릴지 모른다. 우리가 절대 알 수 없는 세부 사항이 많은 것도 사실이다. 그러나 관심을 기울이면 대상의 기본 윤곽은 얼마든지 알아낼 수 있다. 내 경험 가운데 맞춤한 사례를 들어보겠다.

1979년은 '석유 파동'이 정점에 달한 시기였다. 중동이 유가 지배권을 완벽하게 틀어쥐었다. 카터(Jimmy Carter) 대통령이 국내 석유 생산을 통제하고 수입품에 관세를 부과하자 즉시 석유 공급 부족 사태가 일어났다. 석유 관련주는 가격이 급등했고, 다른 산업주들은 상대적으로 가격이 낮았다. 당시 연준은 금리를 인상하는 중이었지만 통화 공급을 빠르게 확대했다. 다시 말해 석유 제품의 가격 상승을 통화 공급 확대, 즉 인플레이션으로 메웠다.

그러고서 두 가지 사건이 발생했다. 첫째, 1979년 10월 12일에 폴 볼커(Paul Volcker) 연준 의장이 연준 정책의 방향을 금리에서 통화 팽창 억제로 전환하겠다고 선언했다. 이는 통화 팽창주의 시대가 막을 내리기 시작했음을 의미했다. 둘째, 대통령 후보 로널드 레이건(Ronald Reagan)은 자신이 당선되면 유가 규제를 철폐하겠다고 공언했다.

나는 레이건이 공화당 대통령 후보로 지명되었을 때 카터를 이기리라는 확신이 들었다. 즉 금리 상승과 석유주 고가 시대가 끝날 것을 알았다. 그리고 유가가 하락함에 따라 다른 산업주들이 혜택을 입으리라는 사실 또한 미루어 짐작했다. 적어도 10여 년간 유지한 통화 팽창주의의 대가를 치를 때까지는 말이다.

이 예측을 바탕으로 해서 나는 1980년 11월 대선이 다가오는 시점에 다양한 석유 관련주들을 공매도했다. 아니나 다를까,

S&P500(석유주가 높은 비중을 차지함)은 11월에 고점을 찍었다. 유가는 이듬해 1월에 고점을 찍었다. 다우지수는 4월 내내 상승했으나 S&P500은 단기 하락했다. 7월이 되자 다우지수 역시 강세장이 끝났음을 확인했다. 이제 대가를 치러야 할 시점이었고 그래서 공매도를 시작했다.

이미 언급했다시피 경제적 활동은 경제 펀더멘털에 좌우되고, 이 여건은 정부 정책의 영향을 받는다. 인간이 취하는 모든 경제적 행동에는 예측 가능한 결과가 내포돼 있다. 정부의 통화정책과 재정정책이라는 형태로 경제적 행동이 대규모로 이루어질 때는 그 행동이 전체 경제에 어떤 영향을 미치는지 비교적 쉽고 정확하게 예측할 수 있다. 유일하게 예측 불가능한 요소는 바로 개인의 창의적 혁신 능력이다. 즉 더 많이 생산하려는 끊임없는 노력을 통해 부정적인 정부 행동의 영향력을 약화할 수 있다.

경제 예측의 핵심 열쇠는 2장에서 논한 기본 경제 원칙에 대한 주의를 게을리하지 않는 것이다. 이 경제 원칙들을 화폐와 신용(금리 포함)에 대한 지식에 접목한다면 인간 행동이라는 맥락에서, 그리고 이보다 훨씬 복잡한 논제인 경기 순환의 맥락에서 화폐와 신용의 속성을 이해하기가 한결 수월해진다.

앞 장에서 나는 화폐와 신용은 경제 원칙의 기본 요소가 아니라 부산물이라고 말했다. 무인도에 홀로 남은 사람은 기본 경제 원칙들은 적용하지만 화폐와 신용은 사용하지 않는다. 생존에 필수적인 물품만 생산하는 부족사회에서도 화폐와 신용은 필요로 하지 않는다. 화폐와 신용의 필요성이 대두하려면 우선 경제

공동체의 구성원들이 자신의 잉여 생산물을 적극적으로 교환하는 활동에 참여해야 한다. 즉 시장을 형성해야 한다. 시장 구성원들이 높은 생산성을 달성하고 시장이 구성원들의 삶에 장기적인 영향력을 미칠 때 비로소 화폐의 필요성이 생긴다. 신용도 마찬가지다.

복잡한 시장경제 체제에서는 화폐와 신용이 평가, 생산, 저축, 투자, 혁신, 교환으로 이루어진 경제 사슬에서 필수 불가결한 절대적 고리가 된다. 경제활동이 점점 더 복잡해질수록 화폐와 신용은 경제 성장과 발달의 필수 요건이 된다. 단, 인간 행동의 기본 원칙을 이해하고 실행할 때만 그렇다. 잘못 이해하고 실행한다면 주기적인 호황과 불황, 즉 경기 순환을 벗어나지 못한다.

경기 호황에 대한 환상

다음은 내가 좋아하는 이야기 중에서 경기 순환의 메커니즘을 잘 표현한 것이다.

옛날 루이지애나주에 이름이 피에르와 사순이라는 케이준(Cajun: 남부 루이지애나의 비옥한 늪지에 이주·정착한 프랑스계 캐나다인의 후손-역주) 농부들이 살았다. 어느 날 피에르가 사순의 농장을 건너다보며 사순이 키우는 말을 칭찬했다. "사순, 친구여. 정말 아름다운 말을 갖고 있군. 내가 그 말을 꼭 사야겠어."

그러나 사순은 이렇게 대답했다. "오, 피에르, 그 말은 팔 수 없네. 오랫동안 함께했고 내가 가장 좋아하는 말이라서 말이야."

"그러나 10달러를 쳐주겠네." 피에르가 제의했다.

"으으음, 썩 내키지는 않지만 그렇게 하지."

그리고 두 사람은 바로 매매 계약서를 작성했다.

일주일쯤 지나서 사순이 피에르의 농장으로 건너와 이렇게 말했다. "오, 피에르, 친구여. 그 말을 다시 사 가야겠어. 말을 보고 싶어서 미치겠어."

"사순, 그럴 수는 없어. 그 말이 끌 마차를 사서 5달러나 들었거든."

"음, 말과 마차 값으로 20달러를 주겠네." 사순이 제의했다.

피에르가 빠르게 계산했다. 15달러 투자해서 일주일 만에 5달러 벌었으니 1년으로 환산하면 연 수익률이 1,700%다! 그래서 그는 대답했다. "그러세, 친구여."

피에르와 사순은 이런 식으로 말과 마차와 부속물을 팔았다가 되사고 또 팔았다가 되사는 과정을 되풀이했고, 이제 수중에 현금이 남아 있지 않았다. 그래서 이들은 그 지역의 은행가를 끌어들였다. 은행가는 두 사람의 신용도와 그간의 말 매매가 상승을 고려해 처음에는 피에르에게, 다음에는 사순에게 대출해줬고, 그 결과 말의 매매가가 계속 높아졌다. 매매가 이루어질 때마다 은행가는 대출 원금과 이자를 받아 챙겼고 피에르와 사순 두 사람의 현금흐름은 그야말로 기하급수적으로 증가했다.

이런 과정이 수년간 계속되어 피에르가 1,500달러를 주고 그 말을 샀다. 얼마 뒤에는 하버드 MBA를 나온 뉴잉글랜드 출신의 귀에까지 이 소식이 들어갔다. 그는 정교한 수익률 실현 계획을 세운 다음 루이지애나주를 찾아와서 피에르에게 2,700달러를 주고 말을 사 갔다.

이를 알게 된 사순은 몹시 화를 내며 피에르의 농장으로 달려와 소리소리지르며 책망했다. "피에르, 이 멍청한 자식! 어떻게 그 말을 2,700달러에 팔아버릴 수 있나? 우리는 그 말로 큰돈을 벌고 있었어!"

한마디로 이 이야기는 경기 순환의 핵심을 잘 보여준다. 피에르와 사순과 은행가는 뜻하지 않게 환상을 계속 퍼뜨렸고 화폐를 창조해서 같은 말의 가격을 계속 올렸다. 새로운 부가 창출된 것은 아니지만 화폐가 많아졌고 결과적으로 모두가 풍요를 누리게 되었다. 그러나 궁극적으로 하버드 MBA 소지자에게는 늙은 말 한 마리만 남았고 호황의 거품이 터져버렸다.

호황과 불황은 신용팽창을 이용해서 금리를 낮추려는 시도에서 비롯된 결과물이다. 그러므로 이 메커니즘과 경기 순환의 원인을 완전히 이해하려면, 화폐와 신용이 무엇이고 또 이들이 복잡한 시장경제 체제에서 어떤 작용을 하는지를 정확히 이해해야 한다.

화폐가 없었다면

화폐가 등장하기 전, 상대적으로 복잡하지만 규모가 작은 지역 시장이 있다고 가정하자. 예를 들어 옥수수를 재배하는 농부가 있는데 대장장이가 만든 쟁기를 잉여 옥수수와 교환하고 싶어 한다고 하자. 대장장이는 쟁기 재고가 있지만 옥수수는 필요 없고, 무쇠와 석탄을 운반할 수레의 바퀴를 만들 목재가 필요하다. 목재상은 옥수수도 쟁기도 필요 없지만 고객들에게 목재를 배달하려면 추가 일꾼이 필요하다. 지역 방앗간 주인은 옥수수 가루 주문이 밀려 있고 시간이 많은 아들이 있지만 쟁기도 목재도 필요 없다. 이 시나리오에서는 상품과 서비스의 공급이 존재하고 수요도 존재하지만 판매로 이어질 시장성(marketability)이 수월치 않고 번거로운 문제다.

금처럼 보편적으로 가치 있는 상품을 도입하고 간접 교환 과정을 사용하면 모든 문제를 해결할 수 있다. 간접 교환은 어떤 경제적 가치를 다른 경제적 가치와 교환하는 과정 중간에 단일 혹은 복수 단계가 개입한다.

농부는 대장장이에게 금화를 주고 쟁기로 교환한다. 대장장이는 쟁기 값으로 받은 금화의 전부 혹은 일부를 목재상에게 주고 수레바퀴를 만드는 데 사용할 목재를 사들인다. 목재상은 금화를 주고 방앗간 주인의 아들을 일꾼으로 고용한다. 방앗간 주인의 아들은 농부가 옥수수를 팔려 한다는 이야기를 목재상에게서 듣고 자기 아버지에게 전한 다음, 대장장이의 수레를 빌려 농부를 찾아가서 금화를 주고 옥수수를 사 온다.

금을 교환의 매개체로 사용함으로써 개인 간의 교환이 고리를 완성하고, 참여한 사람 모두가 원하는 것을 얻었다. 생산한 잉여물 혹은 이용 가능한 서비스(용역)를 다른 사람의 더 가치 있는 잉여물과 거래함으로써 모두가 이익을 얻는다. 그 자체로 가치가 있는 금은 교환을 촉진하긴 했지만 생산과는 무관하다.

이 단순한 사례를 오늘날의 시장경제에 적용하면 상황이 훨씬 더 복잡해지긴 하지만, 분명한 사실은 모든 사람이 공통으로 사용하고 공통으로 인정하는 교환 수단이 없다면 거래 자체가 불가능하다는 점이다. 형태가 어떻든 보편적으로 사용되는 교환 수단이 바로 화폐다.[2] 폰 미제스는 이렇게 설명한다.

> 화폐는 교환의 매개체다. 이는 사람들이 획득한 것 중에 시장성이 가장 높은 물품이다. 왜냐하면 사람들이 나중에 이루어질 개인 간 교환에서 이를 제공하고 싶어 하기 때문이다. 화폐는 일반적으로 받아들이고 공통으로 사용하는 교환 수단의 역할을 한다. 이것이 유일한 기능이다. 사람들이 화폐에 부여한 다른 모든 기능은 화폐의 유일한 주기능인 교환 매개체 기능에서 파생된 것에 불과하다.[3]

시장에서 화폐가 지니는 경제적 가치의 핵심은 개인이 생산한 제품을 거래하는 시간과 다른 사람이 생산한 제품과 서비스를 취득하는 시간 사이의 간격을 확장하는 것이다. 사람들은 자신이 생산한 물품(서비스 포함)을 다른 사람이 생산한 물품과 직접 교환해서는 자신의 욕구를 즉각 충족할 수 없기 때문에 화폐를 받는다. 이후 적절한 시점이 오면 화폐를 사용해 간접 교환을 함으로써 자신의 욕구를 충족할 수 있으리라 기대하고 화폐를 보유한다.

이 얘기가 당연하고 시답잖게 들릴지도 모른다. 그러나 화폐의 역할을 이해하는 것이야말로 경기 순환을 이해하는 핵심 열쇠다. 폰 미제스가 화폐를 '시장성이 가장 높은 물품'으로 부른 것에 주목하라. 이 말에는 화폐가 곧 경제적 가치라는 사실이 내

포되어 있다. 화폐는 인지된 필요를 충족시키고, 시장에서 가치를 인정받으며, 취득할 수 있다. '시장성이 가장 높은' 경제적 가치가 되려면 내구성, 휴대성, 가분성(divisibility) 등과 같은 명백한 속성뿐 아니라 보편적인 가치를 지녀야 한다. 희소성 또한 갖춰야 한다.

다른 경제적 가치들처럼 화폐의 가치 역시 수요와 공급의 원칙에 따라 시장에서 결정된다. 여타 교환과 마찬가지로 우리는 거래에서 화폐를 얻기 위해 '가격'을 지불하지만, 화폐의 가치는 금전적 척도로 표시할 수 없다. 제품과 서비스의 가치는 금전적 척도로 측정하지만, 화폐의 가치는 잠재 구매력에 대한 개인의 지각과 판단에 좌우된다. 두 가지 가치 측정법 모두 시장에서만 결정될 수 있고 수요와 공급의 지배를 받는다.

폰 미제스가 '화폐 관계(money relation)'라고 말한 화폐의 수요와 공급 관계는 거시적 측면이 아니라 개개인의 고유 맥락과 시장에서 표현된 가치 평가의 누적 총합으로 결정된다. 믿거나 말거나 이 단순한 사실이, 경제학 연구가 시작된 이래 줄곧 경제학자들이 벌인 논쟁의 핵심 쟁점이었다. 사실 많은 경제학자는 화폐 관계가 존재조차 하지 않는다고 추정한다.

예를 들어 존 스튜어트 밀(John Stuart Mill)과 데이비드 흄(David Hume) 같은 고전경제학자들은 화폐가 가치 '중립적'이어서, 다른 제품과 서비스와 같은 의미의 경제적 가치를 지니지 않고 자체의 경제적 동인도 없다고 믿었다. 이 믿음에서 바로 화폐의 유통량이 증가하거나 감소하는 것에 따라 제품과 서비스의 '가격 수준'도 상승하거나 하락한다는 주장이 등장했다. 합리적으로 들릴지 모르지만 너무 단순화했고 사실상 경제활동의 속성을 착각하게 만든다.

고전경제학파의 오류는 '평형 상태'에 놓인 정태(靜態) 경제를 논리의 기초로 삼았다는 데 있다. 경제는 수많은 시장으로 구성되고 이 시장들은 또 각기 다른 평가와 개인 간 교환 과정에 참여하는 개인 혹은 집단으로 구성되며, 끊임없이 계속되는 역동적 과정이다. 화폐의 유일한 목적은 불명확하고 끊임없이 변화하는 환경에서 거래를 촉진하는 것이다. 더 나아가 화폐는 그 자체로서 변화의 도구가 된다. 폰 미제스는 이렇게 말한다.

> 경제 수치상의 모든 변화가 화폐의 움직임을 유발하고 이것은 또 새로운 변화의 동인이 된다. 다양한 비화폐적 제품 간의 교환 비율에 관한 상호 관계는 생산과 분배의 변화뿐 아니라 화폐 관계의 변화를 유발하고 그럼으로써 또 다른 변화를 촉발한다.[4]

이런 관점을 적용하면, 화폐 공급량의 변화가 모든 제품과 서비스의 가격에 동시에 같은 정도로 영향을 미치는 것은 불가능하다. 다른 모든 조건이 동일하더라도 화폐 공급량의 변화는 부의 분배 변화를 유발할 뿐이다. 즉 일부는 더 부유해지고 일부는 더 가난해질 것이다.[5]

예를 들어 작은 지역 경제 사회에서 연방정부의 보조금 지원 정책에 따라 농부가 갑자기 '지폐'를 받았다고 하자. 처음에는 농부에게 뜻밖의 지폐가 생겼다는 사실을 제외하고 이 작은 경제 사회에는 아무런 변화가 없다. 그러나 이제 농부는 자신이 생산한 옥수수를 금화와 교환하지 않고도 직접 대장장이에게 가서 쟁기를 살 수 있다. 그러고 나서 다른 경제적 물품을 살 수도 있다. 대장장이는 농부에게서 받은 지폐를 사용해 수레에 필요한 목재를 살 수 있다. 그러나 거래 과정이 계속됨에 따라 이 경제 공동체에서는 상품을 얻기가 더 쉬워지고 가격은 상승하기 시작할 것이다.

초기에 경제활동을 촉진하는 효과가 있지만 농부가 더 많은 지폐를 가진 사실을 모두가 알지 못했기 때문에 가능한 일이었다. 다른 생산자들이 알았더라면 농부에게 팔 물품의 가격을 곧바로 올렸을 것이다. 이들이 몰랐기 때문에 농부는 시장에서 더 많은 제품과 서비스를 취득할 수 있었고, 화폐 공급량 증가와 동시에 가격이 상승해야 하는데 상승하지 않았기 때문에 농부는 다른 이들의 희생을 바탕으로 더 부유해졌다.

케인스는 화폐가 가치 중립적이지 않다는 점은 이해했으나 화폐의 경기 부양력을 과대평가한 반면 화폐 주조의 인플레이션 효과는 도외시했다. 그는 화폐를 생산 증대의 동력으로 사용할 수 있다고 믿었다. 그의 논리로는 투자 증대와 이를 통한 경제 성장 증가는 한계소비성향(새로 늘어난 소득 중에서 소비로 지출되는 비용-역주)의 총합에 따라 결정되지만, 생산을 늘리려면 가처분소득(달러)으로 측정되는 소비자 수요를 증가시켜 한계소비성향을 바꿔야 한다. 가처분소득을 늘리면 사람들이 더 많이 지출할 테니 기업 이익이 증가하고 생산 확대의 유인으로 작용한다.

흄과 밀처럼 케인스 역시 '총합'의 개념에서 인과관계가 자동으로 일어나는 정태 경제의 맥락으로 경제 이론을 전개했다. 그러나 이는 내가 따져봤을 때 심각한 오류다.

현실에서 화폐는 미래의 특정 시점에 취득할 미사용 경제 가치(제품과 서비스)에 대한 청구권을 대변한다. 경제를 특정 시점에 묶어둔다고 가정하면, 이용 가능한 제품과 서비스의 양이 고정되고 현금 전부를 누군가가 보유할 것이며 가격은 수요와 공급 수준에 대한 지각에 따라 고정될 것이다. 다음 순간 경제가 풀려나고 일부 사람이 보유한 현금이 늘어난다면 전체 가격 구조가 교란될 것이다. 갑작스러운 불균형으로 말미암아 추가 현금을 받은 사람들은 제한된 제품과 서비스에 대한 청구권이 더 증가한다. 이들은 이 청구권을 행사함으로써 다른 이들의 희생 위에서 더 큰 부를 누리게 된다.

이것이 바로 정부가 화폐 공급을 늘리는 '경기 부양적' 통화정책과 재정정책을 시행할 때 나타나는 현상이다. 일부 기업은 화폐 공급 증가의 초기 단계, 즉 가격 상승이 시작되기 전에 수입이 증가한다. 그리고 실제로 이들 기업은 수요 증가에 대한 지각을 바탕으로 생산을 늘리려고 시도한다. 그러나 기업이 생산을 확대하는 데는 시간이 걸리고 가격은 더 높은 수준에서 조정되는 경향이 있다. 그 결과 이 기업의 미래 수입은 기대했던 수준을 밑돌고 결국 생산량이 다시 줄어들 것이다.

다시 말해 정부가 계속 소비자의 가처분소득을 증가시키지 않는 한 이 결과를 피할 수 없지만, 정부가 이렇게 하는 것은 현실적으로 불가능하다. 실제로 할 수 있는 일은 사람들이 보유하는 현금의 양을 늘려주는(혹은 덜 빼앗는) 것뿐이다. 정부가 이렇게 한다면 시장이 가격 상승분을 계산에 넣기 시작하는 것은 시간문제이고, 결국 정책의 경기 부양 효과도 사라질 것이다.

일시적 감세 정책과 같은 일회성 경기 부양책은 화폐 관계에서 발생하는 변화에 좌우되는 제로섬 게임에 불과하다. 신규 생산은 오로지 저축금 투자에서 비롯된다. 일부 소비자의 현금 보유량이 갑작스레 증가하는 것은 신규 저축의 근원이 되지 못한다. 신규 생산으로 이어질 수도 있고, 신규 저축의 증가를 유발해 또다시 신규 투자로 이어질 수는 있겠으나, 분명한 것은 실질적인 부의 임의적 재분배가 일어난다는 사실이다.

각 개인은 몇 초든 며칠이든 몇 년이든 간에 일정 기간을 기다리면 자기 요구가 더 잘 충족된다고 믿을 때만 화폐를 보유한다. 각 개인은 미래에 대한 관점이 저마다 다르고, 요구도 다르며, 보유할 현금의 양을 정하는 기준도 다르다. 다시 말해 개인이 보유하기로 마음먹은 현금의 양은 현금의 소비 혹은 투자 시점이 현재인가 미래인가에 달렸다.

'본래의 이자' 정의하기

모든 사람이 일주일 안에 이 세상이 멸망한다고 믿는다면 생산은 완전히 정지될 것이다. 사후세계를 믿는 종교인들은 사후의 삶을 준비할 것이다. 무신론자는 서둘러 종교에 귀의하거나 쾌락을 좇아 방탕한 생활에 몸을 맡길 수도 있다. 모두가 각자 무엇을 할지 누가 알겠는가. 여기서 핵심은 모든 경제적 평가는 미래에 대한 준비라는 맥락에서 이루어진다는 것이다. 미래에 대한 예측 없이는 어떠한 경제활동도 일어나지 않는다.

개인이 제품과 서비스를 평가하는 것은 미래 가치를 현재 가치로 할인하는 과정이다. 그러므로 소비 시점이 오늘인지 내일인지, 아니면 20년 뒤인지에 따라 가치가 달라진다.

일반적으로 이자 개념은 신용, 즉 돈을 빌리는 비용과 연관된다. 그러나 순수하게 경제적인 관점에서 이자는 신용의 가격이 아니라 신용 확장을 가능하게 하는 핵심 요소다. 이자는 단순한 숫자가 아니라 폰 미제스가 말한 "가까운 미래의 욕구 충족에 부여된 가치와 먼 미래의 만족에 부여된 가치" 사이에 매긴 주관적인 비율이다.[6]

폰 미제스는 이를 '본래의 이자(originary interest: 전작에서는 '근원금리'로 옮겼으나 이번에는 폰 미제스의 책 《인간 행동》의 표현에 맞춰 '본래의 이자'로 옮김-역주)'라고 불렀다. 금리(interest rate)를 포함한 모든 경제적 이자의 기초이기 때문이다. 그는 이렇게 기술했다.

이자는 저축의 원동력도, 즉각적인 소비를 참아낸 것에 대한 보상도 아니다. 현재의 제품과 미래의 제품을 상호 평가한 비율이다.[7]

본래의 이자는 개인 수백만 명이 시장에서 평가한 결과이며 따라서 끊임없이 변화한다. 그럼에도 시장의 수요-공급 상태는 해당 시점에서 지배적인 본래의 이자 비율을 찾으려는 경향이 있다. 본래의 이자가 감소하면 저축량이 증가하고 본래의 이자가 증가하면 저축량은 감소한다. 그러므로 이론적으로는 시장금리와 무관하게 본래의 이자가 기업의 투자 활동을 지배한다. 이 같은 사실은 미래의 생산 활동을 위한 자본재의 증가율 혹은 감소율에서 명확하게 드러난다. 자본 축적이 반드시 통상의 금리 수준과 직접 연관되는 것은 아니며 이 내용은 이 장의 후반부에서 다루겠다.

그러나 세상은 이상적이지 않다. 본질적으로 주관적이며 끊임없이 변화하는 속성을 지닌 본래의 이자를 정확히 수량화하기란 불가능하다. 따라서 사업적 결정은 통상의 시장금리를 기초로 해서 이루어져야 하며, 시장금리는 현재와 예측 가능한 미래에 정부의 통제와 영향을 받는다. 그리고 정부의 통제를 받는 시장금리를 기준으로 미래 계획을 수립하는 것은 위험한 시도일 수 있다.

시장금리를 구성하는 세 가지 요소

글자 그대로 신용은 약속, 신뢰, 믿음을 의미한다. 경제적 관점에서는 유형을 불문하고 미래에 생산을 통해 갚는다는 약속을 받고 돈(제품과 서비스에 대한 청구권)을 빌려주는 행위를 말한다. 한 사람이 다른 사람에게 신용을 확대하기 위한 전제 조건은 돈을 빌려주는 사람, 즉 대주(貸主)가 현금을 현재 이용 가능한 제품에 소비하지 않고 보유하기로 선택해야 한다는 것이다. 다시 말해 대주의 본래의 이자가 상대적으로 낮아야 한다. 따라서 본래의 이자는 모든 신용 거래를 촉발하는 동인이다.

본래의 이자가 신용 거래의 동인이기는 하지만 결정적 인자는 아니다. 결정적 인자는 바로 전체 시장금리다. 시장금리(통상적 금리 수준)는 본래의 이자, 기업가 요소(entrepreneurial component), 물가 프리미엄이라는 세 가지 요소로 구성된다.[8, 9]

본래의 이자는 현재 제품 대비 미래 제품에 대한 대주의 할인 수준을 기준으로 성립되는 순금리 혹은 기초 금리의 형태로 시장금리에 반영된다. 일반적으로 대출 자금의 공급 수준은 '지금 소비하는 것'과 '자본 축적을 통해 미래의 보상을 기대하고 준비하는 것' 중 어느 쪽에 더 관심을 두는가에 따라 달라진다.

본래의 이자 수준이 높으면 대출에 활용할 화폐가 거의 없어지고 순(명목)이자 수준이 높아지고, 혹은 명목금리와 무관하게 대출 자금이 상대적으로 줄어들 것이다. 반대로 본래의 이자 수준이 낮으면 대출에 활용할 자금이 더 풍부해지고 순이자 수준은 낮아질 것이다. 다시 말해 순이자의 수준(순금리) 혹은 대출 자금의 양은 항상 본래의 이자 수준을 반영하는 경향이 있다.

그러나 본래의 이자만으로는 시장금리를 결정하지 못한다. 모든 대주는 어느 정도는 기업인이다. 대주가 돈을 빌려줌으로써 차주(借主)는 소비든 투자든 간에 미래의 기대 수익금을 미리 사용할 수 있게 된다. 동시에 대주는 차주의 미래 생산 활동에 동업자로 참여함으로써 효과적으로 미래 수익금에 대한 지분을 청구한다. 기업인의 모험적 사업에는 늘 어느 정도의 위험이 따르게 마련이므로 대주들은 당연히 대비책으로 본래의 이자에 위험 프리미엄(risk premium: 위험 부담에 요구하는 대가-역주)을 붙이려고 할 것이다. 이때의 위험 프리미엄은 위험 수준에 따라 달라진다. 이 위험 프리미엄이 바로 시장금리의 기업가 요소에 해당하며, 프리미엄 수준은 대출 유형에 따라 다양하다.

화폐 관계(화폐의 수요와 공급)의 변화가 구매력을 결정하는데, 이런 변화의 효력을 감쇄하려는 의도에서 만들어진 것이 바로 물가 프리미엄이다. 구매력 변화는 현금에서 유발(화폐 공급이 달라진 결과)되거나, 제품에서 유발(이용 가능한 제품과 서비스의 유형과 수치가 달라진 결과)되거나, 두 가지 모두에서 유발된다. 그리고 이 모두가 화폐 관계에 영향을 미친다. 그러나 현재 환경에서 가장 중요하게 화폐 관계를 변화시키는 것은 바로 현금 인자, 즉 정부의 통화와 재정정책 변화다.

물가 프리미엄은 기껏해야 현금이 일으키는 화폐 관계 변화의 영향을 완화하는 미래 화폐 관계 변화의 효과를 추정한 것이다. 그러나 채무 과다 상태에 빠졌던 저축대부조합(S&L)의 사례를 보면, 대출시장은 돈의 미래 구매력을 미리 정확하게 예측한다기보다 나중에 일어나는 구매력 변화에 반응하는 경향이 있다. 폰 미제스의 말처럼 "물가 프리미엄은 항상 구매력 변화를 후행한다. 물가 프리미엄은 (넓은 의미의) 화폐 공급 변화가 아니라 이들 변화가 가격 구조에 미치는 효과(필연적으로 나중에 발생

함)에서 발생하기 때문"이다.[10]

　나중에 다시 설명하겠지만 사실상 경기 침체는 물가 프리미엄이 뒤늦게 반응하는 속성 때문에 생기는 경우가 많다. 즉 경기 침체는 대주와 기업인들이 현금으로 인해 일어나는 화폐 관계 변화의 효과를 정확하게 예측하지 못한 데서 비롯된다.

경기 순환의 속성

　이상의 정보를 염두에 두고 이제 경기 순환을 본격적으로 파고들 시점이다. 폰 미제스는 호황과 불황은 신용팽창을 통해 시장금리를 낮추려는 반복적인 '시도'에서 비롯된다고 봤다.

　미국 은행 제도의 속성상 신용팽창은 회원 은행(member bank: 연방준비은행의 회원 혹은 가맹 은행-역주)이 보유한 잉여지급준비금(free reserve: 보유 자금 중 법정 준비금을 초과한 부분-역주)의 증가와 함께 시작된다.

　미국은 부분지급준비금 제도(fractional reserve system: 은행 예금 중 일부만 준비금으로 보유하는 금융 제도-역주)를 시행하고 있기 때문에, 신규 준비금 1달러는 최소 10달러의 신규 차입 자금으로 변신해서 잠재적인 신규 대출의 형태로 창출될 수 있다.[11] 준비금이 증가하는 근원은 단 한 가지로, 요구불예금이든 정기예금이든 개인과 기업의 화폐 보유량이 증가하는 것이다.

　평균적으로 사람들이 현금 저축 습관을 쉽사리 바꾸지 않는다는 사실을 고려하면, 준비금 증가는 대출금을 상환하는 상황과, 연준이 공개시장운영(open market operation: 연준이 공개시장에서 증권을 사거나 팔아서 통화량을 조절하는 행위-역주) 방식으로 국채를 매수할 때 금융권으로 현금이 유입되는 상황에서 비롯된다. 경기 순환의 원인을 평가하는 맥락에서 고려할 가치가 더 큰 것은 후자다.

연준의 주요 통화정책 도구는 두 가지다. 하나는 단기 금리를 통제하는 것이고, 또 하나는 공개시장운영을 통해 준비금 보유량을 변화시키는 권한이다. 경기 침체기에는 준비금을 늘리고 단기 금리를 낮추는 정책을 시행한다. 두 가지 모두 은행이 대출을 늘려서 기업의 생산 활동을 촉진하게 하는 것이 목표다. 그러나 이 방식의 신용팽창이 가져오는 필연적 결과는 호황에 이은 불황이다. 호황의 길이와 불황의 강도는 신용팽창의 성질과 정도, 이 과정에서 정부가 취하는 재정정책에 따라 달라진다.

이제 정부의 재정정책과는 별개로 중앙은행이 유발한 신용팽창의 효과를 살펴보자. 경기 순환의 바닥에서, 그리고 신용팽창이 임박한 시점에서, 시장은 이익이 날 것으로 보이는 생산 과정에 자본을 투입한다. 시장에 따르면 화폐가 최적지에 투입되고 있다.

반면에 폐쇄된 공장, 조업이 중지된 유정(油井), 채굴되지 않은 석탄 등은 경제적 측면에서 생산적 가치를 창출하지 못할 수도 있다. 한계 자본 투자는 손대지 않은 채로 남아, 새로운 자본 저축이 이루어지고 사용되어 결실을 맺을 때까지 기다린다. 추가적인 자본 팽창은 자본 저축으로 조성한 추가 자본을 생산에 투입할 수 있을 때만 가능하다.

그러나 정부가 주도한 신용팽창은, 자본 저축이 이미 존재하며 한계 투자를 실현하는 데 이용할 수 있다는 사실을 더 분명하게 드러낸다. 화폐는 소비하지 않은(미소비) 제품에 대한 청구권이라는 사실을 기억하라. 화폐량이 증가하면 이 부분이 추가 은행 준비금으로서 금융권에 투입되므로 시장금리가 낮아지고(명목금리 하락과 화폐 공급량 증가를 통해) 통상적으로 은행들은 대출을 늘리려고 한다. 기업인들은 기존 화폐와 새로 창출된 화폐를 구분할 수 없으므로 새로 얻은 차입 능력을 미소비 자본을 청구하는 능력으로 해석하고 차입금을 생산 활동에 투입한다.

그러나 실제로는 자본재를 포함한 미소비 제품의 양은 달라지지 않았다. 달라진 것은 화폐 관계뿐이고, 이것이 이용 가능한 자본재의 공급량에 대한 기업인들의 지각을 변화시킨다. 결국 제한된 자본을 유치하려는 경쟁이 치열해지고 그 결과 자본재 가격이 상승하기 시작한다. 그러나 이 가격 변화는 동시에 균등하게 일어나지 않는다.

논의의 목적에 충실하기 위해, 중앙은행의 이상적인 목표대로 신용팽창으로 창출된 신규 대출금이 모두 기업으로 흘러간다고 가정하자. 생산이 증가한다. 미취업 노동자들이 생산 현장에 투입된다. 국가 경제가 나아졌나?

아니다! 사업 확장은 신규 자본을 이용할 수 있을 때만 나타난다. 그러나 실제로는 기존 자본이 이전 사용처에서 다른 사용처로 옮겨 갔을 뿐이다. 소비재를 사업 확장 이전 수준으로 생산하는 데 사용되었을 자본이 다른 용도로 사용된 것이다. 자본을 다른 용도에 사용하면 필연적으로 대체재, 소비재, 신제품의 생산 대기 시간이 길어진다. 동시에 노동 부문의 고용 증가로 인해 소비재 수요도 증가한다.[12] 결국 생산자 가격뿐 아니라 소비자 가격도 상승하며, 이 역시 동시에 균등하게 일어나지 않는다.

그러나 기업들은 가격 상승만 주목해서 수요 증가로 인식하고 생산을 늘릴 계획을 잡는다. 이후 기업이 투자를 늘리면 임금을 포함한 생산자 가격을 상승시키는 압력으로 작용하고, 이는 또 소비자 가격을 상승시키는 압력으로 작용한다. 은행이 대출을 점점 늘려서 자본 가용성이라는 환상을 유지하면서 전형적인 악성 인플레이션을 유발하는 한 호황이 계속된다.

가격 상승이 언제 얼마나 빠르게 일어나는지, 어떤 경제 부문이 가장 크게 혹은 가장 적게 영향을 받고 그 정도가 어떤지 등은 다양한 요소에 좌우된다. 첫 번째이자 가장 중요한 요소인 기술 혁신은 생산 원가를 낮춤으로써 가격 상승 효과를 완화한다.

두 번째로 중요한 요소는 대출 기관이 어디에, 누구에게 신규 대출을 해주는가다. 예를 들어 1927~1929년에 신용팽창이 막대한 규모로 진행되었지만 생산자 가격과 소비자 가격은 거의 상승하지 않았다. 대신 주식 투자자에게 대출이 진행되어 투기 열풍이 불면서 주식시장이 크게 상승했다. 좀 더 최근인 1982~1987년에는 주식과 부동산의 가격이 모두 상승했으나 소비자물가지수(CPI)는 하락했다.

세 번째 요소인 정부의 재정정책(조세, 차입, 지출)은 전체 과정을 완화할 수도, 가속화할 수도 있다.

그러나 가격 상승 주기는 대개 비슷한 패턴으로 나타낸다.

- 처음에는 생산자 가격이 상승하지만, 소비자 수요 증가의 즉 시성 때문에 곧 소비자 가격이 더 빠르게 상승하기 시작한다.
- 기업인들은 착시적인 이익에 사로잡혀 가격 상승을 수요 증 가로 해석하고, 대출기관에서 대출을 더 받아 생산 증대에 사용한다.
- 대출 수요 증가와 가격 상승 현상을 목격한 대주들이 시장금 리에 물가 프리미엄 요소를 추가하면서 명목금리가 상승한다.
- 그러나 본래의 이자가 하락하기 때문에, 시장금리는 명목금 리와 무관하게 계속 하락한다.
- 결과적으로 대출이 더 많이 이루어진다.
- 또다시 현금이 유발하는 화폐 관계 변화가 나타난다.
- 또다시 소비자 수요가 전과 같은 수준을 유지하거나 증가하 는 동안 추가 제품의 생산 대기 시간이 길어진다.
- 또다시 소비자 가격이 상승세를 나타낸다.

순환이 이어지고, 매 순환에서 물가 프리미엄이 가격 상승의 효과를 충분히 상쇄하지 못한다. 충분히 상쇄한다면 신용팽창 과정이 멈출 것이다. 이것이 바로 오늘날 사업 확장의 본질이다.

신용팽창을 통한 사업 확장의 기간과 정도를 제한하는 요소 가 바로 본래의 이자다. 일단 생산자와 소비자가 자신의 구매력이 낮아진 결과, 예상했던 미래 수입으로는 구매력 저하의 효과를 상쇄하지 못한다는 사실을 깨닫게 되면, 본래의 이자가 상승하기 시작한다. 즉 최상의 인플레이션 헤지를 약속하는 경제 무대(주식, 부동산, 금, 기타 시장)에 대한 선호도가 높아지면서 실질 가치가 상승하기 시작한다. 공급이 제한된 소비재의 수요가 증가하면서 가격이 급상승하는 현상이 계속된다.

붕괴는 은행이 사태의 본질을 깨닫고 허둥지둥 신용팽창을 중지하거나, 중앙은행이 준비금을 줄여 효과적으로 신용팽창을 늦추거나 중지할 때 발생한다. 이 시점에서 많은 확장 사업(예를 들어 저축대부조합과 부동산)이 인위적으로 대출시장이 허용하는 수준보다 낮은 시장금리로 신용을 계속 공급하는 데 의존하며 진행되어왔다. 자본 가용성에 대한 착각에 기초한 사업 계획과 계산을 그대로 추진할 수는 없다.

재정난에 빠진 기업은 현금을 갈구하며 재고를 시장에 내놓는다. 생산자 가격이 하락하고 대개 급락한다. 공장은 폐쇄되고 노동자는 해고된다. 건축 공사가 중지되어 자원을 잘못 할당한 골조만 방치되는 일은 현재 많은 미국 도시에 만연해 있다.

수많은 기업이 살아남으려고 추가 현금 획득에 필사적인 반면, 기업의 파산 가능성을 익히 알게 된 대주들은 금리에서 기업가 요소의 수준을 과도하게 높이고 결국 대출이 거의 불가능해진다. 이 시점에서 국가 경제는 공황이 임박한 수준으로 내몰리고 여기에 몇 가지 악재가 추가되면 마침내 공황에 이른다. 시장이 붕괴하고, 생산이 둔화되고, 재산이 하루아침에 공중분해되고, 더 많은 노동자가 해고되고, 수요가 감소하고, 파산이 줄을 잇는다.

파산은 절대 피할 수 없다. 폰 미제스는 이렇게 썼다.

> 신용팽창을 통한 호황의 본질은 과도한 투자가 아니라 잘못된 투자다. 기업인들은 자본재가 충분치 않은 상황인데도 투자를 늘리기 시작한다. 그들의 프로젝트는 불충분한 자본재 때문에 실현이 불가능하다. 조만간 실패할 수밖에 없다.[13]

그러나 많은 기업이 실패하는데도 살아남는 기업들이 있다. 그리고 사실 모든 것이 끝나고 나면 기술 혁신이 실질적으로 국가의 부를 증가시킬 수 있다. 그럼에도 불구하고 조정 기간이라는 측면에서 냉정하게 보면 많은 프로젝트는 전혀 가망이 없으니 포기해야 하고, 경제적 가치라는 측면에서 보면 국가의 실질적 부가 소진된 것이 분명하다(예를 들어 저축대부조합 사태).

경기 침체기의 정부 개입

경기 침체는 호황기의 불가피한 결과물이다. 신용팽창으로 인해 자원이 잘못 배분되고 화폐 관계가 변화하며 금리가 바뀌고 시장의 심리적 구조가 달라지면서 심각한 혼돈이 연출된다. 침체기는 호황기 이후 우세한 시장 데이터에 맞게 경제적 자원을 재조정하는 데 필수적인 기간이다. 정부가 개입하지 않고 이들이 재조정할 시간을 충분히 오래 준다면 말이다.

통상적으로 침체기에는 국가 경제가 침체의 구렁텅이에서 벗어날 수 있도록 정부가 '무언가를 해줘야 한다'고 주장하는 사람들의 목소리가 높아진다. 그러나 정부는 조정기가 필요하다는 현실을 바꿀 능력이 없다. 정부가 할 수 있는 일은 자본을 몰수해서 잘못된 곳에 투입하는 잘못된 재정정책을 중지하는 것뿐이다. 이는 세금과 지출 모두를 삭감한다는 의미다. 그러나 실제로는 이런 일은 거의 일어나지 않는다.

다른 대안은 다시 한번 신용팽창을 사용하는 것이다. 역사적으로 가장 선호된 대안이다. 그러나 나는 이것이 주요 경제 대란의 근원이라고 믿는다.

최근 사례를 살펴보자. 1991년과 1992년에 연방정부는 신용팽창 정책을 통해 경기를 부양하려고 했다. 시도했고 실패했다. 연준은 지급준비금을 늘려(공개시장운영으로 증권을 매수해서) 시장금리 수준을 낮추는 동시에 할인율을 전례가 없는 수준으로 낮추려 했다. 그러나 대출시장은 요지부동이었다. 재정정책이 경제 성장을 제한해서, 혹은 앞서 언급했듯이 시장금리에서 기업가 요소의 수준이 너무 높아서 대출기관들이 어떤 수준의 명목금리로도 대출해주려 하지 않았기 때문이다.

여담이지만 나는 이것이 상당히 고무적인 발전이라고 생각한다. 특히나 채권시장은 단기 금리에 상관없이 꿋꿋하게 7.5% 이상의 수익률을 유지했다. 이는 시장이 통화 팽창주의의 효과를 깨달았다는 것을 의미한다.

반면에 나는 1991년 12월에 갑자기 할인율이 3.5%포인트 인하된 후 주식시장이 크게 상승하는 장면도 지켜봤다. 단일 인하폭으로는 사상 최대였다. 새로운 성장기가 임박했다는 기대감과 더불어 특히 금리 수준이 역사적 저점이라는 판단하에 주가는 1992년 10월까지 상승했다.

내가 보기에는 바로 그것이 문제다. 명목금리 형성의 토대가 된 경제 여건을 고려하지 않고 명목금리 수준이 '낮다'거나 '높다'고 판단하는 것은 잘못이다. 고려할 중요한 관계는 명목금리가 본래의 이자 실제 수준을 반영하는지 여부이며, 이는 반드시 판단해야 할 문제다.

정부가 주도한 신용팽창이 인위적으로 시장금리를 낮춘다면 (따라서 본래의 이자도 낮춘다면) 호황이 시작될 것이고, 반대도 성립된다. 그리고 핵심 지표는 화폐 공급량 증가율이다.

결론

지금까지 경기 순환의 개념을 다소 추상적인 입장에서 짧게 설명했다. 정리하면 경기 순환의 근본 원인은 신용팽창을 통해 시장금리를 낮추려는 정부의 시도라고 생각한다. 신용이 팽창하면 기업인들은 자본재가 실제보다 더 많이 존재한다고 생각한다. 착시적 데이터에 근거한 계산과 예측을 바탕으로 이들은 시작부터 파멸에 이르는 많은 모험적 사업에 참여한다. 그러나 시장 참여자들의 거대한 혁신 능력이 이를 완화함으로써 각 경기 순환에서 새로운 실질적 부를 창출해낸다.

그럼에도 불구하고 사람이 돈으로 할 수 있는 일은 아무것도 없다. 신용시장은 신규 생산보다 자본 저축이 우선해야 한다는 사실을 왜곡할 수 있다. 신용은 새로운 부를 창출할 수 없다. 신뢰는 새로운 부를 창출할 수 없다. 총수요 증가는 새로운 부를 창출할 수 없다. 다른 조건이 모두 같다면 소비 증가는 새로운 부를 창출할 잠재력을 낮출 것이다. 생산에서 오는 자본 저축만이 새로운 부를 창출할 수 있다.

경기 순환은 악순환으로, 정부의 '전문가'들은 값싼 미끼 상품으로 손님을 끌어 비싼 것을 팔려는 상술을 끝없이 계속 계획하고 시행한다. 의도는 좋지만 결과는 늘 같다. 중앙은행 체계가 존속하는 한, 또 정부가 시장금리 조작을 통해 경기의 성장과 후퇴를 통제하려고 시도하는 한, 계속된 가격 상승과 함께 호황과 불황은 늘 존재할 것이다.

다행스럽게도 이후 장들에서 다루겠지만 우리는 이 장에서 다룬 지식을, 소로스의 말처럼 잘못된 명제에 편승해서 미래의 이익을 챙기는 데 이용할 수 있다.

———————

시장에서 화폐가 지니는 경제적 가치의 핵심은
개인이 생산한 제품을 거래하는 시간과
다른 사람이 생산한 제품과 서비스를 취득하는 시간 사이의
간격을 확장하는 것이다.

———————

4

재정정책이
경기 순환에
미치는 효과

미래의 경제활동과 금융시장에서의 가격 동향을 정확하게 예측하려면 통화정책과 재정정책이 경기 순환에 미치는 영향을 찾아내고 분석할 수 있어야 한다.

3장에서는 통화정책이 경기 순환에 미치는 효과를 간략히 살펴보았다. 신용팽창이 목적인 통화정책은 경기 팽창을 유발하는 경향이 있지만 경기 침체라는 불가피한 희생이 따른다. 통화정책 완화는 경기 팽창을 유발하는 경향이 있지만 그것만으로 경기 순환이 결정되지는 않는다. 경기 순환을 결정하는 또 다른 요인이 바로 정부의 재정정책, 즉 조세, 지출, 차입 정책이다.

이 장에서는 정부 경제 정책의 기본 목적으로 시작해서 정책의 효과를 논의할 생각이다. 어차피 '선택한 목표를 달성하는 데 필요한 수단을 연구하는 것'이 경제학이라면 정부 지도자들이 선택한 목표 자체가 바로 이 등식의 핵심 항이 된다.

선출직 관료들(국회의원)의 말과 행동을 살펴보면 경제활동은 소득 평등을 지향해야 한다는 것이 그들의 철학임을 알게 된다. '공평성'이 새로운 세금 법안들을 떠받친다. 우리가 뽑은 의원들은 자유를 제물로 바치고 정부가 강요한 경제적 평등주의에 무임승차하려고 한다.

의회 연설의 논조와 내용에서 짐작할 수 있듯이 정부가 경제를 통제하는 목적은 분명해 보인다. 즉 기업인의 생산 의지를 완전히 억압하지는 않으면서 '공평성'의 기준에 따라 부를 재분배하는 것이다. 나는 이 견해에 전혀 동의하지 않으며 그 이유를 얼마든지 설명할 수 있다.

그러나 이 책을 쓰는 목적은 보편적 생각에 반기를 드는 것이 아니다. 시장 예측의 관점에서 현재의 생각이 어떤 결과를 가져오는지 보여주는 것이다.

세금이 중요한 이유

세금은 계속 유지될 것이며 의심의 여지가 없다. 그러나 세금이 부과되는 형태, 대상, 규모 등은 장기적 경제 성과에, 궁극적으로는 금융시장에 지대한 영향을 미친다.

폰 미제스는 과세의 위험성을 요약하면서 세금이 중요한 이유를 설명한다.

과세 방법이 자본의 소비를 유발하거나 새로운 자본의 축적을 제한한다면, '한계 고용(marginal employment)'에 필요한 자본이 부족해지고, 이런 세금이 없었다면 당연히 이루어졌을 투자 확대에 제동이 걸린다.[1]

물론 모든 세금이 필연적으로 경제활동과 성장을 제한하는 것은 아니다. 세금을 사용해서 정부가 제공하는 서비스, 적어도 일부는 필요한 서비스의 비용을 지불하는 것은 다른 거래와 마찬가지로 경제적 교환에 해당한다고 주장할 수 있다. 과세 수준이 정부가 필수 서비스를 제공하는 기능을 매끄럽게 이행하는 데 필요한 정도를 넘어서지 않는 한, 지출은 우리에게 보답할 것이다.

그러나 안타깝게도 정부 서비스의 공급, 수요, 비용은 시장 요소가 아니라 정치적 명령에 따라 결정된다. 그 명령이 로빈 후드 원칙(부유층에서 세금을 거두어 빈곤층에 나눠주는 방식-역주)을 기반으로 한다면 세금 수입과 지출이 지금처럼 통제 불능에 빠져버린다. 그리고 말 그대로 과도한 세금은 부의 재분배를 강요하고, 제품과 서비스의 시장 교환 비율을 교란한다. 또 화폐 관계를 왜곡하며 자본을 소비하는 경향을 심화하는 등 여러 문제를 일으킨다.

총계라는 관점에서 경제를 바라보는 애널리스트들은 세금이 '중립적' 또는 '부양적'이라고 주장한다. 중립적이라면 소비에 영향을 미치지 않고, 부양적이라면 실제로 새로운 생산을 유발한다. '한계소비성향이 생산을 이끄는 원동력'이라는 케인스학파의 명제를 지지하는 이들은 한 사람의 주머니에서 나온 돈이 다른 사람의 주머니로 들어간다고 지적한다. 더 나아가 빈곤층은 소득이 증가하면 소비를 늘리는 경향이 있으므로, 저축 성향이 더 높은 부유층에서 세금을 거둬들인 다음 사회보장제도를 통해 이 돈을 빈곤층에 나눠주면 소비가 증가할 것이고, 이를 통해 총수요가 증가하면서 기업의 생산 증대 의지가 높아진다는 것이다. 케인스는 이렇게 기술했다.

> 더 평등하게 소득을 분배하는 도구로 재정정책을 사용한다면 소비 성향을 높이는 효과가 당연히 배가될 것이다.[2]

이 사고의 치명적 오류는 소비 증가가 생산 증가에 앞서 이루어지면 자본이 소진된다는 점이다. 만약 세금이 저소득층의 소득을 증가시켜 소비재에 대한 수요를 늘리는 효과가 있다면, 이 증가된 수요는 부유층의 소비 감소에서 비롯되어야 한다. 그러나 실제로 일어나는 일은 부유층의 소비 습관이 약간 바뀔지언정 저축 '성향'이 지속적으로 감소한다는 것이다. 이는 원래라면 자본 확장에 사용될 저축이다.

'로빈 후드' 세금을 사용하는 최선의 시나리오는 다른 경제 부문, 특히 그 세금이 없다면 성장이 더디고 효율성도 떨어질 경제 부문에 생산 수단을 전환해 확산하는 경우다. 반면에 최악의 경우는 세금이 자본 소비를 유발해 국부를 감소시키는 것이다. 전자부터 살펴보자.

정부가 연평균 소득 5만 달러 이상인 개인에게 이른바 '부유세(prosperity tax)'를 부과한다고 가정해보자. 이 세금은 연평균 소득이 1만 5,000달러 이하인 사람에게 직접 분배된다. 이 세금의 목적은 두 가지다. '소득 평등 정도를 높이는 것'과 '총소비 성향을 늘려 생산 수준을 높이는 것'(빌 클린턴의 정책 기조)이다.

세금이 이 두 가지 목적에 성공적으로 충당되었다고 하자. 세금의 소득 평준화 효과는 분명하다. 그러나 소득 재분배를 통한 소비자 수요 진작 효과는 어떨까? 이 경우 고소득층의 저축률은 분명히 감소한다.

분배가 이루어지기 전에는 자본의 공급량이 제한되어 소비재의 공급량까지 제한되었다. 재분배가 이루어진 이후에는 자본과 소비재의 공급량은 여전히 제한된 상태이고 대체 자본과 자본 팽창에 활용할 저축금은 줄어든다. 이와 동시에 소비자 수요가 증가하고 이것이 가격 상승 압력으로 작용한다.

수요가 증가하면 기업인들은 이 수요를 충족하기 위해 생산을 늘리려 한다. 그러나 새로 생성된 더 높은 수준의 소비자 수요를 충족하는 데 필요한 대기 시간이 필연적으로 길어진다. 이 역시 가격 상승 압력으로 작용하게 된다. 기업이 생산을 늘리려면 반드시 자본을 사용해야 한다. 이는 공급이 제한된 자본재의 수요 또한 증가한다는 것을 의미한다.

화폐 공급량에 변화가 없다고 가정할 때 자본의 공급 수준이 낮은 상태에서 자본재의 수요가 증가하면 생산자 가격 역시 상승하게 된다. 그러나 생산자 가격의 상승 속도는 소비자 가격의 상승 속도만큼 빠르지는 않을 것이다.

더 높은 소매 가격으로 더 많은 제품을 판매함으로써 이익이 늘어난 기업은 투자에 사용할 실질 자본과 명목 자본이 증가한다. 이때 자본 증가의 혜택은 생산자 가격의 상승 때문에 일정 부분 상쇄된다. 한편, 소득 재분배가 일어나지 않았다면 추가 자본 공급으로 혜택을 입었을 기업들은 손해를 보게 된다. 처음에는 수요 증가로 인해 생산이 증가한다. 그러나 투자에 사용할 자본의 양은 줄어들었기 때문에, 생산 증가의 규모는 추가 세금이 없었을 때보다 더 작아지고 비용은 훨씬 많아진다.

여기서 나의 요점은 자본 저축금을 소비자 지출 부문에 전용하려 할 때마다 성장 잠재력(현재와 미래)이 상실된다는 것이다. 여기까지가 그나마 부자 과세에 대해 예측할 수 있는 최상의 시나리오다.

좀 더 현실적인 관점에서 '부자 과세'의 효과를 살펴보자면 이렇다. 부유세는 자본 저축금을 저소득층의 소비 부문으로 재분배하는 역할을 할 뿐만 아니라 고소득층의 한계소비성향도 감소시킨다.

기업 활동은 천편일률적이지 않다. 일부 기업은 고소득층의 요구를 충족하는 데 초점을 맞추고 또 다른 기업은 저소득층의 요구를 충족하는 데 관심을 둔다. 자원이 저소득층에 재분배되면 고소득층의 요구 충족에 초점을 맞췄던 기업이 곤란을 겪을 것이다. 이것이 노동자(대개 저소득층)의 해고, 공장 폐쇄, 파산, 무수익 대출 등등의 결과로 이어진다.

기존의 자본이 소비될 뿐 아니라 무수익 대출이라는 형태로 미래 자본까지 소비될 것이다. 이 부분은 저소득층을 겨냥한 기업이 올린 이익과 사업 팽창으로 어느 정도 상쇄되겠으나 이 과정의 본질상 그런 이익으로는 손실을 말끔히 상쇄할 수 없다.

그 이유는 수요-공급 관계의 급작스럽고 임의적인 교란에서 찾을 수 있다. 고소득층을 겨냥했던 기업이 파산하면 그간 투자했던 시간과 자원이 거의 영구적으로 상실되는 셈이다. 본질상 교환이 불가능한 자본재도 있다. 이런 자본재는 사용되지 않은 채 남아 있어 가격이 폭락하는데, 저소득층을 겨냥한 기업의 자본재는 수요가 증가해 가격이 상승할 것이다. 일부 자본은 소비되거나 사용되지 않은 채 남아 있는 반면, 다른 잘나가는 기업에서 요구하는 자본재의 가격은 상승할 것이다.

저소득층을 겨냥한 기업이 부의 재분배를 통해 창출된 수요를 충족하려 한다면 반드시 자본을 투자해야 한다. 결과적으로 저가 소비재에 대한 더 높아진 신규 수요를 충족하는 데 필요한 대기 시간은 더 길어진다. 따라서 이런 소비재의 가격이 상승하고 해당 분야 생산자의 제품 가격 역시 상승한다. 궁극적인 결과는 순자본이 소비된다는 것이다. 즉 경제가 피폐해지고 종국에는 국가도 피폐해진다.

세금이 자본 손실로 이어진 가장 좋은 사례가 '사치품'에 10% 세금을 부과한 경우다. 이런 과세의 근거는 오로지 '이타주의'였다. 사치세를 주장하는 측은 '비행기나 요트를 살 능력이 있는 사람들은 그 값의 10%를 추가로 낼 능력도 있다'를 근거로 내세웠고 결국 이 법안은 통과되었다. 결과는 어떻게 되었을까?

결론적으로 말해 이들의 생각은 틀렸다. 10%가 참으로 어마어마한 결과를 가져왔다. 요트 산업은 붕괴했다. 경비행기의 판매도 주춤했다. 주로 요트에 비치하는 소형 냉장고의 판매량도 감소했다. 생산직 노동자 수천 명이 일자리를 잃었다. 사치세가 폐지되었는데도 생산 시설은 여전히 활동을 멈춘 상태다.

이 사례가 말해주는 교훈은 분명하다. 10% 가격 인상에 시장이 정당성을 부여할 수 있었다면 진작 그런 제품의 가격이 10% 높게 책정되었을 것이다. 신규 과세를 통한 가격 인상은 필연적으로 한계 구매력을 떨어뜨리고, 그 결과 한계 생산자를 업계에서 퇴출시킨다. 사치세 신설 논란에서 바로 이런 현상이 벌어졌던 것이다.

자본이득세의 부정적 효과

나는 자본이득세가 경제에 부정적인 영향만을 줄 뿐이라고 생각한다. 더 기막힌 부분은 1993년 현재 미국의 자본이득세 실효세율이 28%(주 세금은 제외)로 세계에서 가장 높은 수준에 속한다는 사실이다. 인플레이션을 감안하지 않은 과세는 실질적으로 자산을 침해하는 행위에 가깝다.

자본이득세는 신규 투자의 토대가 되는 이득에 직접 부과되는 세금이다. 이 이득은 모험적 사업에 자금을 투자해 새롭게 창출한 부이거나, 나의 경우처럼 (바라건대) 다른 사람의 잘못된 투자로 인해 자금이 이동한 결과로 얻은 것이다.

현행 자본이득세는 자본 이득의 28%를 소비 지향적 정부 지출 부문에 재배정함으로써 미국의 순자산을 소진하고 있다. 자본이득세가 자본 저축금을 먹어치우는 셈이다. 자본이득세가 아니었다면 이 자본 저축금은 경제 성장에 도움이 되는 부문에 재투자되었을 것이다. 자본이득세율이 높아질수록 신규 투자금의 양은 줄어든다. 이런 부분을 직접적으로 예시하면 이렇다.

투자자들이 보유한 자금을 어디에 투자할지 결정할 때는 우선 민간 사업, 주식, 채권, 다양한 펀드, 합자회사, 기타 등의 수많은 대안 가운데서 적절하다 싶은 것을 선택해야 한다. 대안들을 평가할 때 각 선택지의 잠재적인 위험 대비 보상 배수를 살펴보고 이를 서로 비교한다. 그런 다음에 상대적인 위험 대비 보상 배수를 바탕으로 해서 가장 매력적으로 느껴지는 선택지를 고른다.

개인마다 위험과 보상 수준을 각기 다르게 평가하지만 대안 두 가지 이상이 동일한 보상 수준을 나타낸다면 투자자 대다수는 위험 수준이 가장 낮아 보이는 쪽에 투자할 것이다. 그리고 일반적으로 신규 투자금을 끌어들이려 할 때는 위험 수준이 높을수록 잠재적 보상 수준이 더 높아야 한다.

투자자들이 어디에 얼마를 투자할지는 정해져 있는 게 아니다. 대체로 최소 투자 수준에서 시작하는데 이를 한계 투자라고 한다. 한계 투자는 신규 사업이나 기존 사업 프로젝트에서 제시하는 보상 수준으로, 비과세 지방채처럼 위험 수준이 낮은 선택지의 보상보다는 약간 높지만 신규 및 성장 사업에 필요한 신규 자본을 쉽게 끌어들일 정도로 높은 수준은 아니다.

예를 들어 5년 동안 주주들에게 연평균 세전 이익의 25%를 돌려줬던 기업은 신규 자본을 조달하는 데 별다른 어려움이 없을 것이다. 그러나 신규 주주들에게 연평균 세전 이익의 10% 혹은 15%를 약속하는 창업 기업은 자본이득세의 효과를 고려할 때 신규 자본 유치에 어려움을 겪을 것이다. 자본이득세가 증가할 때마다 투자자가 한계(최저) 투자 상황이라고 판단하는 사례가 늘어날 것이고, 그 결과 자본이득세가 없었던 때에 비해 조달할 수 있는 투자 자본의 양은 감소한다.

예를 들어 자본이득세율이 각기 다른 상황에서 신주 발행으로 신규 사업에 필요한 자금을 조달한다고 할 때 10%의 이익 성장률을 기록할 가능성을 생각해보자. 표 4.1에 제시한 투자 선택지의 관점에서 이 사업의 가능성을 살펴보고, 자신이 1만 달러를 보유한 '평범한' 투자자라고 가정할 때 어떤 수준에서 투자를 결정할지 자문해보라.

평범한 투자자는 고성장 주식에 자금을 투입할 것이 뻔해 보인다. 그러나 실제로는 그렇지 않다. PER이 40배인 주식은 이익 실적이 한 번만 나빠져도 가치가 25% 이상 하락할 수 있다는 점을 잘 아는 투자자가 많다. 현재와 같은 경제 환경에서 자본이득세율이 33%라면 나는 투자자 대다수가 중간 수준의 성장주와 채권 펀드로 구성된 혼합 선택지에 자금을 투입할 것이라고 생각한다.

여기에서 요점은 이것이다. 한계수익률이 무위험 지방채 펀

[표 4.1] 각기 다른 자본이득세율하에서의 투자 대안 비교 분석

기본 사항:
1. 초기 투자금 1만 달러
2. 초기 투자금의 가치를 두 배로 올리는 것이 목표
3. 기업의 이익 성장률은 복리로 계산함

투자의 세부 사항:
1. 신규 사업: PER 10배 수준에서 보통주 주주에게 이익 성장률 10%를 약속하는 창업 기업
2. 고성장주: 기존 기업의 보통주로서 지난 5년 동안 배당금 지급 없이 계속해서 이익 성장률 25% 기록
3. 중간 성장주: S&P500에 속한 기업의 보통주로서 연 3.3% 배당금 지급과 이익 성장률 15% 기록
4. 지방채 펀드: 현재 연 7% 수익을 내는 지방채 펀드

투자 유형	이익 성장률	PER	투자금이 2배가 되는 데 걸리는 햇수	자본이득 세율(%)	세후 배당 전 순이익 (달러)	세후 배당 전 수익률 (%)	세후 배당 후 수익률 (%)
신규 사업	10% (예상)	10 (예상)	7.27	33	917.01	9.17	-
				15	1,169.19	11.69	-
				0	1,375.52	13.76	-
고성장주	25% (과거 실적)	40	2.93	33	2,275.34	22.75	-
				15	2,901.02	29.01	-
				0	3,412.97	34.12	-
중간 성장주	15% (과거 실적)	15	4.85	33	1,374.57	13.74	15.97
				15	1,752.58	17.53	20.33
				0	2,061.86	20.62	23.62
비과세 지방채 펀드	7% (복리 아님)	-	10.31		700.00	7.00	

드 수익률보다 겨우 2.17%포인트 높은 신규 사업에 왜 투자하겠는가? 신규 사업에는 상당한 수준의 위험이 따른다. 요컨대 투자금을 다 잃을 수도 있다! 그러나 자본이득세율이 15%일 때는 잠재 한계수익률이 지방채 수익률보다 4.69%포인트 높다. 이 정도면 좀 더 많은 투자자를 끌어들이기에 충분한 수준일 것이다. 자본이득세율이 0%인 지점에서는 신규 사업의 잠재 수익률이 지방채 수익률의 거의 두 배에 이른다. 이 정도면 위험 지향적(위험 허용도가 높은) 투자자를 더 많이 끌어들일 수 있다.

이제 가설적 상황을 예로 들어 자본이득세가 신규 업체의 수익성을 얼마나 직접적으로 또 극단적으로 해치는지 보여줄 것이다. 조 스미스(Joe Smith)라는 사람은 화물 운송회사를 운영하고 있는데 그에게는 꿈이 하나 있다. 고속도로변에 화물차 운전자용 식당을 열어 육상 운송업계의 맥도날드(McDonald's)를 만드는 것이다. 즉 화물차 운전자와 고속도로를 지나는 다른 운전자들에게 질 좋은 음식을 싼 가격에 제공하는 식당을 만들고 싶다. 일단은 100개 매장 정도로 시작하는 것이 맞춤할 듯하다. 그리고 10~15년 지나면 매장이 1,000개 정도로 늘어날 것으로 기대한다.

세부적인 원가 계산을 해보니 매장당 50만 달러가 들어간다는 결과가 나왔다. 100개 매장으로 시작하려면 5,000만 달러가 필요하다는 계산이다. 조가 거래하는 은행에서 화물 운송회사를 담보로 하면 2,500만 달러 정도는 대출받을 수 있다.

자본이 더 필요한 조는 '조스트럭스톱스(Joe's Truck Stops)'를 주식회사로 설립하기로 정하고, 한 투자은행가와 신규 발행 주식에 대한 인수 계약을 체결했다. 조는 '성공이 확실시되는' 이 사업에 투자자들이 앞다투어 참여하리라 확신했다.

조는 꼼꼼하게 분석한 현금흐름예측서(cash flow projection)를 포함해 투자은행가에게 제시할 세부적인 사업 제안서를 작성했다. 매장당 평균 매출을 최소한 50만 달러로, 순영업이익률(net operating profit rate)을 17%로 잡았다. 매장 수가 증가하면서 '규모의 경제(economy of scale)' 원칙에 근거해 영업이익률(profit margin)이 20%까지 상승할 것으로 전망했다.

그는 추가로 필요한 자본을 조달하기 위해 신규 기업 주식의 절반은 자신이 보유하고 보통주 250만 주는 주당 10달러에 공개하기로 했다. PER이 6.67배인 수준에서 주가를 책정했기 때문에 투자은행가가 신주를 '성장주'로 인식하고 인수할 것이 틀림없다고 생각했다.

그러나 실망스럽게도 이 투자은행가는 사업 계획서를 훑어보자마자 고개를 저으며 이렇게 말했다. "조, 정말 굉장한 생각을 했군요. 아이디어는 참 좋은데 아무래도 안 되겠어요. 이 정도 수익률로는 안 돼요."

그러자 조가 이렇게 말했다. "그게 무슨 말이에요? 수익률이 15%면 그렇게 나쁘지 않을 텐데요. 현행 채권 수익률의 두 배 수준이잖아요!"

투자은행가는 한숨을 쉬며 말을 이었다. "음, 15% 수익률이면 그리 나쁘지는 않지요. 그러나 투자자의 관점에서 한번 생각해보세요. 당신은 15% 수익률을 예상하고 있어요. 매년 재투자한다고 가정하면 기업의 수익률이 매년 15%씩 증가해야 하고 주가도 최소한 그 수준으로 상승해야 해요. 그러나 사람들은 주가 상승을 통한 장기적 이익을 기대하고 주식을 삽니다.

주가가 연평균 15% 상승한다고 가정할 때 자본이득세율이 33%면 투자자의 세후 수익률은 확 줄어서 10%밖에 안 됩니다. 실질적으로 위험이 거의 없고 게다가 세금이 없는 지방채에 투자하면 7% 수익률이 보장됩니다. 더구나 창업한 요식업체의 80% 이상이 실패한다는 사실을 생각해보세요.

자신이 잠재 투자자에게 지금 무슨 이야기를 하고 있는지 아시겠어요? 안정적인 채권 수익률보다 겨우 3%포인트 높은 한계 수익률에 목숨을 걸고 투자금을 전부 잃을 위험을 감수해달라고 말씀하시는 겁니다. 미안하지만 위험 대비 보상 배수를 볼 때 이 사업에 대한 투자는 전혀 실익이 없어요."

낙심한 조는 다른 투자은행가를 찾아갔으나 대답은 어디서나 똑같았다. 결국 조는 이 사업을 포기하고 운송회사를 2,500만 달러에 매각한 다음 그 대금을 비과세 지방채에 투자했다. 그리고 콜로라도주에 작은 집을 하나 마련하고 채권 수익률에 기대 여생을 보내기로 했다. 제2의 레이 크록(Ray Kroc: 맥도날드의 전 회장)이 될 수도 있었건만 조는 조기 은퇴의 길로 들어서고 만 셈이다.

신규 사업의 성공 가능성을 어떻게 지각하든지 간에 투자자의 자본을 위험 사업에 투자하게 하려면, 위험 수준이 낮은 다른 선택지에 투자할 때보다 잠재 이익이 훨씬 커야 한다. 물론 훨씬 크다는 것이 어느 정도인지는 아무도 모른다. 투자자들이 이익이 훨씬 크다고 보는 수준은 각 투자자의 심리적 구조에 따라 달라진다.

그러나 자본이득세율이 33%가 아니라 15%라면 조스트럭스톱스(이하 '조스') 투자자의 잠재 수익률은 연 12.75%로 증가할 것이다. 채권 펀드의 수익률(7%)보다 82%나 높은 수준이다. 자본이득세율이 0%라면 잠재 수익률은 15%가 되는 셈이고 이는 채권 수익률보다 114%나 높은 수준이다. 잠재 수익률이 증가하면 투자자의 마음속에 하잘것없는 변방의 기업으로 분류되던 이 창업 기업이 더는 그런 범주에 머물지 않게 된다.

이상의 가설적 사업이 투자자의 마음을 움직였는지는 중요치 않다. 중요한 것은 자본이득세율이 낮을수록 신규 사업에 투자할 투자자가 증가한다는 사실이다.

그러나 자본이득세율 인하에 비판적 시각을 가진 사람들은 자본이득세율을 인하하면 정부의 재정 적자 규모가 늘어난다고 주장한다. 이런 문제는 정부 지출 규모의 대폭 삭감으로 해결할 수 있다는 사실은 차치하고라도, 아주 단순한 관점 혹은 실용주의적 관점에서도 잘못되었다.

예를 들어 1970년대 정부의 세수입 규모는 총 3조 2,750억 달러였다. 그런데 레이건 행정부가 대규모 감세 정책을 시행한 1980년대에는 277%나 증가한 9조 610억 달러였다. 안타깝게도 1980년대 정부 지출 규모는 302% 증가한 10조 8,230억 달러였다. 적자 재정은 세수입 부족이 아니라 방만한 정부 지출에서 비롯된 것이었다.

매년 창업 기업 수백 개가 자본이득세 때문에 소리 없이 사라진다. 그 결과 매년 일자리 수천 개와 신규 세수입 수십억 달러가 창출될 기회가 사라지고 만다. 예를 들어 자본이득세가 없다고 가정하고 조스 사업이 성공할 때 세수입이 얼마나 증가할지 따져보자.

조가 작성한 사업 계획서와 현금흐름예측이 정확하다고 가정하자. 조는 100개 매장을 개장하고 영업 개시 후 만 1년 내에 매장당 50만 달러의 매출 목표를 달성한다. 인건비 비중을 20%로 하고 열심히 일할 것 같은 가난한 실업자 중에서만 직원을 뽑았다. 매장당 평균 부동산 비용은 10만 달러이고 개보수로 25만 달러를 사용했다. 따라서 매장당 매년 6,000달러의 재산세가 증가했다.

매장당 새 장비와 물품 구입비로 10만 달러를 사용했고 투자은행가의 수수료, 변호사 비용, 부동산담보대출 및 허가 비용, 기타 등등 비용으로 매장당 5만 달러를 지출했다. 이런 가설적 상황을 단순하게 요약하면 영업 후 1년 만에 대략 1,000만 달러 이상 세수입이 창출되는 셈이다(표 4.2 참고).

이는 정부가 새로운 부를 창출함으로써 발생한 신규 세수입이다. 수치를 가장 보수적으로 산정하기 위해, 조가 추가로 낼 수도 있는 법인세 증가분, 실직 중이던 전직 건설 노동자들이 추가로 치를 소득세, 사람들이 실업 수당을 받지 않으면서 절약된

[표 4.2] 조스트럭스톱스
영업 개시 후 1년 동안 창출한 신규 세수입에 대한 간이 추정치

(단위: 달러)

재산세 증가분: 매장당 연 6,000달러씩 100개 매장		600,000
급여세 증가분[1]		
총급여액	10,000,000	
소득세 20%	2,000,000	
사회보장세 12%	1,200,000	
주세와 지방세 5%	500,000	
총급여세	3,700,000	3,700,000
창업 비용 수령자가 납부한 세금[2]		
100×50,000달러×15%		750,000
장비 도매상이 납부한 세금[2]		
100×100,000달러×15%		1,500,000
건축업자가 납부한 세금[2]		
100×250,000달러×15%		3,750,000
영업 개시 후 1년 동안 창출된 세수입 증가분		10,300,000

1. 이전 실직자가 고용된다고 가정
2. 세금 유형을 불문하고 총수령액의 15%를 납부했다고 가정

정부의 지출 감소분 등은 제외했다. 나는 새로운 일자리 창출이 가져오는 긍정적인 연쇄 효과들, 예를 들어 시장의 경쟁이 치열해지며 식당 가격이 낮아지는 등의 혜택은 아직 언급하지도 않았다.

요컨대 자본이득세가 조스와 같은 한계투자 기업의 성장을 방해한다면, 자본이 다른 소비 부문에 전용되는 딱 그 정도만큼 잠재적 새 일자리와 부, 세수입 등이 영구히 사라지는 결과가 된

다. 그렇다면 자본이득세율이 33%인 상황에서 매년 수백만 달러에 달하는 새로운 부가 창출될 기회가 사라지는 것, 그리고 자본이득세율을 낮춰서 성장을 촉진하고 새로운 세수입원을 만드는 것 중에서 어느 쪽이 더 나을까?

　매장이 1,000개가 된다 해도 조스는 연매출이 5억 달러에 불과한, 상대적으로 규모가 작은 기업이다. 그럼에도 조가 매장당 20명씩만 고용해도 2만 개의 일자리가 창출되고 실질 GDP가 매년 수백만 달러씩 증가한다. 여기에다 자본이득세 때문에 추진하지 못한 수백 혹은 수천 개의 사업 건수를 곱해본다면 침체기의 경제와 지속적으로 성장하는 경제의 차이점이 극명하게 드러난다. 또 수십억 달러에 달하는 세수입 창출 기회가 사라졌다는 부분도 감안해야 한다.

　비판론자들은 이렇게 말할 것이다. "조의 경우는 결과가 안 좋았던 것뿐이다. 지금 조는 2,500만 달러어치의 지방채를 보유한 부자이고 또 자본이득세가 없었다면 이보다 더 큰 돈을 벌 수 있었을 것이다. 이 사례는 자본이득세율 인하는 부유층에게만 득이 된다는 사실을 입증하는 증거일 뿐이다."

　이런 식의 사고는 수익성 있는 신규 사업으로 창출되는 수많은 경제적 혜택을 완전히 도외시한다. 예를 들어 조가 여느 농촌 지역과 다름없이 경제난을 겪는 파밍턴(가상의 지역 사회) 인근에 식당 문을 연다고 가정하자. 존과 메리는 파밍턴 인근에 살고 있고 81번 고속도로변에 농장을 하나 소유하고 있다. 농산물 가격은 하락하고 있었고 파밍턴제일은행에서 받은 주택담보대출 할부금이 3개월째 연체 중이었다. 생활비로 매달 800달러가 더 필요한데 어느 곳에서도 일자리를 찾을 수 없었다. 이들과 거래하는 은행가 조지는 곧 담보권을 행사할 참이며, 농장과 부속 장치를 경매 조치하겠다고 알려왔다.

한편 은행가 조지는 고혈압을 앓고 있었다. 은행 감독관들은 항상 자신을 철저히 감시하고 있고 대손충당금을 늘리지 못하면 당장 은행을 폐쇄하겠다고 엄포를 놓는다. 이들이 조지에게 존과 메리의 담보물을 처분하라고 강요한다면 따르지 않을 수 없다. 그런데 이 지역의 부동산 가격이 폭락한 터라 존과 메리의 담보물을 경매 처분하더라도 대출금 잔액의 3분의 2밖에 메우지 못한다. 조지의 은행에 추가 손실이 발생하리라는 것은 불을 보듯 뻔한 일이었다. 연준까지 나선다면 이 지역 주민들을 대상으로 설정했던 담보권의 행사 건수가 더 늘어날 테고 결국 파밍턴과 인근 지역 사회는 파산할지도 모른다.

그러던 어느 날 메리가 81번 고속도로를 주행하다가 '조스트럭스톱스'라는 간판이 달린 새 건물을 발견했다. 간판 밑에는 '서빙 직원 구함'이라고 적혀 있었다. 메리는 이 식당으로 들어가 일자리를 구했고 바로 그다음 주에 일을 시작했다. 이 부부는 곧바로 그달 치 대출 할부금을 마련했고 3개월도 안 되어 그간 밀린 할부금 전액을 낼 수 있었다.

조지는 존과 메리 부부뿐 아니라 다른 고객들도 제때 할부금을 내기 시작했다는 사실을 알았다. 이 지역 주민 20명이 집 근처에 있는 조스에서 일자리를 구했다. 도심지 매장으로 옮긴 조스의 매니저는 그곳에서 9개월 동안이나 안 팔렸던 존슨의 식당을 샀다. 그 도시의 유일한 식당으로서 불경기에도 그럭저럭 이익을 냈던 이곳은 수개월 동안 조스 매장 건설 공사에 참여했던 노동자들 덕분에 매상이 갑자기 뛰어올랐다. 도심지에서 존디어(John Deere: 농기계 생산회사) 대리점을 운영하는 잭도 이익 증가를 경험했고, 재고를 담보로 대출 연장을 요청하지 않고 대출 할부금을 제때 낼 수 있었다.

학교 역시 재산세 수입이 증가한 덕을 톡톡히 봤다. 이 학교는 중단되었던 신축 건물의 공사를 완료하기 위해 프랭크 시먼즈를 다시 고용했다. 지역 철물점의 매상도 올랐다. 그래서 이 철물점은 지난 3개월 동안 실업 수당을 받았던 베시 스미스를 직원으로 고용할 수 있었다. 조스는 조지의 은행에 매일 5,000달러에서 1만 5,000달러를 예금했고 이 은행의 다른 주요 고객들의 평균 예금 잔고도 늘었다. 조지는 마침내 대손충당금 요건을 충족할 수 있었고 눈엣가시 같던 은행 감독관들도 모두 떠났다. 그러자 조지의 혈압도 떨어져 정상 수준으로 돌아왔다. 파산 위기에 몰렸던 파밍턴은 이제 계속해서 살아남을 것이다.

상황이 이러할진대 자본이득세율 인하가 어떻게 부유층에게만 혜택이 된다고 할 수 있겠는가? 자본이득세가 존재하지 않거나 세율이 인하된다면 투자자들의 머릿속에 '가망성 없는' 것으로 각인된 사업체 가운데 조스처럼 그 오명을 벗어던지는 기업이 해마다 늘어날 것이다. 그 결과 더 많은 자원이 새로운 부(새로운 제품과 서비스)를 창출하는 데 사용된다.

결과적으로 더 많은 일자리가 생겨나고, 경쟁하는 가격대가 형성되고(인플레이션 수준이 낮다고 가정할 때), 지출도 늘어나고, 이익도 증가하고, 저축도 늘어나고, 투자도 늘고, 그 밖에 다양한 효과가 나타난다.

요컨대 나는 여기서 부가 부를 창출하는, 이른바 투자 관점의 트리클다운 이론(trickle-down theory: 부유층이 더 부유해지면 더 많은 일자리 창출 등을 통해 그 부가 빈곤층으로 확산된다는 논리-역주)을 통해, 부유층에 대한 세금 혜택이 어떻게 저소득층까지 전파되는지 설명하고 있다.

그러나 자본이득세 인하에서 비롯된 숱한 경제적 혜택을 고려할 때 '부유한' 투자자는 수익성 있는 신규 사업이 창출하는 총혜택 가운데 극히 일부만을 누린다. 조스의 사례에서 조가 이전보다 더 큰 부자가 된 것은 분명하지만, 경제 성장이라는 관점에서 다른 사람들에게 나눠준 혜택에 비하면 조가 벌어들인 신규 소득 규모는 새 발의 피에 불과하다.

그런데 빈곤층(down)에게 돌아가는 혜택이 적은(trickle) 것이 아니라 부유층(up)에게 돌아가는 혜택이 적다는 의미에서 보면 이 이론의 명칭이 잘못되었다. 트리클다운이 아니라 트리클업 이론(trickle-up theory)이라고 해야 맞지 않을까.

자본이득세율을 인하하면 부유층에게만 혜택이 돌아간다는 주장을 훨씬 더 강하게 비판할 수 있는 근거가 있다. 주택을 보유한 미국인 중산층이 자본이득세율이 20%일 때와 33%일 때 누릴 수 있는 혜택을 각각 비교해보자.

납세자 1억 1,200만 명 가운데 7,400만 명이 주택을 보유하고 있다. 1986년 조세개혁법(Tax Reform Act of 1986: 자본이득세율을 33%로 정함) 이전에 그랬던 것처럼 주택 가격이 매년 6%씩 상승한다면 12년 내에 두 배가 될 것이다.

현재의 주택 구매가 중앙값을 15만 8,000달러로 보고 주택 소유자들이 평균적으로 12년마다 주택을 판다고 가정하면, 자본이득세율이 33%가 아니라 20%일 때 주택 소유자에게 돌아가는 추가 이득은 2만 540달러로서 세금이 연평균 1,711달러 절감되는 효과가 있다. (더 비싼 다른 주택을 매입하면 양도소득세를 피할 수 있지만 머지않아 그 부분은 상쇄된다. 그러나 55세 이후 주택을 파는 경우에는 1회에 한해서 12만 5,000달러를 과세 대상에서 제외한다.)

이와 관련해서 또 한 가지 주목할 사항은, 현행법에서는 거주 목적용 주택에서 발생한 손실에 자본 손실 공제가 적용되지 않는다는 점이다.

보통의 주택 소유자들에게 이런 내용을 알려주고 어느 쪽을 선택하겠느냐고 한번 물어보라. 현재 수많은 국회의원이 주장하는 '미국인 중산층에게 2년 동안 매년 소득세 200달러 혜택(이 책을 쓰는 시점 기준, 부유층의 세금 증가로 상쇄됨)을 주는 것'과 '매년 거금 1,700달러를 축적하는 것' 가운데 어느 쪽을 선호하겠는가? 대답은 뻔하다.

이런 유형의 절세를 통해 축적한 자본은 신규 투자에 사용하거나 지출 비용으로 사용할 수 있다는 점에도 주목할 필요가 있다. 주택 소유자의 자산이 증가하면 2차 주택담보대출을 통해 주택 개보수, 자동차 구입, 자녀 학자금 등 여러 목적에 사용할 자금을 융통할 수 있다.

자본이득세는 자산(축적된 자본)의 가치를 떨어뜨리는 직접적 요소이며 따라서 주택담보대출을 제한하는 요소가 된다. 미국 주택 자산의 3분의 1이 자본이득세를 통해 정부에 귀속된다는 사실을 고려한다면, 막대한 규모의 투자 잠재력이 사라지고 있다는 사실 또한 이해할 수 있을 것이다.

자본이득세는 정부가 이용할 수 있는 모든 세수입원 가운데 경제적 손실이 가장 크다. 일반적으로 세금의 경제적 손실을 최소화하려면 상대적으로 세율이 낮아야 하고 통일된 유형의 세금이어야 한다. 또한 지극히 제한된 정부 지출금의 조달을 위한 세금처럼 주로 한 가지 목적을 위해 부과되어야 한다.

어느 모로 보나 소득 평등을 목적으로 한 세금은 경제 성장에 부정적인 영향을 미친다. 이런 유형의 세금은 자본의 소비를 유발해 자본 저축 규모를 줄이고 궁극적으로 경기 팽창을 둔화시킨다.

정부 적자 지출의 진정한 의미

정부의 과세와 지출은 필수적인 경제 비용이다. 예를 들어 군사적 기반시설과 군수 산업 등 국방에 필요한 자금은 과세라는 형태를 통해 다른 생산자들의 지원을 받아 조달해야 한다. 그러나 군수 산업은 인간의 소화기에 기생하는 박테리아처럼 국가의 생산 능력 제고에 꼭 필요한 기생 생물로서의 존재 가치만 지닌다. 생존은 정부가 아니라 다른 산업의 흥망에 달렸다. 물론 정부가 자금을 조달하는 대다수 정책 사업을 제외하고 말이다.

안타깝게도 미국에는 정부를 만병통치약 혹은 절대 고갈되지 않는 자원의 보고쯤으로 간주하는 사람이 많다. 어떤 집단 혹은 어떤 국가에 재난이나 재앙이 닥치더라도 퇴치하거나 치유해줄 능력을 보유한 대단히 강한 정부라고 생각한다.

예를 들어 뉴저지주 해안 지역에 해일 피해가 발생한다면? 정부가 구조 지원을 해야 한다. 저축대부조합의 부채가 5,000억 달러다? 정부의 자금으로 구제해야 한다. 미국 국민의 문맹률이 높다? 이미 한계 수준에 이른 교육 예산을 더 늘린다. 아르헨티나 정부가 파산 위기에 직면해 있다? 정부가 지급을 보증한 차관으로 아르헨티나에 구제금융을 실시한다. 구소련 국민이 기아에 허덕이고 있다? 정부가 보증하는 금융과 시세 이하 가격의 밀을 제공해 구소련인들을 구제한다.

미국인들이 관대한 것일 수도 있으나 한편 순진하기도 하다. 미국 정부(미국인)는 매우 큰 돈주머니를 차고 있을지 모르나 그 주머니는 텅 비었고 안에는 여기저기 구멍이 뚫려 있다. 미국 정부는 1969년 이후로 예산 균형을 이루지 못했고 지난 40년 동안 적자 규모가 연평균 15.3%씩 증가했다.

그런데 더 심각한 것은 재정 불균형 상황의 끝이 보이지 않는다는 사실이다. 미 행정관리예산국(Office of Management and Budget: OMB)은 1990년 10월에 '5억 달러 적자 규모 감소' 법안이 통과되었음에도 1991년 9월부터 앞으로 5년간 적자 지출 규모가 623억 달러에서 1조 870억 달러로 증가할 것으로 예측했다. 그런데 이것이 정말로 문제가 되는가?

일부 경제학자는 정부의 적자, 심지어 현행 정부의 적자 규모조차 큰 문제는 아니라고 믿는다. 이들은 GDP의 5.9% 적자가 개인 대다수보다 양호하다고 주장한다.

소득 대비 부채 비율로 비교해야 한다는 점은 차치하더라도 이런 관점을 지닌 경제학자들의 근본적 오류는, 정부의 부채 상환을 위해서 바로 이 개인과 기업이 생산에 나서야 한다는 자명한 사실을 놓치고 있다는 점이다. 정부는 생산하지 않는다.

정부가 적자 지출을 하면 미래의 자본 저축금이 소비된다. 정부가 새 국채를 발행할 때마다, 이미 소비된 제품과 서비스를 충당하는 데 자금이 사용되며, 그만큼 잠재적인 투자 자본이 줄어든다. 정부의 적자 지출 정책의 진정한 폐해는 성장 자본을 끌어쓸 기회를 기업으로부터 박탈하는 데 있다. 적자 지출을 하게 되면 정부는 무위험에 가까우면서도 시장 대비 경쟁력 있는 수익률로 신규 채권을 발행해야 하는 상황에 몰린다.

물론 투자자는 국채 발행이 없었다면 신규 사업에 투자했을 자금으로 신규 발행 국채를 사들일 것이다. 적자 지출에 필요한 재정 조달을 위해 자본이득세 같은 세금을 활용하는 것은 이중적 재앙을 내포한다. 이는 재정 조달을 위해 경제 성장의 토대를 파괴하는 행위일 뿐 아니라 미래 성장의 씨앗까지 소비해버리는 행위가 된다.

결론

행정관리예산국(OMB)은 1993년도의 정부 지출 규모는 국민 총생산(GNP)의 25% 수준이 되고 적자 지출 규모는 GNP의 5.9% 가 될 것이라고 추산한다. 다음 장에서 다루겠지만 이런 수치는 이해 불가한 수준은 아니다. 그러나 OMB의 예측이 맞는다는 가정하에 정부가 지출 재원을 마련하기 위해 과도한 세금을 부과한다고 생각해보자. 이와 동시에 연준이 금리를 인하해 은행권의 준비금 수준을 늘려준다고 해보자. 이는 전에 없는 종합적 통화정책과 재정정책이다.

한편 3장에서 설명한 바와 같이 부양적 통화정책은 풍부한 자본 가용성에 대한 착시를 바탕으로 한 경기 호황을 유발하는 경향이 있다. 반면에 과세와 지출 정책은 신용팽창의 혜택을 누리는 사람들에게서 이익(주로 착시에 의한)의 대부분을 거둬들이고 자본 자원을 소비 부문에 돌림으로써 신용이 유발하는 호황의 효과를 반감시키는 경향이 있다.

유례가 없는 이런 정책 결합을 통해 얻을 수 있는 가장 건전한 경제적 효과는 인플레이션 수준을 낮게 유지하면서 점진적인 경제 성장을 유발할 수 있다는 것이다. 그럼에도 내가 이 책을 쓰던 당시 주식시장은 또다시 상승하기 시작해 다우지수가 3,200포인트를 넘어섰다. 1993년에 호황이 찾아오리라는 예측에서나 가능한 상승세였다.

분명히 시장은 클린턴 대통령과 새 의회가 정부 지출을 늘릴 것이고 적자 규모도 늘어나리라 내다보았다. 시장의 예측이 정확하다면 곧이어 경제활동이 활성화될 것이다. 그러나 가격 상승이 뒤따르고, 한때 반짝하던 호황에 이어 더 길게 유지될 불황이 찾아올 것이다.

그런데 우리가 보는 이 상황이 과연 '소로스 기회'의 시작인가? 아니면 거짓 명제의 실체가 드러날 시점이 임박했다는 사실을 여전히 받아들이지 않는 투자자의 조바심인가?

다음 장에서는 현재의 경제 환경과 1990년대의 미래 투자 환경에 기본적 분석을 적용함으로써 그 질문에 답하고자 한다.

5

거시경제
분석과 예측

독자 대다수가 생각하듯 거시경제 펀더멘털(매크로 펀더멘털)은 정부가 시장에 개입한 결과다. 통화정책과 재정정책, 다양한 유형의 법규(세법, 규제, 보조금, 관세, 가격 통제 등), 군사적 행동 등이 미래의 생산과 거래 과정에 지대한 영향을 미치고 궁극적으로는 다양한 금융시장의 가격 추세에도 큰 영향을 미친다.

정부 정책의 효과를 예측하는 것은, 정책의 기본 속성을 이해하고 가능한 가설을 몇 가지 세운 다음 이전 장에서 정리한 기본 경제 원칙들을 논리적으로 적용해 가장 있을 법한 결과를 예측하는 일이다. 이런 과정을 통해 미래 경제에 관한 '큰 그림'을 얻을 수 있다. 그러나 이 그림은 너무 크고 포괄적이라 아주 장기적인 관점에서의 예측 결과에 그치기 쉽다.

좀 더 단기적인 관점에서 미래를 예측하려면 이 큰 그림 안에 세부 사항을 채워 넣어야 한다. 즉 가까운 장래에 일어날 정부

5장 | 거시경제 분석과 예측

정책의 변화를 예측하고, 기본적 경제 원칙의 맥락에서 주요 정치적, 인구통계학적, 문화적 추세를 함께 고려해야 한다.

이 장에서는 역사적 통계 분석 자료를 사용해 미래를 예측하는 방법을 제시하고자 한다. 여기서 나는 '그렇게 해야 한다고 생각하는 방법'이 아니라 '내가 사용하는 방법'을 제시할 생각이다. 이 방법의 옳고 그름 혹은 가치에 대한 평가는 훗날의 과제로 남겨두겠다.

통화정책과 재정정책을 함께 보라

미래 경제에 관한 큰 그림을 그리려면 통화정책과 재정정책을 별개로 취급하기보다는 두 정책을 결합한 이른바 종합적 통화-재정정책의 맥락에서 주요 요소들을 고려해야 한다.

예를 들어 저금리와 은행의 풍부한 자유 준비금(여유 자금)을 기조로 한 현행 통화정책만을 고려한다면 앞으로 수년간 강세장이 형성될 것으로 예측하게 된다. 물론 앨런 그린스펀(Alan Greenspan) 연준 의장의 정책 성향을 감안하면 강세장의 강도가 조정되겠지만 전체적으로 긍정적인 그림이 그려진다. 이 부분에 관해서는 나중에 자세히 설명하겠다.

그런데 높은 세율과 상대적으로 낮은 지출 규모를 기조로 한 현행 재정정책을 검토하면 약세장이 예측된다. 그렇다면 이 상반된 정책들이 동시에 작동할 때의 결과는 둘의 총합이 아니라 상호작용으로 나타날 것이다.

미국의 현행 통화정책은 경기 부양 효과를 나타낼 수밖에 없다. 1992년 〈월스트리트저널〉은 저금리 정책을 이용하는 쪽으로 방향을 잡은 기업들이 사업 자금 조달을 위해 채권을 막대한 규모로 신규 발행해 판매하기 시작했다고 보도했다. 1992년 내내 주택담보대출 금리는 인하 압력을 받았고, 30년 만기 주택담보대출의 고정 금리가 6.5%까지 내려간 사례도 있을 정도였다. 이 저금리 정책은 주택 구매를 촉진하는 역할을 했고 더 나아가 더 많은 이가 더 낮은 금리로 차환(refinancing)하면서 가처분소득이 증가하는 결과를 낳았다.

1992년 12월, 1989년 이래 부실 채권으로 큰 낭패를 본 후 여전히 대출을 꺼리던 은행들은 위험을 최소화한 수준에서 대출을 늘리기 시작했다. 경기 회복의 초기 단계에는 은행들이 대출에 매우 신중한 태도를 보인다. 따라서 부실화 위험이 가장 낮다고 판단하는 경우에만, 즉 대출 원금과 이자 상환 가능성이 큰 경우에만 대출을 허용할 것이다.

나는 은행이 대출에 신중한 태도를 보이는 것을 긍정적인 신호로 해석한다. 신용팽창을 통한 화폐 공급량 증가와 여기에서 촉발된 경제 성장이 장기적으로 어떤 결과를 낳았는지를 대출기관의 관리자들이 어느 정도 깨달았다고 암시하는 증거이기 때문이다. 연준은 명목금리를 낮추고 금융권의 초과지급준비금 수준을 높이는 방식으로 경제활동을 촉진하려 했다.

그러나 은행이 말을 듣지 않았다. 조정본원통화(신용팽창용 잠재적 기초 통화량에 대한 가장 확실한 지표)는 1991년(역년 기준)에

8.7% 증가(조정 연준 신용은 9.5% 증가)했는데 총통화(M2)는 2.6% 증가하는 데 그쳤다. 추가된 은행 지급준비금 1달러가 10달러 이상의 신용 가용성(M2 증가로 나타남)을 창출하므로, M2 증가율이 낮다는 것은 명목금리 수준에 상관없이 금리의 '기업가 요소'가 매우 높은 수준이라는 것을 의미한다.

내가 거래하는 은행(대형 은행)의 한 은행원이 1992년 1월에 했던 말이 이 상황에 딱 들어맞는다. "할인율이 '0'이 되어도 우리는 무담보 대출은 해주지 않을 겁니다. 그리고 내가 대출 승인을 냈는데 결국 무수익 대출이 되면 전적으로 제 책임이라고 상사가 분명히 말했습니다."

이는 불황의 정점에서 나타나는 대출기관의 전형적인 태도다. 그러나 위 사례에서는 이 태도가 1년 넘게 유지되었고 앞으로도 유지될 것으로 보인다. 대체로 은행가들이 신용팽창과 인플레이션(통화 팽창)의 치명적 혹은 부정적 결과를 전보다 더 많이 알게 된 것 같다. 이들은 인플레이션을 우려해 주택담보대출과 같이 정부에 일괄 판매 혹은 재판매할 수 있는 자산을 제외하면, 명목금리 수준이 높더라도 고정 금리 장기 대출을 여전히 꺼릴 것이다.

시간이 흐르면서 은행의 이 같은 신중한 태도는 수익 대출을 통한 본원통화 축적이라는 형태로 보상받는다. 그리고 금리에서 기업가 요소의 수준이 약간 낮아지고 경기 팽창에 가속이 붙기 시작할 것이다.

1992년 당시 은행의 대출 의지와 능력에 영향을 미쳤던 중요한 요소가 또 하나 있다. 바로 바젤 협약이다. 이 협약에 따르면 은행은 1992년 말까지 자기자본비율(capital-to-asset ratio: 총자산에서 자기자본이 차지하는 비중-역주)을 8%로 맞춰야 한다. 끝까지 살아남은 쪽은 수익 대출을 통해 자본금을 축적함으로써 자기자본비율을 더 높인 은행들이었다. 이런 사례가 좀 더 보편화된다면 지속적인 경제 성장을 위한 가장 긍정적인 방향 모색이 될 수 있다.

그러나 바젤 협약의 목적은 미 연방예금보험공사(FDIC)를 채무 불이행의 위험에서 구해내는 것뿐이었다. 결과적으로 은행들은 자기자본의 일환으로 국채를 보유할 수 있었고 이 때문에 재무부 채권의 수요가 증가했다.

이것과 또 다른 이유(금리 상승)로, 상대적으로 완화된 통화정책과 신중한 대출 정책이 가져온 긍정적 효과는 재정정책 때문에 상당 부분 상쇄된다(그리고 상쇄될 것이다). 가장 중요하면서 유일한 경기 부양 요소는 민주당 집권 시절의 막대한 정부 지출 규모, 특히 적자 지출 규모일 것이다.

역사적 자료로 미래 예측하기

이제 미래를 예측하는 데 역사적 자료를 어떻게 이용하는지 실례를 들어보겠다. 1990년의 '재정적자 감소' 법안부터 분석해 보기로 한다.

나는 1990년의 '재정적자 감소' 법안이 적자를 증가시키는 도구로 변하는 상황을 보면서 몇 가지 의문점이 생겼다. 이처럼 막대한 규모의 적자 지출 정책이 얼마나 더 계속될 것인가? 투자자들이 국채 보유의 유익함에 의문을 품을 때까지, 정부는 얼마나 많은 돈을 풀며 우리의 미래를 저당잡을까?

나는 트레이더로서 늘 추세를 살펴본다. 트레이더들이 추세 관찰 후에 하는 말이 있다. "아무것도 변하지 않으면 아무것도 변하지 않는다!" 적자 상황에 빗대어 보면 의회와 대통령이 거시적 수준에서 재정정책을 변화시키지 않는 한 적자 지출 추세는 계속된다. 좀 더 자세히 말하면 재정적 현실이 적자 지출의 정치적 혜택을 압도할 때까지, 즉 적자 지출을 더는 실행할 수 없는 지경에 이를 때까지 이 상황은 계속될 것이다.

그러나 그런 상태가 계속된다면 과연 어떤 일이 발생할까? 이 부분에 관한 한 나는 결코 낙관적일 수가 없다. 정부가 지출을 줄일 수도 있겠지만 소규모에 불과할 것이다. 적자 증가율은 감소할 수도 있지만 적자 폭 자체가 감소하지는 않을 것이다. 과거 사례에 근거하면 세수입 증가와 지출 감소가 일어나더라도 다른 부문에서 발생한 더 큰 지출이 이 부분을 상쇄할 가능성도 있다. 역사적 사실을 살펴보면서 과연 장래의 지출 감소가 가능할지를 가늠해보자.

우선 몇 가지 배경지식부터 살펴보자. 가족연구위원회(Family Research Council)에 따르면 1950년 당시 정부는 평균 수준의 가정에서 소득의 단 2%만 세금으로 거둬들여 예산 균형을 이뤄냈을 뿐 아니라 172억 달러 규모의 흑자 재정을 운영했다(OMB의 국민

소득계정 자료 참고). 오늘날에는 평균 가정의 소득에서 최소 24%가 국고로 들어가는데도 의회는 예산 균형을 맞추지 못할 뿐 아니라 그램-루드먼 수정법안(Gramm-Rudman Amendment: 적자 해소를 위한 법안)이 요구한 적자 증가율 감소를 위한 해결책도 내놓지 못하는 상태다.

전체적으로 조망하면 1991년의 예산 적자 규모인 2,695억 달러는 IBM, 제너럴모터스(General Motors), 모빌오일(Mobil Oil), 코카콜라(Coca-Cola), 존슨앤드존슨(Johnson & Johnson), 듀폰(DuPont), 시어스(Sears)의 현 시장 가치를 모두 합한 것(1992년 1월 1일 현재 유통되는 보통주의 시가 기준)보다 크다.

좀 더 실용적인 쟁점으로 들어가 보자. 미국 경제가 어쩌다 이런 곤경에 처하게 되었는지 알아볼 차례다. 그러나 이 질문의 답변은 너무도 자명하다. 정부가 수입보다 지출을 더 키워서 미래의 생산력을 계속 저당잡힌 것이 화근이었다. 더 심각한 문제는 정부가 거둬들이는 세수입이 아무리 많더라도 지출 규모가 세수입 규모를 능가하는 수준으로 증가한다는 사실이다. 표 5.1을 보면 이 심각하고도 우려스러운 추세를 확인할 수 있다.

정부의 수입과 지출 규모가 증가한 것을 물가 상승이나 생계비 상승의 탓으로 돌릴 수는 없다. 1946년 9월 이후로 소비자물가지수(CPI: 1982~1984=100 기준)는 20.4에서 135.9로 6.6배 증가했다. 같은 기간인 44년 동안 정부 세수입은 연간 433억 달러에서 1조 600억 달러로 24.6배 증가했다. 같은 기간 정부 지출은 연간 331억 달러에서 1조 3,200억 달러로 39.8배 증가했다.

[표 5.1] 연방 수입(세수입)과 지출 분석

기간	총수입 (10억 달러)	증가율 (%)	지출 (10억 달러)	증가율 (%)	평균 적자율[a](%)
1950년대	739.1	–	749.1	–	0.2
1960년대	1,367.4	185	1,393.5	188	2.4
1970년대	3,275.4	239	3,589.5	276	10.6
1980년대[b]	9,060.9	277	10,823.5	302	20.5

a. 10년간의 평균 적자이며, GNP가 아니라 세금 대비 비율로 표시.
b. 1980년대에는 총 연방부채가 '예산외' 부채 증가 때문에 매년 추가된 적자 규모의
   총합보다 더 많이 증가함.

출처: 미 행정관리예산국 국민소득계정 자료

연방 수준에서 이 같은 적자 지출 추세를 살펴보면 미래 전망
도 그다지 밝지 않다. 몇 가지 방법으로 1990년대 정부 예산을
추정할 수 있다. 이 과정에서 저축대부조합의 위기로 말미암은
손실액 추정치가 1,250억 달러(지금 우리는 이 위기가 유발한 손실이
5,000억 달러 이상이라는 사실을 알고 있지만)에 불과하다는 등 정부
예측을 그대로 믿는 데서 심각한 오류가 발생할 수 있다.

반면에 역사적 통계 추세 같은 객관적 자료만을 분석 근거로
삼을 수도 있다. 나는 후자 쪽이다. 정부의 정책 결정 추세에 근
본적인 변화가 없는 한, 역사적 관찰을 통해 포착한 추세가 앞으
로도 계속된다는 것이 나의 생각이다. 이런 맥락에서 다음과 같
은 역사적 사실들을 살펴보자.

표 5.1에서 보는 바와 같이 세수입에 대한 비율로 표시되는 적
자 규모는 1950년대 0.2%에서 1980년대 20.5%로 꾸준히 증가

했다. 1992년 1월 1일 기준, 1990년대의 세금 대비 평균 적자 규모는 23.3%다. 표 5.2에 제시된 연도별 분석표를 보면 1947년 이후 정부의 수입(세금) 증가 중앙값은 연간 6.7%인데 지출 증가 중앙값은 연간 8.1%다.

44년 동안 수입은 매년 6.7%(중앙값) 비율로 증가하는데 지출은 8.1%(중앙값) 비율로 증가한다고 가정하면 1995년까지 5년 동안 9조 2,000억 달러를 지출하면서 부채가 최소 1조 9,000억 달러 늘어날 것이라는 계산이 나온다.

정부 이외의 기관이나 개인은 절대적 명령이라는 수단을 통해 적자 재정을 운영할 능력이 없으므로 이를 정부 이외의 기관이나 개인의 사례에 함부로 적용하기는 어렵다. 정부가 하듯이 개인이 향후 10년간 적자 재정을 운영하려 한다면, 충당할 돈을 빌릴 수 없어 결국 파산에 이르고 만다. 이 수치에는 침체기의 정부 수입과 지출은 반영되지 않는다. 그림 5.1을 보면 1955년 이후 침체기에는 전년에 비해 수입은 감소하는 반면 지출은 증가한다는 사실을 알 수 있다.

전미경제연구소(National Bureau of Economic Research: NBER)가 침체기로 분류한 기간의 수치를 살펴보면 전년 대비 정부 수입은 평균 7.8% 증가했는데 정부 지출은 평균 18.5%나 증가했다.

침체기에는 납세자들의 소득이 감소하고 따라서 세금 납부액도 감소하기 때문에 확실히 정부 수입도 감소한다. 반면에 사회복지자금(역사적으로 볼 때 이 자금의 공급량은 정치인의 손에 달림)의 수요 증가와 지출 증가를 통해 경제를 활성화한다는 케인스주

[표 5.2] 회계연도별 연방 정부의 수입(세금), 지출, 적자 등의 변동 폭

연도	수입	지출	흑자·적자[a]	연도	수입	지출	흑자·적자[a]
1947	4.2	-9.6	33.7	1970[b]	-3.4	9.2	-10.5
1948[b]	-5.1	-32.1	7.7	1971	7.4	7.5	-11.1
1949[b]	-11.9	5.8	-10.9	1972	15.3	14.5	9.9
1950	54.1	2.6	29.8	1973	14.0	4.5	-6.6
1951	14.5	67.5	-2.7	1974[b]	9.4	17.2	-7.8
1952	5.5	8.5	-5.4	1975[b]	5.5	18.2	-20.8
1953[b]	-6.3	5.2	-17.9	1976	11.0	6.8	-16.2
1954[b]	0.1	-12.5	-2.9	1977	13.3	10.0	-12.8
1955	14.9	2.0	8.4	1978	18.3	9.4	-4.3
1956	6.7	7.4	7.9	1979	10.8	12.0	-5.5
1957[b]	-1.1	0.1	-1.6	1980[b]	12.0	18.6	-11.6
1958[b]	4.4	14.9	-11.8	1981[b]	9.5	12.8	-15.0
1959	8.7	-1.1	-1.6	1982[b]	-1.3	13.2	-32.0
1960[b]	4.7	4.2	-1.2	1983	6.6	1.0	-25.1
1961	8.1	9.1	-2.2	1984	9.9	10.0	-25.2
1962	6.4	8.1	-3.6	1985	8.4	9.3	-26.4
1963	7.1	3.6	0.0	1986	6.0	2.4	-22.1
1964	0.4	1.0	-0.1	1987	10.0	5.6	-17.2
1965	8.7	10.7	-2.6	1988	6.1	4.7	-16.0
1966	14.7	16.2	-4.0	1989	5.8	4.5	-14.2
1967	7.0	11.3	-8.2	1990	4.1	9.4	-43.7
1968	18.9	9.7	0.0	1991[b]	2.2	5.7	-20.9
1969	6.5	4.3	2.2				

a. 세수입에 대한 비율
b. 전미경제연구소(NBER) 기준 침체기

총계	수입	지출	흑자·적자
중앙값	7.1	8.1	-6.7
평균	7.9	8.4	-15.3

[그림 5.1] 침체기의 정부 수입(세금), 지출, 적자(세수입 대비 %)

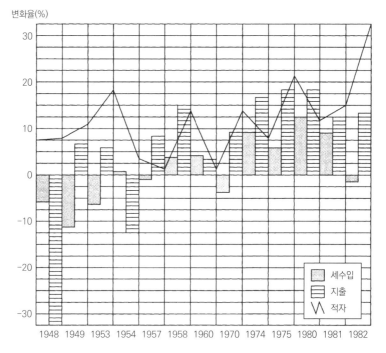

변화율(%)

의에 입각한 정부의 경제 정책 때문에 정부 지출은 증가한다.

이상의 사실들과 기타 역사적 자료를 근거로 보수적인 접근법 네 가지를 사용해 미국 정부의 미래 재정 상황을 예측할 수 있다.

1. 평균 적자: 국민소득계정상의 예산 수치를 보면 1980년대에 평균 적 자 규모가 1970년대보다 5.7배 증가한 것으로 나타났다. 1970년대와 1960년대의 평균 적자는 전기 대비 각각 12.0배와 13.8배 증가했다. 1990년대에 평균 적자가 전기 대비 3배 증가한다고 가정하면 1990년 대의 연평균 적자 규모는 5,370억 달러가 된다.

2. 수입과 지출의 10년 평균 증가율: 1960년대, 1970년대, 1980년대 수입과 지출 증가율의 평균을 수입과 지출의 10년 평균 증가율이라고 가정하면 1990년대에는 수입이 234% 증가한 21조 2,000억 달러가 되고 지출은 255% 증가한 27조 6,000억 달러가 될 것이다. 연평균 적자 규모가 6,400억 달러인 셈이다.

3. 수입과 지출 증가율 중앙값: 44년 동안 수입 중앙값은 6.7% 증가하고 지출 중앙값은 8.1% 증가한다고 가정하면 1999년의 적자 규모는 6,720억 달러가 될 것이고 10년 평균 적자는 연 4,160억 달러가 될 것이다. 이 추정 방식에 따르면 1991년의 예산 적자 규모는 2,516억 달러이고 1992년은 2,880억 달러로 계산된다(아래 공식 수치 참고).

4. 세금 대비 적자 중앙값: 정부의 수입이 세금 대비 연 6.7%(중앙값) 증가하고 세금 대비 적자 규모가 1980년대의 적자 중앙값인 20.4% 수준에 머문다고 가정하면 1990년대의 연평균 적자 규모는 3,710억 달러가 될 것이다.

위 네 가지 방식에 따라 산출한 추정치의 평균을 기준으로 하면 1990년대 연평균 예산 적자 추정치는 4,740억 달러다.

그렇다면 이런 추정치는 실제 수치에 얼마나 근접하는가? 위에서 들었던 가정을 살펴보자. 각 경우 모두 역사적 추세를 기초로 해서 가장 보수적인 수준에서 추정치를 산출했다. 현재의 증가율을 사용하지 않고 재정이 상대적으로 덜 방만하게 운영되었던 1950년대와 1960년대 일부 시기의 증가율을 기준으로 삼았다.

다른 각도에서 설명하면 이렇다. 1979년에는 총예산 규모가 5,000억 달러 내외였고 대다수가 당해 적자 규모는 250~300억 달러 수준이 될 것이라 우려했다. 이때 누군가 1991년의 예산 규모는 1조 3,200억 달러이고 적자 규모는 2,660억 달러가 될 것으로 예측했다면 터무니없다는 반응만 나왔을 것이다.

어쨌거나 통계적으로 수입과 지출 증가율이 높아지는 추세가 이어지고 있다는 점에 주목해야 한다. 다시 말해 어떤 변화가 일어나지 않는다는 전제하에서 이렇게 산출한 평균 적자 수치는 상당히 현실적인 수치라고 생각한다.

또 다른 역사적 추세를 분석해보니 머지않은 2000년에 적자 지출의 상방 한계에 도달할 수도 있다는 결론에 이르렀다. 1961년부터 1989년까지 '정부 수입 대비 이자 지출 비율'의 선형 회귀 분석은 표 5.3에서 보는 바와 같이 잘 들어맞는다. 이 추세가 계속된다고 가정하면 2000년에는 이 비율이 1.93%로 떨어지고 2005년에는 음(-)의 값을 나타낼 것이다. 정부 수입이 44년 중앙값인 6.7% 증가한다고 가정하면 2000년의 세수입은 1조 9,720억 달러가 될 것이다. 이제 이런 예산의 구조를 분석해보자.

1990 회계연도의 예산안(요약본)을 표 5.3에 제시했다.

수입 대비 비율이라는 측면에서 볼 때 사회보장, 소득보장, 메디케어(Medicare: 노년층 의료보험제도) 등은 '건드릴 수 없는' 항목이고 또 수입(1조 1,000억 달러) 대비 이자(1,340억 달러)의 비율이 16.5%라고 가정하면 2000 회계연도의 불균형 예산안은 표 5.4

[표 5.3] 1990 회계연도 예산안

항목	지출(10억 달러)	지출 비율(%)
사회보장	248.6	19.89
소득보장	148.2	11.85
메디케어(의료)	97.0	7.76
이자	184.0	14.72
국방	300.0	24.00
기타	27.2	21.78
총계	1,250.0	100.00

마지막 두 개, 즉 '국방'과 '기타' 항목이 총지출의 45.78%를 차지한다는 점에 주목하라.

[표 5.4] 2000 회계연도의 예산 구조

항목	지출(10억 달러)	지출 비율(%)
사회보장	539.6	19.80
소득보장	322.9	11.85
메디케어(의료)	211.5	7.76
이자	1,021.8	37.50
국방과 기타	629.2	23.09
총계	2,725.0	100.00

와 같은 모습일 것이다.

예산안에 어떤 변화가 일어났는지에 주목하라. 국가 부채에 대한 이자 지급 규모는 예산의 37.5%를 할당할 수준으로 증가했고, 예산에서 차지하는 국방과 기타 지출의 비율이 22.69%포인트나 감소했다. 다시 말해 현 추세가 계속된다면 2000년에는 국가 부채에 대한 이자 지급 부담 때문에 장기 정책에 필요한 예산을 삭감해야 하는 상황이 되고, 따라서 막대한 규모의 적자 재정 운영이 계속될 것이다. 정치적으로 그 누구도 득을 보지 못하는 상황이니 변화가 필요한 시점이다.

아마도 훨씬 전부터 이런 변화의 조짐이 나타나고 있었는지 모르겠다. 이 책을 쓸 당시, 예산에서 이자 지급금이 차지하는 비중을 줄이는 동시에 장기 금리의 상승 압력을 낮추는 수단으로서 30년 만기 장기 국채를 없애는 문제에 관심이 높아졌다. 이렇게 되면 정부는 어쩔 수 없이 중기 국채와 단기 국채에 의존하게 되는데 이 경우 적어도 두 가지 중요한 결과가 나타난다.

첫째, 실제로 이자 부담이 줄어들기는 하지만 그렇게 크지는 않다. 독일은 30년 만기 국채를 발행하지 않고 재정을 운영했고 1992년 현재 10년 만기 독일 국채의 수익률은 미국의 장기 국채 수익률보다 최소 1.5베이시스포인트(basis point: 100분의 1%) 높다.

게다가 이자 절감분은 추가 지출 비용과 상쇄될 가능성이 크다. 의회는 예산을 한 푼도 안 남기고 최대한 지출하려는 경향이 있다. 의원들이 이런 전형적인 행동 방식을 유지한다면 국채 소유자에 대한 이자 지급 규모는 줄이고 실질 GNP는 늘리는 방향으로 더 많은 지출이 이루어질 것이다. 다시 말해 정부 지출은 더 늘어나는데도 소득은 줄어들 것이고, 4장에서 언급한 것처럼 이는 경제 성장을 둔화시키는 결과를 낳는다. 더 심각한 것은 이 때문에 회계 정산일이 늦춰질 수 있다는 사실이다.

장기 주택담보대출 금리는 떨어지지 않는다는 점에도 주목할 필요가 있다. 오히려 장기 담보대출 금리는 AAA(초우량 등급) 회사채와 같은 또 다른 유형의 장기 채권 금리 수준에서 고정될 가능성이 크다.

표 5.2에서 알 수 있듯이, 저금리 정책과 장기 채권 제거를 통해 정부는 이자 지급 대비 수입 비율을 다시 증가시킬 수 있다. 그러나 이자 지급 비율을 낮추는 것은 단지 정부의 자금 차입 기간을 연장해주는 효과밖에 없다. 그리고 정부의 적자 재정정책을 더 오래 허용할수록 국가의 생산력에 대한 부담은 더 커진다.

둘째, 중기와 단기 채권에 대한 정부의 수요가 극적으로 증가해서 기업들이 중단기 채권시장의 투자 자금을 활용할 기회가 급격히 줄어든다. 그 결과 기업들은 대안으로 장기 채권시장에 몰려들 수밖에 없다. 하지만 이 모든 것은 결국 정부가 기업들에 더 높은 장기 금리를 부담하게 만들어 간접적으로 세금을 부과하는 것과 같다. 또다시 경제 성장이 둔화된다.

정부가 자금 조달 방법으로 무엇을 선택하든지 무분별한 지출을 계속한다면 팽창적 통화정책의 효과를 상쇄해버린다. 무분별한 지출은 인플레이션과 달리 가치 하락을 유발하기 때문이다. 이 부분에 관해서는 다음 장에서 다룰 것이다.

결론

앞에서 밝혔듯이 무분별한 지출은 부채(원리금) 상환이 가능한 동안 계속될 수 있다. 초인플레이션을 겪었던 남미 국가들(예를 들어 1982년 멕시코의 인플레이션율은 27%, 1984년 브라질은 29%)의 세수입 대비 이자 지출 비율을 보면 이 같은 추세가 얼마나 오래 계속될지 가늠할 수 있다.

표 5.4를 보더라도 그 전에 어떤 변화가 일어날 것이므로, 이자 지출 비율이 37%에 이르는 상황은 일어나지 않을 것이다.

6

달러의
미래

달러는 국제준비통화(reserve currency: 대외 지급을 위해 보유하는 기축통화-역주)이므로, 투자자라면 달러의 역사를 이해해야 한다. 외국 은행들은 준비금 명목으로 미 달러를 수십억 달러씩 보유하므로 기축통화로서의 위상을 유지하는 데는 그만큼의 책임이 따른다. (스위스 은행은 예외다. 흥미롭게도 스위스는 미국 국채를 고등급 회사채 정도로 취급한다.)

1980년대에는 미 정부의 적자 규모가 커짐에 따라 대미 투자가 증가했다. 외국 자본을 끌어들이기에 충분할 정도로 고성장과 고금리 수준이 유지되었기 때문이다. 1989년 당시 실질금리 수준이 매우 높아서 미국 국채의 5분의 1가량을 외국인 투자자들이 보유할 정도였다. 그러나 1992년 7월이 되자 연준이 할인율을 3%로 인하했고 실질금리는 '0' 수준으로 떨어졌다.

이제 달러 가치의 장기적 하락세와 함께 1980년대의 채권 가

6장 | 달러의 미래

[표 6.1] 연준 할인율과 달러 가치의 변천사

할인율	기간	달러인덱스	변화율(%)	소비자 물가지수
6.0~4.0~4.75	1913/01~1919/02	8.26~8.76	6.1	9.9~16.2
4.75~7.0	1919/02~1920/12	8.76~24.65	181.4	19.4
7.0~4.0	1920/12~1922/04	24.65~16.39	-33.5	16.7
4.0~4.0	1922/04~1926/07	16.39~40.60	147.7	17.5
4.0~3.5	1926/07~1927/01	40.60~30.19	-25.6	17.5
3.5~6.0	1927/01~1931/08	30.19~30.39	0.7	15.1
6.0~1.5	1931/08~1932/12	30.39~33.21	9.3	13.1
1.5~1.0	1932/12~1936/07	33.21~20.16	-39.3	13.9
1.0~0.5	1936/07~1940/05	20.16~51.75	156.7	14.0
0.5~0.5	1940/05~1940/12	51.75~46.23	-1.7	14.1
0.5~0.5	1940/12~1945/12	46.23~47.92	3.7	18.2
0.5~1.0	1945/12~1946/06	47.92~71.86	50.0	21.5
1.0~1.0	1946/60~1947/12	71.86~71.22	-0.9	23.4
1.0~1.0	1947/12~1948/02	71.22~92.49	29.9	23.5
1.0~1.25	1948/02~1949/08	92.49~92.37	-0.1	23.8
1.25~1.5	1949/08~1950/06	92.37~114.53	24.0	23.8
1.5~3.0	1950/06~1957/07	114.53~109.97	-4.0	28.3
1.75~6.0	1957/07~1969/09	109.97~123.82	12.6	37.1
6.0~4.5	1969/09~1973/07	123.82~92.71	-25.1	44.3
4.5~8.0~5.25	1973/07~1976/06	92.71~107.05	15.5	56.8
5.25~14.0	1976/06~1980/07	107.05~84.65	-20.9	82.7
14.0~7.5	1980/07~1985/02	84.65~158.43	87.2	106.0
7.5~5.5	1985/02~1987/12	158.43~88.70	-44.0	115.4
5.5~7.0	1987/12~1989/06	88.70~106.52	20.1	124.0
7.0~6.0	1989/06~1991/02	106.52~80.60	-24.3	134.8
6.0~5.5	1991/02~1991/07	80.60~98.23	21.9	136.2
5.5~3.0	1991/07~1992/09	98.23~78.43	-20.2	140.9
3.0~	1992/09~	78.42~		

첫째 칸은 해당 기간의 할인율 범위를 나타낸다.
셋째 칸은 연준의 달러인덱스로서 서구 유럽 통화 바스켓에 대한 달러의 가치를 나타낸다.
넷째 칸은 해당 기간의 달러인덱스 변화율을 나타낸다.
다섯째 칸은 해당 기간 마지막 달의 소비자물가지수를 나타낸다(1982~1984=100).

격 추이를 살펴보자(표 6.1 참고).

달러 가치 변천사

달러는 주요 시장 참여자 5개가 보유하는 일종의 상품이다. 주요 시장 참여자는 (1) 해당 국가의 경제 성장에서 이익을 얻고자 세계 시장에 자금을 투입하는 자본 투자자(예를 들어 주식, 채권, 부동산, 기타 유형 자산을 매입하는 사람) (2) 금리 효과를 고려해 가치가 안정적이거나 상승할 것으로 보이는 통화를 매입하는 차익거래자 (3) 국제 기준에 따라 수출입 거래를 하는 기업 (4) 여행 목적으로 통화를 매매하는 관광객 (5) 중앙은행이다.

국가 경제가 후퇴기로 접어들면 정부는 금리를 인상하고 국채를 발행하는 방식으로 신용 긴축 정책을 구사하는 것이 일반적이다. 대체로 이런 상황에서는 자본 투자자들이 보유 자산을 매각하고 해당 국가에 투자했던 자본을 회수하기 때문에 통화 가치가 하락한다. 경기 회복기 혹은 경기 팽창기에 진입할 때는 이와 반대되는 상황이 벌어진다.

미국은 금리를 인하했고 이 때문에 여러 가지 복합적인 결과가 나타났다. 주식과 채권 가격은 상승했으나 상대적으로 경제 상황은 좋지 못했다. 다른 부분에서 다시 언급하겠지만 그렇게 된 데는 여러 가지 이유가 있다. 달러 가치는 다양한 요인에 영향을 받을 수 있고, 그중에서도 자본 투자자가 중요한 역할을 한다는 점을 이해해야 한다.

미국의 실질금리 수준이 일본과 독일, 기타 유럽 국가의 금리보다 낮아지면 미국 국채에 대한 외국인 투자 규모가 급격히 감소한다. 1990년부터 1992년까지 상황이 바로 여기에 해당한다. 그래서 국채에 대한 내국인 투자자, 특히 은행의 투자에서 돌파구를 찾았다. 그 결과 민간 사업 부문에 대한 대출이 감소하고 외국 통화 대비 달러의 가치가 하락했다.

이 상황은 수출 산업에는 도움이 될지 모르나 이로 인해 국내 물가는 상승하기 때문에 기초경제의 건전성을 해치는 결과를 낳을 뿐이다. 연준의 통화 바스켓 대비 달러의 가치가 불과 6년 만에 50.5% 하락한 마당에 기축통화로서 달러의 위상이 얼마나 오래 유지될 수 있을까? 1985년 2월부터 1992년 9월까지 달러 대비 독일 마르크의 가치는 150% 상승했고 1982년 11월부터 1993년 4월까지 달러 대비 엔의 가치는 155% 상승했다.

이는 다른 사람들이 하는 말을 무조건 수용하기보다 스스로 진위를 증명하려고 노력해야 한다는 사실을 다시 한번 상기시키는 사례다. 미국 소비자들은 미국 경제의 강력한 경쟁 상대인 일본과 독일 소비자들보다 석유를 훨씬 싼 가격에 이용하고 있다는 말을 귀가 따갑게 들어왔다. 이 주장은 휘발유세 인상을 정당화하는 근거로 사용된다. 그러나 이는 진실을 심각하게 왜곡하는 것이다.

그렇다면 그림 6.1을 참고해서 진실을 알아보자. 원유는 1980년부터 1985년까지 배럴당 30달러 선에서 거래되었다. 유가는 달러로 가격이 매겨지는데 이것이 달러가 국제준비통화가 된 이

[그림 6.1] 독일 마르크화, 일본 엔화, 원유의 가치 변화(1983~1993)

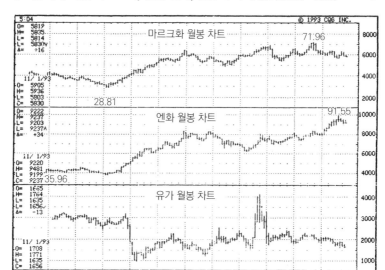

유이기도 하다. 달러의 가치가 하락하자 독일과 일본에서 초고가 소비재의 가격이 하락했다.

1982년부터 1993년까지 원유의 협정 가격은 배럴당 30달러에서 20달러로 하락했다. 같은 기간에 마르크의 가치는 저점 수준인 28.81에서 고점 수준인 71.96으로 상승했다. 달리 표현하면 마르크의 환율은 달러당 3.47마르크에서 1.39마르크로 하락했다. 달러 표시 상품에 대한 마르크의 구매력이 60% 상승한 셈이다.

1985년에 독일의 유가는 배럴당 111마르크였고 1992년 9월에는 배럴당 28마르크 미만으로 낮아졌다. 다시 말해 구매력 기준으로 원유 가격이 배럴당 20달러면 독일에서는 배럴당 8달러인 셈이었다. 일본에서는 이보다 약간 더 낮은 배럴당 7.80달러 수준이었다.

기축통화의 가치가 하락하는 바람에 투자 수익률이 계속 낮아지는데 외국 투자자들이 과연 미국 국채에 계속 투자하겠는가? 강력한 정치적 압력과 G-7(선진 7개국) 합의 사항을 통해 외국의 중앙은행이 막대한 규모의 달러를 보유하게 할 수는 있겠지만 과연 그 약발이 얼마나 오래 유지될까? 현재 미국의 예산 적자 수준과 국가 부채 규모를 생각해보라. 이 추세가 계속된다면 어떤 식으로든 대가를 치르게 될 것이다. 그리고 그 대가는 달러 약세로 나타날 가능성이 크다.

여러분이 만약 아랍 왕자라면 원유 가격을 달러로 책정하는 바람에 1986년 이후 막대한 규모의 잠재 이익을 날려버렸을 것이다. 나는 석유수출국기구(OPEC)가 언젠가는 금 25%, 미국 달러 25%, 마르크 25%, 엔 25% 같은 비례적 통화 단위로 원유 가격을 책정할 것으로 생각한다. 이런 날이 온다면 달러의 가치가 완전히 붕괴할 것이다.

연준이 명목금리를 다른 주요 국가의 금리 수준보다 훨씬 낮게 유지하려는 정책을 고수한다면 문제는 더 심각해질 것이다. 국내 자본을 포함한 모든 자본은 자연히 수익률이 더 높고 통화 가치가 안정되거나 더 높은 외국의 시장으로 흘러갈 것이다. 이는 결국 미국의 국내 자본 기반을 크게 흔들게 된다.

미국의 금리 수준이 세계 시장금리를 훨씬 밑도는 상황이 되면 외국 투자로 빠져나가는 국내 자본의 양이 엄청나게 증가할 것이다. 요컨대 국내 산업계가 아니라 멕시코 혹은 현재 조직화하고 있는 유럽 공동체 쪽으로 자본이 흘러갈 것이다.

'최상'의 시나리오는 이것이다. 즉 외국의 중앙은행들은 신용팽창 정책을 시행하고 미국은 그렇게 하지 않는 것이다. 이렇게 해서 일단 외국에서 통화 인플레이션이 시작되면 달러의 가치가 회복되고 구매력 기준으로 외국 통화 대비 달러의 가치도 더 높아진다. 그러나 이 효과가 나타날 때까지는 어느 정도 시간이 걸린다. 모든 통화의 가치가 절하되지만 절하 비율은 각기 다르다(표 6.2 참고).

3장에서 다룬 경기 순환 논의를 되새겨보면 신용팽창은 자원이 잘못 배분된 정도만큼 손실을 유발한다는 사실이 명백해진다. 신용팽창이 이루어지는 국가의 경우, 기존 산업 기반이 복잡할수록 자본이 잘못 배분될 가능성이 커진다. 예를 들어 제2차 세계대전이 끝나고 나서 미국 정부는 마셜 플랜에 따라 전후 유럽의 재건에 필요한 자금을 조달했다. 이는 대규모 신용팽창이 이루어졌다는 말과 다르지 않다.

1940년대 말이 되자 미국 정부의 부채비율이 GNP의 100%를 넘어섰다. 그런데도 국내와 국외에서 실질 부가 대규모로 창출되면서 부정적인 결과가 나타날 가능성이 최소화되었다. 사실상 미국은 막대한 규모의 국내 자본을 국외로 유출했고 국내에서는 신용팽창 기조가 유지되었다.

그때와 지금의 상황에는 유사점과 차이점이 공존한다. 동유럽권 국가들은 자원이 풍부하지만 이를 생산에 이용하는 데 필

[표 6.2] 통화 가치 변동 추이[a]

38년: 1950~1988

	소비자물가지수		1988년 가치 (1950=100)	38년간 구매력 하락(%)
	1950	1988		
독일 마르크	32.0	101	32	-68
스위스 프랑	31.0	104	30	-70
미국 달러	22.0	110	20	-80
캐나다 달러	20.0	113	17	-83
일본 엔	14.0	102	13	87
프랑스 프랑	10.0	109	9	-91
네덜란드 길더	11.0	120	9	-91
영국 파운드	9.5	113	8	-92
호주 달러	11.0	127	8	-92
이탈리아 리라	7.2	117	6	-94

20년: 1968~1988

	소비자물가지수		1988년 가치 (1968=100)	20년간 구매력 하락(%)
	1968	1988		
독일 마르크	48.0	101	48	-52
스위스 프랑	47.0	104	45	-55
미국 달러	32.0	102	31	-69
캐나다 달러	36.0	120	30	-70
일본 엔	32.0	110	29	-71
프랑스 프랑	29.0	113	25	75
네덜란드 길더	22.0	109	20	-80
영국 파운드	17.5	113	15	-85
호주 달러	16.7	127	13	-87
이탈리아 리라	13.0	117	11	-89

10년: 1978~1988

	소비자물가지수		1988년 가치 (1978=100)	10년간 구매력 하락(%)
	1978	1988		
독일 마르크	78.0	102	76	-24
스위스 프랑	75.0	101	74	-26
미국 달러	75.0	104	72	-28
캐나다 달러	73.0	120	81	-39
일본 엔	60.0	110	54	-46
프랑스 프랑	57.0	113	50	-50
네덜란드 길더	53.0	113	47	-53
영국 파운드	50.0	109	46	-54
호주 달러	56.0	127	44	-56
이탈리아 리라	37.0	117	32	-68

5년: 1983~1988

	소비자물가지수		1988년 가치 (1983=100)	5년간 구매력 하락(%)
	1983	1988		
독일 마르크	95.0	100	95	-5
스위스 프랑	95.8	101.4	94	-6
미국 달러	95.6	101.2	94	-6
캐나다 달러	94.0	104	90	-10
일본 엔	93.0	110	84	-16
프랑스 프랑	92.0	113	81	-19
네덜란드 길더	88.0	109	80	-20
영국 파운드	90.0	113	79	-21
호주 달러	90.0	127	71	-29
이탈리아 리라	83.0	117	71	-29

a: IMF가 새로 산정한 소비자물가지수(CPI) 기준
출처: 반에크펀즈(Van Eck Funds)의 수석 경제학자 대니얼 풀(Daniel Poole)

6장 | 달러의 미래

요한 자본이 턱없이 부족하다. 이는 제2차 세계대전이 끝난 후 유럽 국가들의 상황과 유사했다.

그러나 지금 미국은 자본은 충분한데 이 자본을 투여할 산업 환경이 투자자들에게 우호적이지 않다. 다른 국가에 비해 금리 수준을 낮추고 세율을 높이는 한편 각종 규제를 통해 미국 자본의 가치를 낮게 유지하는 정책 기조가 계속된다면 미국의 자본은 결국 중국, 동유럽권 저개발국, 남미, 기타 유럽 국가들로 유출될 것이다. 요컨대 지금은 자본의 이동이 자유로운 글로벌 경제 시대다.

국외 자본 투자가 활발히 이루어진다면 투자 수익금이 미국으로 되돌아오겠으나 문제는 그렇게 되기까지 시간이 걸린다는 것이다. 개발도상국에 투자하고 여기서 잉여 자본이 발생하고 이 잉여 자본이 다시 미국에 유입되어 재투자 자본으로 사용되기까지 시간이 제법 걸린다.

기존의 시장 효율성 수준으로 볼 때 자본을 좀 더 신속하게 생산 현장에 투입할 수 있는 미국이지만, 이렇게 시간을 지체하는 동안 국내 자본이 팽창하는 속도가, 비용 경쟁력이 더 높은(예를 들어 노동력이 저렴하고, 환경과 기타 규제 수준이 낮고, 자본이득세율이 낮음) 다른 국가만큼 빠르지는 않을 것이다. 요컨대 금리를 세계 시장금리보다 낮은 수준으로 유지하는 정책(케인스학파의 주요 경기 부양 전략)으로는 경기 팽창이라는 목적을 달성할 수 없을지도 모른다.

어느 모로 보나 현행 정책에서 연준이 기존의 정책 기조를 유지한다면, 그리고 의회가 책임 재정을 실현하지 못한다면 아마도 경제 성장세가 나타나는 데 수년은 더 걸릴 것으로 보인다. 경제 성장을 위한 유일한 대안은 대규모 신용팽창이라는 카드일 것이다. 그러나 현 연준 관리자들의 정책적 입장을 고려할 때 이런 카드를 사용할 가능성은 거의 없어 보인다.

정치적 시나리오

1989년부터 1991년까지 우리는 이른바 '민주주의의 승리'로 일컬어지는 일련의 사건을 지켜봤다. 전체주의 독재 정권들이 정교하게 세워놓았던 도미노가 무너지듯 그렇게 줄줄이 무너졌다. 역사학자들은 그 원인을 여러모로 분석하지만 나는 근본 원인은 경제적 측면에서 찾아야 한다고 본다. 즉 독재 정권이 무너진 것은 마르크스주의가 실패했기 때문이다.

서구 사회의 '물질만능주의'를 신랄하게 비판하던 독재 정권이 자국 국민을 절대 빈곤의 나락으로 떨어트리자 폭동이 일어났다. '능력이 아니라 필요에 따라'를 외치는 지도자들의 부르짖음을 귀가 따갑도록 들으며 풍요로움은커녕 생존을 위해 온종일 허덕여야 하는 국민으로서는 당연한 행동이었을 것이다. 그런데 그렇게 비판을 쏟아부었던 서구 사회는 경제적 풍요를 누리고 있었다. 이를 본 사람들은 당연히 자본주의 시장경제 체제하에서 더 나은 삶을 누리고 싶어 했다.

그런데 동유럽은 이렇게 무너졌는데 서구 사회의 현세대는 부모 세대가 누렸던 생활 수준을 능가하지 못하거나 비슷한 수준에도 미치지 못하는 상황에 내몰렸다. 서구 사회, 특히 미국이 경제적으로 하락세를 타고 있다는 뜻이다. 그 이유는 무엇인가? 제품과 서비스의 시장가격을 올리는 정부의 정책 성향이 소비자의 가처분소득을 줄여버린 것이 문제였다.

그러나 이런 추세가 영원히 계속될 수는 없다. 동유럽 국가 국민이 자신들을 빈곤의 나락에 빠뜨린 정권에 등을 돌렸듯이, 미국 국민 역시 자신들의 생활 수준을 떨어뜨리는 데 일조한 정치인 혹은 정부에 등을 돌릴 날이 머지않았다. 정부가 고세율 정책을 유지한다면 국민이 '반란'을 일으킬 것이다. 사실상 그 반란이 이미 시작되고 있다.

정치인들이 이런 기류를 인식하기 시작하면서 자신들을 보호하기 위한 대책을 앞다투어 마련할 것이다. 남은 것은 이들이 이런 문제를 해결하기 위해 장기적 관점에서 근본적 개혁을 시행할 것이냐, 아니면 신용팽창이라는 단기적 해결책을 사용할 것이냐 하는 부분이다.

앨런 그린스펀(연준 의장) 같은 정치인들의 주도하에 금융계에서 제동을 걸지 않는다면 의회와 대통령이 결국 신용팽창이라는 카드를 내놓으리라는 것은 불을 보듯 뻔한 사실이다. 클린턴 행정부하에서는 경제 성장 목표를 달성할 유일한 수단으로서 이 전략을 더욱 적극적으로 추진할 것이다. 현재는 금리를 낮추는 방식으로 경제 성장을 도모하고 있으나 연준이 연간 재정 규모를 현 10%에서 20%로 확대하면 뒤이어 인플레이션이 시작될 것이다. 이것이 다가오는지 알려면 항상 '조정 연준 신용'을 확인하라.

드러내놓고 말하지는 않지만 그린스펀 의장은 오스트리아학파의 주장을 이해하고 지지하는 것이 분명하다. 이 사실은 에인랜드의 《자본주의의 이상(Capitalism: The Unknown Ideal)》에서 그린스펀이 담당한 '금' 편을 보면 알 수 있다. 그린스펀으로서는 신용팽창은 인플레이션이라는 부작용을 낳는데 그럼에도 이 정책을 허용하는 것은 자신의 소신을 굽히고 현실과 타협하는 일과 다름없다. 나는 그린스펀이 저인플레이션 정책 기조를 그대로 유지할 용기를 지녔기를 바란다. 그가 이렇게 한다면 우리는 향후 몇 년간 신용팽창을 통한 고속 성장을 기대하지는 못할 것이다.

클린턴 행정부의 정책은 적자 재정의 증가와 성장 둔화를 유발할 것이다. 실질적으로 정부 지출이 삭감되는 일도 없을 것이다. 지출 삭감은 미국 납세자들이 '더는 수용할 수 없어서' 그런 상황에 책임이 있는 '정권과 정당에 등을 돌린' 이후에나 가능하다. 나는 1994년에 치러질 국회의원 선거에서 이 현상이 나타나기를 바란다.

가까운 미래의 상황은 어떨까? 금융시장들이 고속 성장을 기대하면서 이에 따른 행동을 계속할 것으로 보이지만, 고속 성장은 일어나지 않을 것이라고 생각한다. 주식시장도 성장 기대감에 따라 상승세가 계속될 것이다. 그러나 막상 고속 성장세가 나타나면 연준이 금융 긴축 정책을 사용하게 될 것이다. 이때의 경기 팽창은 진정한 팽창이 아니라 신용이 유발한 인플레이션 성격의 팽창이기 때문이다.

그 이후에는 1989부터 1992년까지 일본 시장에서 발생한 것과 같은 현상이 벌어질 것이다. 즉 경제활동이 서서히 둔화해 결국 바닥세를 나타낼 것이다. 불황을 겪고 나서는 오래된 원칙을 더는 적용할 수 없다는 사실이 분명해짐에 따라, 특히 저금리 정책만으로는 경기 팽창을 도모할 수 없다는 사실이 분명해지면서, 새로운 원칙을 적용하고 이에 적응하며 그동안의 경제 특성을 변화시키기 시작할 것이다.

신용팽창 혹은 연준 재정을 20% 이상 늘리는 것(별로 가능성은 없어 보임) 대신에 실질금리 수준을 낮게 유지하는 데 이바지하는 강력한 유인들이 존재한다. 첫째, 미국 사회의 고령화가 진행되고 있다. 이에 따라 노후 대책의 중요성이 점점 더 커질 수밖에 없다. 이는 '본래의 이자'가 낮아지는 경향이 있다는 의미다. 따라서 시장금리의 실질 요소 혹은 순요소의 수준이 상대적으로 낮아지는 경향이 나타날 것이다. 소비자물가지수(CPI) 증가율이 연 3~5% 범위를 유지한다면 물가 프리미엄 요소도 낮은 수준을 유지할 것이다.

기업가 요소는 자본 수요에 따라 수준 차이가 가장 크게 나타난다. 정부 지출과 민간 부문 모두에서 자본 수요가 높게 나타날 것이다. 비교해서 말하면 대출 기관들은 여러 대안을 평가한 다음 가장 좋은 대안을 선택하는 아주 좋은 위치에 놓이게 된다. 그러나 미국 정부가 자유시장, 특히나 중국과 동유럽 같은 신흥

시장과는 달리 대출에 대한 보증을 계속한다면 이 긍정적 요소는 상당히 상쇄될 수 있다.

내가 보기에는 인플레이션(유발)성 팽창을 시도한다면 달러 가치가 붕괴하고 변화에 대한 새로운 합의가 도출될 것이다. 이 부분에는 어느 정도 확신이 있다. 과거 역사를 돌이켜 보면 1896년 이후 민주당이 집권한 40년 동안 연평균 인플레이션율은 6.8%를 기록했다. 이는 민주당이 케인스주의에 입각한 노선을 택한 것에서 비롯되었다. 공화당이 집권한 56년 동안 연평균 인플레이션율이 2.5%인 것과 비교할 만하다.

인플레이션이 발생할 때 민주당 지도부에서 이를 일시적 현상으로 보고 묵과한다면 미국은 혼돈의 나락으로 떨어지고 말 것이다. 채권과 달러의 가치는 급락하기 시작할 것이다. 금융시장이 정가를 지배하기 때문에 정치인들은 이런 추세에 반응할 수밖에 없을 것이다. 이들이 무슨 일을 할 것인가? 채권을 구제할 것인가, 아니면 달러를 구제할 것인가? 어느 쪽이 더 중요한가? 내 생각으로는 의회에서 와퍼(Whopper)라는 명칭의 국채를 발행하지 않을까 싶다. 이는 채권 소지자들을 제물로 하여 달러를 구제한다는 의미다.

와퍼란 무엇인가? 1970년대에 뉴욕시가 파산 위기에 직면했을 때, 이 위기에서 벗어날 유일한 해결책은 바로 빅맥(Big Mac)이라는 이름의 특수채를 발행하는 것이었다. 이 채권에는 기존 채권에 없는 특권(주 정부 보증과 우선변제권 등-역주)이 부여되어 있었다. 그때와 비슷한 맥락이라고 보고 이 신규 발행 채권을

'와퍼'라 칭한 것이다. 와퍼가 발행되면 기존 채권의 가격은 곧바로 하락할 것이다.

따라서 현시점 채권 소유자들은 신규 발행된 와퍼 때문에 손실을 보게 되지만 달러의 가치는 유지된다. 기축통화라는 달러의 지위 때문에 달러가 공식적으로 평가 절하되면 세계 경제가 붕괴할 수 있다. 통화 팽창 정책을 구사하라는 제임스 베이커(James Baker)의 제안을 독일이 거부하면서 발생한 1987년의 주식시장 붕괴 사태를 살펴보기만 해도 이런 사실을 확인할 수 있다. 독일과 일본이 경기 부양책을 쓰는 데 동의한 1987년 12월에는 S&P500, 닛케이지수, 달러 등이 일제히 하락했다는 사실에 주목하라. 이번에는 이 두 나라가 이미 경기 부양책을 쓰고 있다.

통화 팽창(경기 부양책)이 없으면 3년에서 5년 정도의 시간 틀 안에서 좀 더 장기적이고 지속적인 경기 침체를 경험하게 될지도 모른다. 그러나 1980년 이후 비교적 젊은 세대들이 관리자로 부상했고 워낙에 이전의 금융권이 구 학파의 논리 때문에 큰 피해를 봤던 터라 그런 논리들이 또다시 금융계를 지배할 가능성은 없어 보인다.

새롭게 등장한 은행가와 지도자들이 똑같은 실수를 두 번이나 저지를 것 같지는 않다. 그 실수의 대가로 얻은 고통이 너무 컸고, 이 세상에서 가장 강력한 동기는 바로 고통(이 경우에는 '손실')을 피하려는 욕구가 아니던가! 정부 보조금으로 살아가는 사람과 기업 다수가 피해를 볼 것이다. 여기서 벗어나는 길은 좀 더 장기적인 관점에서(그러나 시작은 빠를수록 좋음) 세율을 낮추고 정부 지출을 줄이는 것이다.

결론

1990년대 경제와 달러에 관한 최상의 시나리오는 연준 관리 자들의 소신과, 의회 의원들에게 책임 재정을 요구하는 국민의 노력에서 비롯된다. 최상의 사례는 긴축 통화정책(연준이 장기와 단기 국채 매입), 긴축 재정으로 나아가는 정치적 추세, 세율 인하 등을 통한 점진적 성장일 것이다. 이 사례에서 미국은 국내 산업 기반의 자본 구성을 재편할 것이고 이에 따라 성장 속도가 조금 더 빨라져 1990년대 중반에는 지속적인 경제 성장기에 진입할 수 있을 것이다.

최악의 시나리오는 연준이 정치적 압력에 굴복해 신용팽창이 라는 임시방편을 받아들이는 상황이다. 이 사례에 따르면 곧바 로 주가와 달러 가치가 상승하면서 인플레이션성(인플레이션 유 발) 급속 성장이 나타나겠으나, 1990년대 중반쯤 되면 장기 불 황에 직면하고 달러 가치도 사상 최저점에 이르게 될 것이다.

PRO TRADER

2부

기술적 분석

: 추세와 시장 여론을 읽는 법

VICTOR SPERANDEO

7

변동성에서
기회 포착하기

1985년에는 다우존스산업평균지수(이하 '다우지수')가 사상 최고치를 기록했는데, 종목을 세심하게 선정해 투자하는 종목 선정자(stock picker)와 기업 인수 전문가들만 수익을 냈다. 별로 이익을 내지 못한 트레이더가 수두룩했다. 혹자는 '근래 들어 거래하기 가장 어려웠던 시장'이라고 하기도 했다. 나도 이해에는 9.58% 수익률을 기록하는 데 그쳤다. 그래서 대체 그 이유가 무엇인지 알고 싶었다.

당시 나는 데이트레이딩(초단기 매매)을 주로 했고 지수 선물과 지수 옵션에 대해 중기(몇 주일에서 몇 개월) 포지션을 유지하고 있었다. 다시 말해 특정 종목이 아니라 평균 종목(지수)을 매매하는 경우가 대부분이었다. 말하자면 나는 시장 참여자(market player)였다. 돌이켜 보건대 시장 참여자에게 유리한 환경을 조성할 정도로 변동성 수준이 높지는 않았다고 판단된다.

그래서 나 스스로 몇 가지 질문해보았다. 변동성을 어떻게 정의할 수 있는가? 주가지수 혹은 평균 종목에서 변동성의 근원은 무엇인가? 이런 유형의 어려운 시장 환경을 어떻게 예측할 수 있을까? 또 모든 종목의 평균적 흐름보다는 종목 선정에 초점을 맞추는 것이 더 유리한 상황이라는 것을 어떻게 미리 알 수 있을까?

이 질문의 논점은 두 가지였다. 첫째, 당시 시장의 변동성이 통상적 수준을 밑돌고 있다는 사실을 알았고 그래서 그 차이점이 무엇인지 확인하고 싶었다. 시장 역사를 조사해서 변동성이라는 관점에서 '통상적' 시장 행동의 특성을 정의할 수 있는지 확인하고 싶었다. 둘째, 이 정보가 이후 더 나은 트레이딩 성과를 도출하는 데 도움이 된다고 보았다.

이 장에서는 이 논점에 대한 연구(1985년에 처음 했고 이번에 업데이트) 결과를 제시하는 한편 각 문제에 대한 접근법을 설명하고 이 연구 결과를 토대로 미래를 예측해보았다.

매매 기회와 시장 변동성

연구를 진행하는 과정에서 해답을 구해야 할 질문 중 첫 번째는 이것이다. 주어진 연도(역년)에서 '통상적' 매매 기회란 무엇인가? 당시 내가 사용한 전략을 기준으로 할 때 한 달에 주가(지수)가 2% 변동하면 매매 기회로 보았다. 그래서 1987년으로 거슬러 올라가 연도별로 주가가 2% 이상 변동한 달의 수를 조사했고 그 결과를 표 7.1에 제시했다.

[표 7.1] 연도별 매매 기회(다우지수 기준)

기본 전제: 매월(역월) 주가가 2% 이상 변동(상승 혹은 하락)했을 때 매매 기회가 있다고 본다.

연도	기회의 수	연도	기회의 수	연도	기회의 수
1897	11	1930	9	1963	7
1898	8	1931	11	1964	2
1899	11	1932	12	1965	6
1900	10	1933	10	1966	6
1901	7	1934	6	1967	8
1902	5	1935	6	1968	5
1903	7	1936	8	1969	8
1904	9	1937	9	1970	9
1905	10	1938	8	1971	8
1906	9	1939	11	1972	4
1907	8	1940	7	1973	9
1908	10	1941	7	1974	6
1909	8	1942	9	1975	9
1910	7	1943	8	1976	6
1911	6	1944	3	1977	5
1912	8	1945	7	1978	7
1913	9	1946	9	1979	7
1914	6	1947	5	1980	7
1915	11	1948	8	1981	6
1916	8	1949	7	1982	6
1917	9	1950	6	1983	5
1918	6	1951	8	1984	5
1919	9	1952	7	1985	5
1920	9	1953	3	1986	7
1921	9	1954	10	1987	10
1922	9	1955	5	1988	7
1923	7	1956	9	1989	7
1924	9	1957	10	1990	7
1925	9	1958	9	1991	7
1926	8	1959	7	1992	5
1927	10	1960	9	1993	5
1928	8	1961	8	(1993년 11월 1일)	
1929	11	1962	7		

조사 결과 그런 기회는 중앙값 기준으로 연 7회, 평균 기준으로 연 8.7회 나타난다는 사실을 알았다. 다시 말해 중앙값 기준으로 1.5개월에 한 번씩 매매 기회가 발생하는 셈이다. 결과를 정리하면 아래와 같다.

연중 기회의 수	발생 햇수
2	1(1964년)
3	2
4	1
5	9
6	12
7	20
8	16
9	20
10	8
11	6
12	1(1932년)

다음으로는 변동성 부분을 살펴봤다. 다우지수를 기준으로 각 연도의 월평균 주가 변동률(절댓값)을 산출했다. 그 결과는 표 7.2에 제시했다. 그런 다음 이것을 시장 변동성의 척도로 삼아 매매 기회와 시장 변동성을 비교했다. 이 부분은 표 7.3에 제시했다. 두 변수 사이에 완벽한 상관관계가 존재하는 것은 아니지만 매매 기회와 시장 변동성 사이에 어떤 연관성이 있는 것만은 분명하다.

[표 7.2] 다우지수의 시장 변동성

기본 전제: 변동성 수준은 월평균 변동률의 절댓값(음의 변동 혹은 양의 변동)을 산출해 비교한다.

연도	누적 변동률(%)	월평균 변동률(%)	연도	누적 변동률(%)	월평균 변동률(%)	연도	누적 변동률(%)	월평균 변동률(%)
1897	67.3	5.6	1930	77.8	6.5	1963	32.1	2.7
1898	65.1	5.4	1931	149.0	12.4	1964	15.8	1.3
1899	68.2	5.7	1932	159.6	13.3	1965	28.8	2.4
1900	62.9	5.2	1933	137.9	11.5	1966	33.7	2.8
1901	42.0	3.5	1934	47.9	4.0	1967	39.1	3.3
1902	22.0	1.8	1935	41.3	3.4	1968	34.3	2.9
1903	61.4	5.1	1936	40.3	3.4	1969	41.6	3.5
1904	63.0	5.3	1937	64.7	5.4	1970	49.6	4.1
1905	5.5	4.2	1938	91.9	7.6	1971	40.1	3.3
1906	45.9	3.8	1939	72.6	6.0	1972	23.7	2.0
1907	64.2	5.4	1940	44.8	3.7	1973	46.6	3.9
1908	61.5	5.1	1941	39.3	3.3	1974	51.4	4.3
1909	32.1	2.7	1942	37.7	3.2	1975	57.1	4.8
1910	40.7	3.4	1943	41.1	3.4	1976	37.8	3.2
1911	29.9	2.5	1944	20.8	1.7	1977	27.3	2.3
1912	34.4	2.9	1945	38.4	3.2	1978	44.8	3.7
1913	37.8	3.2	1946	51.2	4.3	1979	37.9	3.2
1914	25.9	3.2	1947	23.4	2.0	1980	44.3	3.7
1915	90.7	7.6	1948	46.9	3.9	1981	30.0	2.5
1916	48.5	4.0	1949	30.5	2.5	1982	42.0	3.5
1917	47.1	3.9	1950	30.9	2.6	1983	31.2	2.6
1918	32.7	2.7	1951	37.8	3.2	1984	34.2	2.9
1919	64.3	5.4	1952	32.8	2.7	1985	32.6	2.7
1920	67.5	5.6	1953	23.9	2.0	1986	53.8	4.5
1921	48.5	4.0	1954	48.9	4.1	1987	76.4	6.4
1922	38.1	3.2	1955	26.6	2.2	1988	33.5	2.8
1923	46.1	3.8	1956	45.0	3.8	1989	42.1	3.5
1924	50.7	4.2	1957	35.9	3.0	1990	45.8	3.8
1925	44.9	3.7	1958	34.0	2.8	1991	41.9	3.5
1926	38.9	3.2	1959	29.6	2.5	1992	21.8	1.8
1927	54.1	4.5	1960	39.1	3.3	1993	17.4	1.7
1928	60.5	5.0	1961	26.4	2.2			
1929	94.3	7.6	1962	53.5	4.5			

참고: 첫 번째 열의 월별 누적 변동률은 월말부터 다음 달 말일까지의 변동률(음인지 양인지는 중요치 않음)을 구한 다음 해당 연도의 12개월 월평균 변동률을 더해서 구한다. 월평균 변동률은 월별 누적 변동률을 12로 나누어 구한다. 이 평균 변동률을 변동성이라 칭한다.

[표 7.3] 시장 변동성과 매매 기회

기회의 수	1~3	4~6	7~9	10~12
변동성(%)	0~1.5	1.6~3.0	3.1~4.5	4.6~
발생 햇수	4	21	57	14
상관관계	75.0%	76.2%	63.2%	71.4%

변동성의 효과를 정리하면 아래와 같다.

변동률(%)	발생 햇수	
0.0~2.0	7	저 1.3%
2.1~3.0	22	
3.1~4.0	36	
4.1~5.0	11	
5.1~6.0	12	
6.1~	8	고 13.3%

당연한 결과처럼 보일 수 있으나 실상은 그렇지 않다. 첫째, 이 자료는 침체된 시장에서의 과매매를 피하는 데 도움이 되는 정보를 제공한다. 예를 들어 과거의 전형적 시장과 비교할 때 시장이 침체되어 있고 침체의 원인을 알 수 있는 상황이라면, 지수와 선물 옵션 거래는 '매수 후 이익이 최대가 될 때까지 기다리는 전략'이 아니라 '강세장에서 팔고 약세장에서 사는 전략'에 따라 진행해야 한다. 또 매수보다는 스트래들 매도(straddle selling: 기초 자산이 같고 만기일과 행사 가격이 같은 콜옵션과 풋옵션을 동시에 매도하는 전략-역주)가 더 적절한 방법이다.

둘째, 이 관찰 결과는 시장 침체기에는 투기 혹은 투자의 초점을 추세 매매에서 종목 선정으로 돌릴 수 있는 근거를 마련해준다. 시장 변동성은 하락기에 가장 높아진다. 따라서 이때는 시장 추세 매매가 더 유리할 수 있다. 더 나아가 이 관찰 결과를 통해 시장 변동성의 근원이 바로 GNP 성장의 변동률이라는 사실도 확인했다. 따라서 몇 가지 방법을 통해 논리적으로 GNP 성장률을 예측한다면 시장 변동성을 더 정확하게 예측할 수 있다.

GNP 변동성과 시장 변동성

고든 홈즈(Gordon Holmes)는 1969년에 출간한 책에서 다음과 같이 주장했다. "[주식의] 가격 추세는 항상 이에 상응하는 혹은 동등한 이익 추세에 선행한다. 그리고 시차는 대략 3개월이다."[1] 다시 말해 주가 변동은 이익 성장의 변화율(음 혹은 양의 방향)에 비례해 반영된다. 이 부분에 관한 한 증권 분석가들 사이에 이견이 거의 없다.

이 사실은 전부터 알고 있었다. 그러나 주가 변동성이 이익 성장의 변동성과 관련이 있다면 시장 평균의 변동성 역시 GNP 변동성과 관련이 있어야 한다는 사실은 1985년이 되어서야 비로소 알게 되었다. 그래서 GNP 변동성과 주가 변동성 간의 통계적 상관성을 검증해보기로 했다.

우선은 GNP 변동성을 측정하는 방법부터 수립할 필요가 있었다. 표 7.4에서 보는 바와 같이 GNP 변동성은 GNP의 분기별 이동평균 변화율로 측정했다. 계산법은 다음과 같다.

1. 실질 GNP의 분기별 변화율을 계산한다.
2. 전 분기 대비 변화율의 절댓값을 산출한다.
3. 계산한 절댓값으로 4분기 이동평균 변화율을 계산한다.
4. 4분기 이동평균 변화율을 4로 나누어 분기별 이동평균 변화율을 계산한다.

1985년에 했던 첫 번째 연구 결과는 시장이 그토록 침체한 원인이 무엇인가에 관한 가설이 확정된 것으로 나타났다. 월평균 GNP 변화율을 기준으로 했을 때 1985년은 1963년 이후 세 번째로 변동성이 적은 시기였다.

그러나 수치 자료들을 좀 더 자세히 조사한 결과 GNP 변동성과 주식시장 변동성 간에 명백한 통계적 관계성을 찾아낼 수는 없었다. 그렇다고 해서 시장이 일관성 있게 GNP 성장률 변화와 무관하게 움직였다고도 볼 수 없다.

양자 간에 아무런 상관성도 나타나지 않은 데는 몇 가지 이유가 있다고 생각한다. 첫째, 다우지수는 기업 활동 부분만을 반영한다. 둘째, 여기서 나는 실질 GNP 수치를 사용했으나 다우지수는 주가 평균을 산정할 때 인플레이션 요소를 반영하지 않는다. 셋째, 시장은 금리 변화에 더 비중을 두며, 금리 변화가 경제활동에 크게 영향을 미치지 않더라도(예를 들어 1991~1992년) 시장은 금리가 아주 큰 영향을 미친다고 간주할 것이다!

[표 7.4] GNP 변동성

시기	GNP 변화율(%)	절댓값 차이(%)	4분기 변화율(%)	분기별 변화율(%)
1947/06	1.87			
1947/09	1.83	0.04		
1947/12	4.41	2.58		
1948/03	2.63	1.78		
1948/06	3.00	0.37	4.77	1.19
1948/09	2.72	0.28	5.01	1.25
1948/12	0.53	2.19	4.62	1.16
1949/03	−2.05	2.56	5.40	1.35
1949/06	−1.34	0.69	5.72	1.43
1949/09	0.74	2.08	7.52	1.88
1949/12	−0.81	1.55	6.88	1.72
1950/03	4.21	5.02	9.34	2.34
1950/06	3.55	0.66	9.31	2.33
1950/09	6.39	2.84	10.07	2.52
1950/12	3.90	2.49	11.01	2.75
1951/03	4.60	0.70	6.69	1.67
1951/06	2.47	2.13	8.16	2.04
1951/09	2.04	0.43	5.75	1.44
1951/12	1.25	0.79	4.05	1.01
1952/03	0.80	0.45	3.80	0.95
1952/06	0.06	0.74	2.41	0.60
1952/09	1.67	1.61	3.59	0.90
1952/12	3.51	1.84	4.64	1.16
1953/03	1.69	1.82	6.04	1.50
1953/06	0.90	0.79	6.06	1.52
1953/09	−0.27	1.17	5.62	1.41
1953/12	−1.44	1.17	4.95	1.24
1954/03	−0.17	1.27	4.40	1.10
1954/06	−0.06	0.11	3.72	0.93
1954/09	1.21	1.27	3.82	0.96
1954/12	2.43	1.22	3.87	0.97
1955/03	3.35	0.92	3.52	0.88
1955/06	2.06	1.29	4.70	1.18
1955/09	2.17	0.11	3.54	0.89
1955/12	1.53	0.64	2.96	0.74
1956/03	0.44	1.09	3.13	0.78
1956/06	1.36	0.92	2.76	0.69
1956/09	1.22	0.14	2.79	0.70
1956/12	2.03	0.81	2.96	0.74

(다음 쪽에 계속)

시기	GNP 변화율(%)	절댓값 차이(%)	4분기 변화율(%)	분기별 변화율(%)
1957/03	1.87	0.16	2.03	0.51
1957/06	0.48	1.39	2.50	0.63
1957/09	1.61	1.13	3.49	0.87
1957/12	-1.20	2.81	5.49	1.37
1958/03	-1.62	0.42	5.75	1.44
1958/06	0.89	2.51	6.87	1.72
1958/09	3.00	2.11	7.85	1.96
1958/12	2.89	0.11	5.15	1.29
1959/03	2.14	0.75	5.48	1.37
1959/06	2.85	0.71	3.68	0.92
1959/09	-0.33	3.18	4.75	1.19
1959/12	1.23	1.56	6.20	1.55
1960/03	2.40	1.17	6.62	1.66
1960/06	-0.12	2.52	8.43	2.11
1960/09	0.34	0.46	5.71	1.43
1960/12	-0.63	0.97	5.12	1.28
1961/03	0.67	1.30	5.25	1.31
1961/06	2.16	1.49	4.22	1.06
1961/09	1.73	0.43	4.19	1.05
1961/12	2.73	1.00	4.22	1.06
1962/03	2.14	0.59	3.51	0.88
1962/06	1.53	0.61	2.63	0.66
1962/09	1.10	0.43	2.63	0.66
1962/12	0.95	0.15	1.78	0.45
1963/03	1.34	0.39	1.58	0.40
1963/06	1.49	0.15	1.12	0.28
1963/09	1.88	0.39	1.08	0.27
1963/12	1.76	0.12	1.05	0.26
1964/03	2.11	0.35	1.01	0.25
1964/06	1.39	0.72	1.58	0.40
1964/09	1.39	0.00	1.19	0.30
1964/12	0.93	0.46	1.53	0.38
1965/03	3.08	2.15	3.33	0.83
1965/06	1.93	1.15	3.76	0.94
1965/09	2.16	0.23	3.99	1.00
1965/12	2.99	0.83	4.36	1.09
1966/03	2.97	0.02	2.23	0.56
1966/06	1.54	1.41	2.49	0.62
1966/09	1.41	0.15	2.41	0.60

시기	GNP 변화율(%)	절댓값 차이(%)	4분기 변화율(%)	분기별 변화율(%)
1966/12	1.88	0.47	2.05	0.51
1967/03	0.75	1.13	3.16	0.79
1967/06	1.01	0.26	2.01	0.50
1967/09	2.17	1.16	3.02	0.76
1967/12	2.18	0.01	2.56	0.64
1968/03	2.17	0.01	1.44	0.36
1968/06	3.09	0.92	2.10	0.53
1968/09	2.04	1.05	1.99	0.50
1968/12	1.74	0.30	2.28	0.57
1969/03	2.32	0.58	2.85	0.71
1969/06	1.76	0.56	2.49	0.62
1969/09	1.91	0.15	1.59	0.40
1969/12	0.70	1.21	2.50	0.63
1970/03	1.04	0.34	2.26	0.57
1970/06	1.47	0.43	2.13	0.53
1970/09	1.75	0.28	2.26	0.57
1970/12	0.54	1.21	2.26	0.57
1971/03	3.99	3.45	5.37	1.34
1971/06	1.87	2.12	7.06	1.77
1971/09	1.66	0.21	6.99	1.75
1971/12	1.77	0.11	5.89	1.47
1972/03	3.31	1.54	3.98	1.00
1972/06	2.56	0.75	2.61	0.65
1972/09	2.08	0.48	2.88	0.72
1972/12	3.13	1.05	3.82	0.96
1973/03	4.05	0.92	3.20	0.80
1973/06	1.88	2.17	4.62	1.16
1973/09	2.30	0.42	4.56	1.14
1973/12	2.92	0.62	4.13	1.03
1974/03	0.80	2.12	5.33	1.33
1974/06	2.60	1.80	4.96	1.24
1974/09	1.95	0.65	5.19	1.30
1974/12	1.53	0.42	4.99	1.25
1975/03	0.41	1.12	3.99	1.00
1975/06	2.49	2.08	4.27	1.07
1975/09	4.07	1.58	5.20	1.63
1975/12	2.74	1.33	6.11	1.53
1976/03	3.10	0.36	5.35	1.34
1976/06	1.59	1.51	4.78	1.20

(다음 쪽에 계속)

시기	GNP 변화율(%)	절댓값 차이(%)	4분기 변화율(%)	분기별 변화율(%)
1976/09	1.79	0.20	3.40	0.85
1976/12	2.52	0.73	2.80	0.70
1977/03	3.51	0.99	3.43	0.86
1977/06	3.29	0.22	2.14	0.54
1977/09	3.13	0.16	2.10	0.53
1977/12	1.77	1.36	2.73	0.68
1978/03	2.15	0.38	2.12	0.53
1978/06	5.31	3.16	5.06	1.27
1978/09	2.94	2.37	7.27	1.82
1978/12	3.59	0.65	6.56	1.64
1979/03	2.36	1.23	7.41	1.85
1979/06	1.82	0.54	4.79	1.20
1979/09	3.23	1.41	3.83	0.96
1979/12	1.96	1.27	4.45	1.11
1980/03	2.80	0.84	4.06	1.02
1980/06	0.23	2.57	6.09	1.52
1980/09	2.34	2.11	6.79	1.70
1980/12	3.67	1.33	6.85	1.71
1981/03	5.11	1.44	7.45	1.86
1981/06	1.47	3.64	8.52	2.13
1981/09	3.13	1.66	8.07	2.02
1981/12	0.62	2.51	9.25	2.31
1982/03	-0.06	0.68	8.49	2.12
1982/06	1.16	1.22	6.07	1.52
1982/09	0.62	0.54	4.95	1.24
1982/12	0.96	0.34	2.78	0.70
1983/03	2.06	1.10	3.20	0.80
1983/06	2.94	0.88	2.86	0.72
1983/09	2.45	0.49	2.81	0.70
1983/12	2.54	0.09	2.56	0.64
1984/03	3.53	0.99	2.45	0.61
1984/06	2.59	0.94	2.51	0.63
1984/09	1.37	1.22	3.24	0.81
1984/12	1.73	0.36	3.51	0.88
1985/03	1.38	0.35	2.87	0.72
1985/06	1.10	0.28	2.21	0.55
1985/09	1.63	0.53	1.52	0.38

결론

이와 같은 유형의 통계적 조사를 하는 것은 사금을 채취하는 작업과 유사한 면이 있지만 뜻밖에도 성공률은 상당히 높다. 때로는 중요한 결과물을 얻을 수도 있고 때로는 아무것도 얻지 못할 수도 있다. 그러나 비록 아무것도 얻지 못한다 해도 그런 작업 자체에서 얻는 것이 반드시 있게 마련이다.

예를 들어 GNP 변동성과 주식시장 변동성 간에 상관관계가 존재함을 입증하지는 못했으나 이 부분에 관한 의문을 풀려는 노력을 계속한 결과 1985년 후반에 아주 중요한 연구를 할 수 있게 되었다. 대다수 트레이더와 마찬가지로 나도 시장에는 미래의 경제가 어느 정도 반영되어 있다는 사실을 본능적으로 알았다. 그러나 이를 스스로 입증하고 싶었다.

다음 장에서는 주식시장이 경제를 선행한다는 사실을 입증하는, 업데이트된 연구 결과를 제시할 것이다.

8

주가는
경기의
선행 지표

"경제 상황이 어떠한가?" 투자자, 기업인, 소비자, 정치인이 하루도 거르지 않고 하는 질문이다. 사람들은 오늘 어떤 일이 벌어지고 있는지, 또 내일은 어떤 일이 벌어질지 알고 싶어 한다.

경제를 이해하고 예측하는 데 공통 분모가 되는 접근법은 여러 가지 비즈니스지수와 최근의 발전 양상을 반영하는 기타 경기 지표들을 분석하는 것이다. 통계학자, 경제학자, 컴퓨터 전문가를 비롯해 수많은 사람이 통계 자료를 수집·정리하고, 이들 자료가 의미하는 바를 해석하는 작업을 한다.

그러나 그 모든 자원을 동원해 미래 경제를 예측해보지만 결괏값에 대한 불만은 여전하다. 그토록 많은 사람이 숱한 노력을 기울였음에도 이미 일어난 일만 언급할 뿐, 앞으로 벌어질 일을 예측하지 못하는 것이 불만의 가장 큰 이유다.

이와 관련해 어빙 크리스톨(Irving Kristol)은 1986년 1월 9일 자

〈월스트리트저널〉에 다음과 같이 썼다.

> 통계학이라는 도구로 이 학문[경제학]의 양적 정확성을 높이고자 온갖
> 노력을 기울이지만 이는 무의미한 작업일지도 모른다. 경제학에서 말하
> 는 변인 간의 상관성은 그럴듯해 보이는 상관성일 뿐, 진정한 의미의 상
> 관성은 아니다. 그런데도 경제 예측은 모두가 이런 허울뿐인 상관성을 바
> 탕으로 한다. 이런 상관성은 그야말로 일시적인 추세를 대변하는 것일 뿐
> 이다. 따라서 경제 예측 작업은 수많은 정보를 바탕으로 하지만 결국 추
> 측의 범주를 벗어나기는 어렵다.[1]

그런데 놀랍게도 우리는 아주 쉽게, 그리고 매우 정확하게 미
래를 예측할 수 있는 도구를 이미 가지고 있다. 주식시장이 바로
그것이다.

이 장에서는 10여 년간의 시장 자료를 대상으로 내가 연구한
결과를 제시할 것이다. 이 연구에서 나는 주식시장이 미래의 경
제활동을 예측한다는 가설을 입증했다고 믿는다. 즉 오늘의 시
장 움직임에서 내일의 경제 상황을 내다볼 수 있다고 생각한다.

경기 예측 방법 두 가지

기본적으로 경제 예측의 전형적인 방법은 최근 자료를 조사
해 특정 추세를 찾아내고 그 추세가 일정 기간 계속되리라고 가
정하는 것이다. 이것은 전미경제연구소(NBER)가 경기 순환 주

기를 분류할 때 사용했던 방법이다.

NBER은 1920년에 설립된 비영리기관으로서 미국 경제에 관한 객관적인 양적 분석 작업을 전담하고 있다. 특히 경기 순환주기를 분석하고 각 주기의 정점과 저점을 분류한다. 주기 분류작업은 기업인과 경제학자 7~8명으로 구성된 특수위원회가 담당하며, 통계 자료에 대한 무한 접근 권한이 부여된 이 위원회에서 관련 자료를 검토하고 논의한다. 특정 주기가 정점 혹은 저점에 도달하고 약 6개월에서 1년이 지난 다음 위원회에서 추세 전환이 일어난 달이 언제인지 결정한다.

이런 이론적 접근법은 역사가들에게는 흥미로울지 모르나 실용적 측면에서 볼 때 큰 실익은 없다. 실제로 1990년 3월부터 1991년 7월까지를 경기 침체기로 규정했으나 이 결정이 내려진 것은 이미 그 침체기가 지난 후였다.

주식시장 자체가 지니는 예측적 가치를 이용해 경제 변화를 예측하는 또 다른 접근법은 로버트 레아(Robert Rhea)가 1938년에 발표한 저서 《Dow Theory Applied to Business and Banking(사업 및 금융에 대한 다우 이론 적용)》[2]에서 처음으로 소개한 바 있다.

레아는 1896년부터 1938년까지의 시장 변화(다우지수와 다우철도지수로 측정)를 경제활동[배런즈가 발표하는 비즈니스지수(Business Index)로 측정]과 비교했다. 42년 동안의 시장 자료를 대상으로, 다우 이론에서 말하는 추세 확정일을 보면 주식시장 흐름이 경기 흐름을 주도한다는 사실을 알 수 있다. 그것도 상당히 일관성 있게 나타났다.

특히 레아는 '다우 이론을 바탕으로 총 열 번의 강세장을 관찰한 결과 강세장 확정 시 다우지수는 80.6% 상승하고 다우철도지수는 72.6%, 비즈니스지수는 74.3% 상승'했다는 부분에 주목했다. 마찬가지로 '약세장에서는 다우지수, 다우철도지수, 비즈니스지수가 69.7%, 65.9%, 79.9% 하락'했다.

1985년에 나는 산업생산지수(Industrial Production Index)[3]를 이용해 레아의 연구 결과를 업데이트했다. 그 결과 전체 강세장을 대상으로 했을 때 다우지수는 70.1%, 다우운송지수는 69.3%, 비즈니스지수는 74.6% 상승했다. 약세장에서는 각각 57.9%, 53.3%, 61.76% 하락했다. 이 수치 자료만으로도 주식시장이 예측 능력이 있다는 사실이 분명해진다.

주가와 경기의 상관관계

나는 주식시장의 변화와 전반적 경기 변화 간의 상관관계를 찾아내려고 했다. 통계적 정확성을 확보하려면 두 변수에서의 객관적이고 일관성 있는 기준점이 필요했다. 그래서 가장 광범위하게 받아들여지는 기준점을 사용했다. 즉 전체 경제 변수에는 NBER의 경기 순환 분류법을 사용했고 시장 변수에는 다우이론의 확정일을 사용했다.

연구 결과 몇 가지를 예시하면 다음과 같다.

• 주식시장의 고점과 저점은 경기 회복과 후퇴에 몇 개월 앞서

나타난다(선행 기간 중앙값은 5.3개월). 즉 주식시장의 고점과 저점이 나타나고 몇 개월이 지난 후 경기 회복과 후퇴가 일어난다.

- 다우 이론의 확정일을 기준으로 한 강세장과 약세장은 경기 회복과 후퇴에 몇 주일 앞서 나타난다(선행 기간 중앙값은 1.1개월). 즉 확정일에서 몇 주일이 지난 후 경기 회복과 후퇴가 발생한다.
- 경기 회복(NBER로 측정)과 강세장(다우 이론을 기준으로 측정)은 각각 지속 기간 중앙값이 2년 3개월(NBER로 측정)과 2년 2개월(다우 이론)로 서로 밀접한 관련이 있다. 경기 침체기도 마찬가지여서 양 변수의 지속 기간 중앙값은 1년 1개월이다.

그러나 가장 주목할 만한 결과는 바로 이것이다. 찰스 다우(Charles Dow)가 주가 평균을 고안한 1897년 이후, 다시 말해 지난 95년간의 모든 주요 경기 흐름을 대상으로 해서 전체 경기 추세가 전환된 실제 일자(NBER로 결정)를 주식시장에 변화가 나타난 일자(다우 이론의 확정일로 결정)와 비교하면, 몇 가지 경우를 제외하고 두 일자가 밀접한 상관성을 보인다. 한 가지 중요한 특징이 있다면 NBER의 추세 결정은 사후에 이루어진다는 점이다. 즉 주식시장의 신호가 먼저 나타난다.

미래의 경제 상황을 예측할 수 있다는 것이 왜 중요한지는 너무도 분명하다. 미래에 벌어질 상황을 미리 아는 사람은 그 사실로부터 큰 이득을 얻을 수 있다. 정치인이라면 그 사실을 이용해 선거에서 승리할 수도 있다. 기업인은 이 예측 결과에 따라 재고량을 늘리거나 줄일 수 있고, 사업 계획을 추진하거나 미룰 수 있으며, 지출 확대 혹은 절감 정책을 시행할 수 있다. 경제 사정이 나쁘면 재선이 어려워진다는 사실을 깨달은 정치인은 경기 부양책을 시행하는 데 적극성을 보일 것이다.

용어 정의

분석 과정을 설명하기 전에 우선 주요 용어부터 정의하고자 한다.

추세(trend): 주가 평균과 특정 시장에는 세 가지 추세가 존재한다. 며칠에서 몇 주일간 계속되는 단기추세, 몇 주일에서 몇 개월간 계속되는 중기추세, 몇 개월에서 몇 년간 계속되는 장기추세다. 이 세 가지 추세 모두 늘 활성 상태이고 언제든 반대 방향으로 전환할 수 있다.

강세장(bull market): 중기(몇 주일에서 몇 개월) 고점을 웃도는 수준의 고점들로 이루어진 주된 흐름과, 중기 저점을 웃도는 수준의 저점들로 이루어진 간헐적 흐름이 형성하는 장기(몇 개월에서 몇 년) 주가 상승추세.

약세장(bear market): 중기 저점을 밑도는 수준의 저점들로 이루어진 주된 흐름과, 중기 고점을 밑도는 수준의 고점들로 이루어진 간헐적 흐름이 형성하는 장기 주가 하락추세.

1차 파동(primary swing): 중기 가격 변동이 장기추세와 같은 방향으로 나

타나는 것. 예를 들어 강세장에 나타나는 중기 가격 상승세를 강세장 1차 파동이라고 한다.

2차 조정(secondary correction): 장기 시장 추세(상승 혹은 하락)와 반대 방향으로 중기 가격 변동이 나타나는 것. 대체로 이전에 발생한 주요 가격 흐름의 33~67%를 되돌린다. 조정을 장기추세로 오인하는 경우가 상당히 많다. 강세장 혹은 약세장에서 주가 평균이 이전의 중기 고점 혹은 저점을 돌파할 때 특히 이런 오류가 자주 발생한다. 그러나 다우 이론에서 주요 추세 변화를 확정하려면 주가 평균 2개(다우지수와 다우운송지수) 모두 전고점 혹은 전저점을 돌파해야 한다. 역사상 잘못된 확정 신호가 나타난 사례가 한 번 있었는데(1991년 12월) 이 신호에 따라 할인율이 1% 인하되었다.

다우 이론상의 확정일(Dow Theory Confirmation Date): 다우지수 혹은 다우운송지수가 상승장에서 이전 중기 저점을 두 번째로 돌파하거나 하락장에서 이전 중기 고점을 두 번째로 돌파한 날을 말한다. 이때 하락장 혹은 상승장이 시작되었다고 확정한다.

최근 100년간 자료

이렇게 정의한 개념들과 100여 년의 자료를 이용해서 나는 몇 가지 관계성을 분석하며 주식시장의 예측력에 관한 통계적 연구를 시작했다. 연구 결과는 표로 정리해놓았다.

첫째, 표 8.1은 NBER의 순환주기 분류를 이용해 경기의 고점과 저점을 요약 정리한 것이다. 안타깝게도 이와 같은 분류 과정

8장 | 주가는 경기의 선행 지표

[표 8.1] NBER의 경기 순환 주기

고점		저점		기간(개월)	
연도	월	연도	월	침체	회복
1854	12	1857	7		29
1858	12	1860	10	18	22
1861	6	1865	4	8	46
1867	12	1869	6	32	18
1870	12	1873	10	17	34
1879	3	1882	3	63	36
1885	5	1887	3	38	22
1888	4	1890	7	13	26
1891	5	1893	1	10	19
1894	6	1895	12	17	18
1897	6	1899	6	18	24
1900	12	1902	9	18	21
1904	8	1907	5	23	23
1908	6	1910	1	13	19
1912	1	1913	1	24	12
1914	12	1918	8	23	44
1919	3	1920	1	7	10
1921	7	1923	5	18	22
1924	7	1926	10	14	27
1927	11	1929	8	13	21
1933	3	1937	5	43	50
1938	6	1945	2	13	80
1945	10	1948	11	20	37
1949	10	1953	7	11	45
1954	5	1957	8	10	39
1958	4	1960	4	8	24
1961	2	1969	12	10	106
1970	11	1973	11	11	36
1975	3	1980	1	16	58
1980	7	1981	7	6	12
1982	11	1990	7	16	92

의 속성상 최근월 수치만 보고되었다. 자료의 보간(補間)상 정확한 고점 혹은 저점은 해당 월의 중순에 일어난 것으로 가정한다.

표 8.2(강세장)와 표 8.3(약세장)은 다우 이론으로 측정한 시장 주기를 요약한 것이다. 표 8.2의 수치를 제대로 이해하려면 다우 이론에서 말하는 '천장'과 '바닥'이 무엇을 의미하는지 알아야 한다. 여기서 '천장' 혹은 '정점'은 다우지수와 다우운송지수 모두가 고점을 찍고 나서 그 흐름이 더 이어지지 않은 날을 의미한다. 그리고 두 지수 모두 이전의 주요 중기 고점 혹은 저점을 돌파할 때 주기가 확정된다.

예를 들어 다우 이론상 1984년 6월 15일에 시작된 강세장을 살펴보자. 이때 다우지수는 저점인 1086.30을 기록했다. 다우운송지수는 1984년 5월 29일에 이미 457.82 수준에서 바닥을 쳤다. 그 이후 사상 두 번째로 오래 계속된 강세장에서 다우지수가 상승해 1989년 10월 9일에 2791.41로 천장을 찍었고 다우운송지수는 1989년 9월 5일에 1532.01로 천장을 찍었다. 다시 말해 이전 약세장은 1984년 6월 15일에 '바닥'을 쳤고 이전 강세장은 1989년 10월 9일에 '천장'을 찍었다.

이후 약세장은 1989년 10월 9일에 시작해 다우지수와 다우운송지수 모두가 주요 약세장에서 저점을 기록할 때(다우지수는 1990년 10월 11일에 2365.10, 다우운송지수는 1990년 10월 17일에 821.93)까지 계속되었다. 그러다가 그 중간인 1990년 7월 16일에 다우지수가 전고점 2791.41을 돌파해 2999.75까지 올라갔다. 그러나 다우운송지수는 전고점 1220.84를 돌파해 신고점을 경

[표 8.2] 1896년 이후의 강세장

번호	다우지수					
	시작	끝	바닥	천장	상승률(%)	일수(역일)
1	1896/08/10	1899/04/04	29.64	76.04	156.5	967
2	1900/06/23	1902/09/19	53.68	67.77	26.2	818
3	1903/11/09	1906/01/19	42.15	103.00	144.4	802
4	1907/11/15	1909/11/19	53.00	100.53	89.7	735
5	1910/07/26	1912/09/30	73.62	94.13	27.9	797
6	1914/12/24	1916/11/21	53.17	10.15	107.2	698
7	1917/12/19	1919/11/03	65.95	119.62	81.4	684
8	1921/08/24	1922/10/14	63.90	103.42	61.9	416
9	1923/07/31	1929/09/03	86.91	381.17	338.6	2,226
10	1932/07/08	1937/03/10	41.22	194.40	371.6	1,706
11	1938/03/31	1938/11/12	98.95	158.41	60.1	226
12	1939/04/08	1939/09/12	121.44	155.92	28.4	157
13	1942/04/28	1946/05/29	92.92	212.50	128.7	1,492
14	1947/05/17	1948/06/15	163.21	193.16	18.4	395
15	1949/06/13	1953/01/05	161.60	293.79	81.8	1,302
16	1953/09/14	1956/04/06	255.49	521.05	103.9	935
17	1957/10/22	1959/08/03	419.79	678.10	61.5	650
18	1960/10/25	1961/12/31	566.05	734.91	29.8	432
19	1962/06/26	1966/02/09	535.76	995.15	85.7	1,324
20	1966/10/07	1968/12/03	744.32	985.21	32.4	788
21	1970/05/26	1972/05/26	631.16	971.25	53.9	731
22	1974/10/04	1976/09/21	584.56	1,014.79	73.6	718
23	1978/02/28	1981/04/27	742.12	1,024.05	38.0	1,154
24	1982/08/12	1983/11/29	776.92	1,287.20	65.7	477
25	1984/06/15	1989/10/09	1,086.90	2,791.41	156.8	1,955
26	1990/10/11		2,365.10			

다우운송지수(철도)						평균 상승률(%)	평균 상승률(%) 오름차순
시작	끝	바닥	천장	상승률(%)	일수(역일)		
1896/08/10	1899/04/03	39.04	87.04	123.0	966	139.8	22.9
1900/06/23	1902/09/09	72.99	129.36	77.2	808	51.7	27.0
1903/09/28	1906/01/22	88.80	138.36	55.8	847	100.1	38.1
1907/11/21	1909/08/14	81.41	134.46	65.2	632	77.5	38.6
1910/07/26	1912/10/05	105.59	124.35	17.8	802	22.9	42.0
1914/12/24	1916/10/04	87.40	112.28	28.5	650	67.8	49.0
1917/12/19	1919/10/06	70.75	82.48	16.6	656	49.0	51.7
1921/06/20	1922/09/11	65.52	93.99	43.5	448	52.7	52.7
1923/08/04	1929/09/03	76.78	189.11	146.3	2,222	242.5	67.8
1932/07/08	1937/03/17	13.23	64.46	387.2	1,713	379.4	70.4
1938/03/31	1939/01/04	19.00	34.33	80.7	279	70.4	71.5
1939/04/08	1939/09/27	24.14	35.90	48.7	172	38.6	77.5
1942/06/02	1946/06/13	23.31	68.31	193.1	1,472	160.9	78.6
1947/05/19	1948/07/14	41.16	64.95	57.8	422	38.1	81.3
1949/06/13	1952/12/22	41.03	112.53	174.3	1,288	128.1	87.7
1953/09/14	1956/05/09	90.56	181.23	100.1	968	102.0	95.1
1957/12/24	1959/07/08	95.67	173.56	881.4	561	71.5	100.1
1960/09/29	1961/10/11	123.37	152.92	24.0	377	27.0	102.0
1962/06/25	1966/12/15	115.89	271.72	134.5	1,331	110.1	110.1
1966/10/07	1968/12/02	184.34	279.48	51.6	787	42.0	128.1
1970/07/07	1972/04/07	116.69	275.71	136.3	640	95.1	139.8
1974/10/03	1976/07/14	125.93	231.27	83.6	60	78.6	160.9
1978/03/09	1981/04/16	199.31	447.38	124.5	1,134	81.3	242.5
1982/08/12	1983/11/22	292.12	612.57	109.7	467	87.7	245.7
1984/05/29	1989/09/05	457.82	1,532.01	334.6	1,891	245.7	379.4
1990/10/17		821.93					

참고: 표의 모든 가격 수치는 고점 혹은 저점을 기록한 날의 종가를 기준으로 했다.
평균 상승률(%)은 다우지수와 다우운송지수의 평균 상승 폭을 나타낸다.

8장 | 주가는 경기의 선행 지표

[표 8.3] 1896년 이후의 약세장

번호	다우지수					
	시작	끝	천장	바닥	하락률(%)	일수(역일)
1	1899/04/04	1900/06/23	76.04	53.68	29.4	445
2	1902/09/19	1903/11/09	67.77	42.15	37.8	416
3	1906/01/19	1907/11/15	103.00	53.00	48.5	665
4	1909/11/19	1910/07/26	100.53	73.62	26.8	249
5	1912/09/30	1914/12/24	94.13	53.17	43.5	815
6	1916/11/21	1917/12/19	110.15	65.95	40.1	393
7	1919/11/03	1921/08/24	119.62	63.90	46.6	660
8	1922/10/14	1923/07/31	103.42	86.91	16.0	290
9	1929/09/03	1932/07/08	381.17	41.22	89.2	1,039
10	1937/03/10	1938/03/31	194.40	98.95	49.1	386
11	1938/11/12	1939/04/08	158.41	121.44	23.3	147
12	1939/09/12	1942/04/28	155.92	92.92	40.4	959
13	1946/05/29	1947/05/17	212.50	163.21	23.2	353
14	1948/06/15	1949/06/13	193.16	161.60	16.3	363
15	1953/01/05	1953/09/14	293.79	255.49	13.0	252
16	1956/04/06	1957/10/22	521.05	419.79	19.4	564
17	1959/08/03	1960/10/25	678.10	566.05	16.5	449
18	1961/12/31	1962/06/26	734.91	535.76	27.1	195
19	1966/02/09	1966/10/07	995.15	744.32	25.2	240
20	1968/12/03	1970/05/26	985.21	631.16	35.9	539
21	1972/05/26	1974/10/04	971.25	584.56	39.8	861
22	1976/09/21	1978/02/28	1014.79	742.12	26.9	525
23	1981/04/27	1982/08/12	1024.05	776.92	24.1	472
24	1983/11/29	1984/06/15	1287.20	1086.90	15.6	238
25	1989/10/09	1990/10/11	2791.41	2365.10	15.3	367

다우운송지수(철도)						평균 하락률(%)	평균 하락률(%) 오름차순
시작	끝	천장	바닥	하락률(%)	일수(역일)		
1899/04/03	1900/06/23	87.04	72.99	16.1	446	22.8	16.3
1902/09/09	1903/09/28	129.36	88.80	31.4	384	34.6	17.2
1906/01/22	1907/11/21	138.36	81.41	41.2	668	44.9	20.4
1909/08/14	1910/07/26	134.46	105.59	21.4	346	24.1	20.5
1912/10/05	1914/12/24	124.35	87.40	29.7	810	36.6	22.7
1916/10/04	1917/12/19	112.28	70.75	37.0	441	38.6	22.8
1919/10/06	1921/06/20	82.48	65.52	20.6	623	33.6	24.1
1922/09/11	1923/08/04	93.99	76.78	18.3	327	17.2	25.7
1929/09/03	1932/07/08	189.11	13.23	93.0	1,039	91.1	26.5
1937/03/17	1938/03/31	64.46	19.00	70.5	379	59.8	26.6
1919/01/04	1939/04/08	34.33	24.14	29.7	94	26.5	28.7
1939/09/27	1942/06/02	35.90	23.31	35.1	979	37.8	29.4
1946/06/13	1947/05/19	68.31	41.16	39.7	340	31.5	30.8
1948/07/14	1949/06/13	64.95	41.03	36.8	334	26.6	31.5
1952/12/22	1953/09/14	112.53	90.56	19.5	266	16.3	33.3
1956/05/09	1957/12/24	181.23	95.67	47.2	594	33.3	33.6
1959/07/08	1960/09/29	173.56	123.37	28.9	449	22.7	34.6
1961/10/11	1962/06/25	152.92	115.89	24.2	257	25.7	36.6
1966/12/15	1966/10/07	271.72	184.34	32.2	234	28.7	37.8
1968/12/02	1970/07/07	279.48	116.69	58.2	582	47.1	38.6
1972/04/07	1974/10/03	275.71	125.93	54.3	909	47.1	44.9
1976/07/14	1978/03/09	231.27	99.31	13.8	603	20.4	47.1
1981/04/16	1982/08/12	447.38	292.12	34.7	483	29.4	47.1
1983/11/22	1984/05/29	612.53	457.82	25.3	189	20.5	59.8
1989/09/05	1990/10/17	1532.01	821.93	46.3	407	30.8	91.1

[표 8.4] 가격 동향 분류ª

	날짜	다우지수	날짜	다우운송지수
약세장 25				
상승	1989/10/09	2791.41	1989/09/05	1532.01
하락	1989/11/06	2582.17	1989/11/07	1188.30
상승	1990/01/02	2810.15	1989/12/05	1220.84
확정일	1990/01/25	2561.04	1990/01/04	1187.77
하락	1990/01/30	2543.24	1990/01/30	1031.83
상승	1990/07/16	2999.50	1990/06/06	1212.77
하락	1990/10/11	2365.10	1990/10/17	821.93
강세장 26				
하락	1990/10/11	2365.10	1990/10/17	821.93
상승	1990/12/26	2637.13	1990/12/21	923.91
하락	1991/01/09	2543.24	1991/01/07	894.30
확정일	1991/01/18	2646.78	1991/01/17	979.55

a: 중기 가격 흐름을 분류한 사례

신하는 데 실패했기 때문에 다우 이론상 이때의 다우지수 상승은 강세장의 1차 파동이 아니라 약세장의 2차 조정으로 간주되었다. 표 8.4는 시장 추세를 어떻게 분류하는지 보여준다.

강세장 혹은 약세장의 천장과 바닥을 명확히 이해하려면 한 지수가 다른 지수보다 먼저 천장 혹은 바닥에 이르는 것이 전혀 드문 일이 아니라는 사실을 참작할 필요가 있다. 다우지수와 다우운송지수 기준으로 바닥은 26회, 천장은 25회 발생했다.

- 첫 번째 평균(지수)이 천장을 찍은 후 1개월 이내에 두 번째 평균이 천장을 찍은 것이 27회
- 첫 번째 평균이 천장을 찍은 후 1~2개월에 두 번째 평균이 천장을 찍은 것이 15회
- 첫 번째 평균이 천장을 찍은 후 2~3개월에 두 번째 평균이 천장을 찍은 것이 8회
- 첫 번째 평균이 천장을 찍은 후 3개월 이후에 두 번째 평균이 천장을 찍은 것이 단 1회

첫 번째 분석 단계는 시장 고점·저점을 NBER의 경기 회복 주기·후퇴 주기와 비교하는 것이었다. 이 비교 작업의 목적은 시장 추세 전환의 시점과 변화의 정도 혹은 변화 기간 간의 상관성을 찾아내는 것이다. 또 다우 이론상의 확정일과 NBER의 경기 고점·저점 간의 관계를 파악하고자 했다. 특히 다우 이론상의 선행 기간(lead time)을 측정하는 데 주안점을 두었다.

분석 결과는 표 8.5와 표 8.6에 제시했다. 좀 더 자세히 말하면 표 8.6은 시장 고점과 저점이라는 지표와 다우 이론상의 확정일이라는 지표로써 시장 신호가 전체 경기 변화에 선행하는 양상을 나타낸다. 표를 보면 비교 가능한 부분에서는 시장이 늘 경기에 선행하는 것으로 나타났다. 비교가 불가능한 부분은 뒤에서 다시 설명할 것이다.

[표 8.5] 고점과 저점의 선행 기간과 확정일

주식시장		다우 이론 확정일	
바닥,	천장	바닥	천장
1896/08/10	1899/04/04	1897/06/28	1899/12/16
1900/06/23	1902/09/19	1900/10/20	1903/06/01
1903/11/09	1906/01/22	1904/07/12	1906/04/26
1907/11/21	1909/11/19	1908/04/24	0910/05/03
1910/07/26	1912/10/05	1910/10/10	1913/01/14
1914/12/24	1916/11/21	1915/04/09	1917/08/28
1917/12/19	1919/11/03	1918/05/13	1920/02/03
1921/08/24	1922/10/14	1922/02/06	1923/06/20
1923/08/04		1923/12/07	
	1929/09/03		1929/10/23
1932/07/08	1937/03/17	1933/05/24	1937/09/07
1938/03/31	1939/01/04	1938/06/23	1939/03/31
1939/04/08	1939/09/27	1939/07/17	1940/05/13
1942/06/02	1946/06/13	1942/09/24	1946/08/27
1947/05/19	1948/07/14	1948/05/14	1948/11/09
1949/06/13	1953/01/05	1949/09/29	1953/04/02
1953/09/14	1956/05/09	1954/01/19	1956/10/01
1957/12/24	1959/08/03	1958/05/02	1960/03/03
1960/10/25	1961/12/31	1960/12/28	1962/04/26
1962/06/26	1966/02/09	1962/11/09	1966/05/05
1966/10/07	1968/12/03	1967/01/11	1969/02/25
1970/07/07	1972/05/26	1970/08/24	1973/05/14
1974/10/04	1976/09/21	1975/01/27	1977/10/24
1978/03/09	1981/04/27	1978/04/14	1981/07/02
1982/08/12	1983/11/29	1982/10/17	1984/01/25
1984/06/15	1989/10/09	1984/08/01	1987/10/15
1990/10/17			

NBER		선행 기간(개월)			
				확정일	
바닥	천장	바닥	천장	바닥	천장
1897/06	1899/06	9.2	2.4	-0.4	-6.0
1900/12	1902/09	5.7	-0.1	1.9	-8.5
1904/08	1907/05	9.2	15.5	1.1	12.6
1908/06	1910/01	6.8	1.9	1.7	-3.6
1912/01	1913/01	17.6	3.3	15.2	0.0
1914/12	1918/08	-0.3	20.8	3.8	-0.4
1919/03	1920/01	15.1[a]	2.4	10.1[a]	-0.6
1921/07	1923/05	-1.3	7.0	-6.7	-1.2
1924/07	1926/10	10.3	N/A	7.3	N/A
1927/11	1929/08	N/A	-1.6	N/A	-2.3
1933/03	1937/05	8.2	1.9	N/A	-3.7
1938/06		2.5	N/A	-2.3	N/A
		N/A	N/A	-0.3	N/A
	1945/02	N/A	-15.8[a]	N/A	-30.4[a]
1945/11	1948/11	-21.2[a]	4.1	-19.0[a]	0.2
1949/11	1953/07	5.1	6.7	1.5	3.4
1954/05	1957/08	8.0	15.2	3.9	10.4
1958/04	1960/04	3.3	8.4	-0.6	1.4
		3.6	N/A	1.6	N/A
		N/A	N/A	N/A	N/A
1961/02	1969/12	N/A	12.4	N/A	9.6
1970/11	1973/11	4.3	17.6	2.6	6.0
1975/03	1980/01	5.3	38.8[a]	1.8	25.7[a]
1980/07	1981/07	28.2[a]	3.6	27.0[a]	0.4
1982/11		3.1	N/A	1.3	N/A
		N/A	N/A	N/A	N/A
	1990/07	N/A	N/A	N/A	N/A

a: 이 수치들은 이 책에서 언급한 이례적 사례, 즉 극한치에 해당하므로 비교에 적합하지 않다.
N/A=해당 없음

8장 | 주가는 경기의 선행 지표

[표 8.6] 경기 주기 대비 주식시장의 선행 기간

NBER 경기 고점과 저점에 대한 주식시장의 천장과 바닥 선행 기간(개월)		NBER 경기 주기 변화에 대한 다우 이론상 확정일의 선행 기간(개월)	
시간순	내림차순	시간순	내림차순
9.2	17.6	-0.4	15.2
2.4	17.6	-6.0	12.6
5.7	15.8	1.9	9.6
-0.1	15.5	-8.5	7.3
9.2	15.2	1.1	6.0
15.5	12.4	12.6	3.9
6.8	10.3	1.7	3.4
1.9	9.2	-3.6	2.6
17.6	9.2	15.2	1.9
3.3	8.4	0.0	1.7
-0.3	8.2	-3.8	1.6
2.4	8.0	-0.4	1.6
-1.3	7.0	-0.6	1.5
7.0	6.8	-6.7	1.4
10.3	6.7	-1.2	1.4
-1.6	5.7	7.3	1.3
8.2	5.3 (중앙값)	-2.3	1.1 (중앙값)
1.9	5.1	-2.3	0.4
2.5	4.3	-3.7	0.2
15.8	4.1	-0.3	0.0
4.1	3.6	0.2	-0.3
5.1	3.6	1.5	-0.4
6.7	3.3	3.4	-0.4
8.0	3.3	3.9	-0.6
15.2	3.1	1.4	-0.6
3.3	2.5	-0.6	-1.2
8.4	2.4	1.4	-2.3
3.6	2.4	1.6	-2.3
12.4	1.9	9.6	-3.6
4.3	1.9	2.6	-3.7
17.6	-0.1	6.0	-3.8
5.3	-0.3	1.6	-6.0
3.6	-1.3	0.4	-6.7
3.1	-1.6	1.3	-8.5

그다음 단계는 구체적인 용어로 시장의 예측력을 측정하는 것이었다. 나는 과거로 거슬러 올라가, 다우 이론상의 확정일에 따라 행해진 시장 참여자들의 매수·매도 결정으로 경제활동 수준을 어느 정도나 가늠할 수 있는지 알아내고자 했다. 1938년까지는 로버트 레아가 사용했던 배런즈의 지수를 사용했고 그 이후로는 산업생산지수를 사용했다.

표 8.7은 강세장 확정일에 매수하고 약세장 확정일에 매도한다는 가설의 결과다. 인적 요소가 개입하지 않았다는 가정하에 확정일에 따라 행동하면 상승세를 포착할 확률이 61.8%, 하락세를 포착할 확률이 40.5%나 된다.

지금까지 주식시장이 매우 훌륭한 경기 예측 인자임을 확인했고 다음으로 투자 잠재력 부분을 살펴보기로 한다. 그 결과는 표 8.8에 제시했다. 다우 이론상의 확정일을 기초로 매수하고 매도한 현황 자료만 가지고도 장기적으로 연 14% 수익률이 보장되도록 컴퓨터 모형을 설계할 수 있다. 자금 관리자라면 누구나 가능한 일이다.

[표 8.7] 다우 이론 확정일 기준으로 매매할 때 비즈니스지수 상승·하락 포착 비율

비즈니스지수 고점·저점 간의 상승·하락				다우 이론상 확정일 간의 상승·하락			
날짜	고점·저점	상승	하락	확정일	지수	상승	하락
1896/10 저	77.0			강세장 1897/06/28	83.0		
1899/10 고	104.0	27.0		약세장 1899/12/16	103.0	20.0	
1900/11 저	88.0		16.0	강세장 1900/10/20	90.0		13.0
1903/07 고	106.2	18.2		약세장 1903/06/01	105.5	15.5	
1904/07 저	91.4		4.8	강세장 1904/07/12	91.4		14.0
1907/05 고	112.9	21.5		약세장 1906/04/26	103.4	11.6	
1908/03 저	81.0		31.9	강세장 1908/04/24	83.3		20.4
1910/03 고	107.8	26.8		약세장 1910/05/03	100.9	17.6	
1910/10 저	97.2		11.6	강세장 1910/10/10	97.2		3.7
1913/01 고	106.0	8.8		약세장 1913/01/14	106.0	8.8	
1914/11 저	82.1		23.9	강세장 1915/04/09	89.5		16.5
1917/05 고	124.9	42.8		약세장 1917/08/28	118.6	29.1	
				강세장 1918/05/13	120.1		-1.5
				약세장 1920/02/03	109.9	-10.2	
1921/03 저	6.2		49.9	강세장 1922/02/06	7.49		22.2
1923/05 고	10.3	4.1		약세장 1923/06/20	10.13	2.64	
1924/08 저	8.3		2.0	강세장 1923/12/07	9.65		0.48
1929/07 고	13.0	4.7		약세장 1929/10/23	12.08	2.43	
1933/03 저	6.2		6.8	강세장 1933/05/24	8.65		3.43
1937/04 고	13.7	7.5		약세장 1937/09/07	13.41	4.76	
1938/05 저	9.2		4.5	강세장 1938/06/23	9.76		3.65
				약세장 1939/03/31	11.70	1.94	
				강세장 1939/07/17	12.01		-0.31
				약세장 1940/05/13	13.69	7.66	
1944/08 고	27.4	18.2		강세장 1942/09/24	21.40		-7.73
1946/02 저	17.7		9.7	약세장 1946/08/27	21.00	-0.40	
1948/07 고	24.6	6.9		강세장 1948/05/14	23.48		-2.48

비즈니스지수 고점·저점 간의 상승·하락				다우 이론상 확정일 간의 상승·하락			
날짜	고점·저점	상승	하락	확정일	지수	상승	하락
1949/10 저	21.0			약세장 1948/11/19	23.25	-0.23	
				강세장 1949/09/29	22.21		1.04
				약세장 1953/04/02	32.01	9.80	
1953/07 고	32.4	10.8		강세장 1954/01/19	29.67		2.34
1954/04 저	29.3		3.1	약세장 1956/10/01	35.60	5.93	
1957/03 고	36.3	7.0		강세장 1958/05/02	31.42		4.18
1958/04 저	31.4		4.9	약세장 1960/03/03	39.13	7.71	
1960/01 고	39.6	8.2		강세장 1960/12/28	38.93		0.20
1960/12 저	36.2		3.4	약세장 1962/04/26	41.30	2.37	
				강세장 1962/11/09	42.06		-0.76
				약세장 1966/05/05	55.60	13.54	
1969/10 고	64.1	27.9		강세장 1967/11/01	58.00		-2.40
1970/10 저	59.6		4.5	약세장 1969/02/25	62.96	4.96	
1973/11 고	75.2	15.6		강세장 1970/08/24	61.62		1.34
1975/05 저	64.5		10.7	약세장 1973/05/14	73.18	11.56	
1980/03 고	86.2	21.7		강세장 1975/01/27	66.53		6.65
				약세장 1977/10/24	79.40	12.87	
				강세장 1978/04/14	80.93		-1.53
1980/07 저	81.2		5.0	약세장 1981/07/02	80.13	-0.80	
1981/07 고	87.1	5.9		강세장 1982/10/07	80.23		-0.10
1982/12 저	79.3		7.8	약세장 1984/01/25	90.65	10.42	
				강세장 1984/08/01	93.90		-3.25
1909/09 고	110.6	31.3		약세장 1990/01/25	102.20	8.30	
1991/04 저	105.1		5.5	강세장 1991/01/10	106.90		-4.70
	총계	320.2	218.0		총계	197.86	88.35

a: 배런즈 비즈니스지수 매수 후 보유로 얻은 포인트: 127.21
b: 산업생산지수(1987=100) 다우 이론을 토대로 한 매수·매도의 포인트: 286.21
상승세 포착 확률: 61.8% 다우 이론 상승률: 125.0%
하락세 포착 확률: 40.5%

[표 8.8] 다우 이론 확정일 기준으로 매매할 때 다우지수 상승·하락 포착 비율

다우지수 고점·저점 간의 상승·하락				다우 이론상 확정일 간의 상승과 하락					
날짜	고점·저점	상승	하락	확정일	지수	상승	이익률 (%)	하락	이익률 (%)
1896/08/10	29.64			강세장 1897/06/28	44.61				
1899/04/04	76.04	46.40		약세장 1899/12/16	63.84	19.23	43.11		
1900/06/23	53.68		22.36	강세장 1900/10/20	59.44			4.40	6.89
1902/09/19	67.77	14.09		약세장 1903/06/01	59.59	0.15	0.25		
1903/11/09	42.15		25.62	강세장 1904/07/12	51.37			8.22	13.79
1906/01/19	103.00	60.85		약세장 1906/04/26	92.44	41.07	79.94		
1907/11/15	53.00		50.00	강세장 1908/04/24	70.01			22.43	24.26
1909/11/19	100.53	47.53		약세장 1910/05/03	84.72	14.17	20.23		
1910/07/26	73.62		26.91	강세장 1910/10/10	81.91			2.81	3.32
1912/09/30	94.13	20.51		약세장 1913/01/14	84.96	3.05	3.72		
1914/12/24	53.17		40.96	강세장 1915/04/09	65.02			19.94	23.47
1916/11/21	110.15	56.98		약세장 1917/08/28	86.12	21.10	32.45		
1917/12/19	65.95		44.20	강세장 1918/05/13	82.16			3.96	4.60
1919/11/03	119.62	53.67		약세장 1920/02/03	99.96	17.80	21.66		
1921/08/24	63.90		55.72	강세장 1922/02/06	83.70			16.26	16.27
1922/10/14	103.42	39.52		약세장 1923/06/20	90.81	7.11	8.49		
1923/07/31	86.91		16.51	강세장 1923/12/07	93.80			-2.99	-3.29
1929/09/03	381.47	294.56		약세장 1929/10/23	305.85	212.05	226.07		
1932/07/08	41.22		340.25	강세장 1933/05/24	84.29			221.56	72.44
1937/03/10	194.60	153.38		약세장 1937/09/07	164.39	80.10	95.03		
1938/03/31	98.95		95.75	강세장 1938/06/23	127.40			36.99	22.50
1938/11/12	158.41	59.46		약세장 1939/03/31	131.84	4.44	3.49		
1939/04/08	121.44		36.97	강세장 1939/07/17	142.58			-10.74	-8.15
1939/09/12	155.92	34.48		약세장 1940/05/13	137.63	-4.95	-3.47		
1942/04/28	92.92		63.00	강세장 1942/09/24	109.11			28.52	20.72
1946/05/29	212.50	119.58		약세장 1946/08/27	191.04	81.93	75.09		
1947/05/17	163.21		49.29	강세장 1948/05/14	188.60			2.44	1.28

다우지수 고점·저점 간의 상승·하락				다우 이론상 확정일 간의 상승과 하락					
날짜	고점·저점	상승	하락	확정일	지수	상승	이익률 (%)	하락	이익률 (%)
1948/06/15	193.16	29.95		약세장 1948/11/19	173.94	-14.66	-7.77		
1949/06/13	161.60		31.56	강세장 1949/09/29	182.43			-8.49	-4.88
1953/01/05	293.79	132.19		약세장 1953/04/02	280.03	97.60	53.50		
1953/09/14	255.49		38.30	강세장 1954/01/19	228.27			51.76	18.48
1956/04/06	521.05	265.56		약세장 1956/10/01	468.70	240.43	105.32		
1957/10/22	419.79		101.26	강세장 1958/05/02	459.56			9.14	1.95
1959/08/03	678.10	258.31		약세장 1960/03/03	612.05	152.99	33.29		
1960/10/25	566.05		112.05	강세장 1960/12/28	615.75			-3.70	-0.60
1961/12/31	734.91	168.86		약세장 1962/04/26	678.68	62.93	10.22		
1962/06/26	535.76		199.15	강세장 1962/11/09	616.13			62.55	9.22
1966/02/09	995.15	459.39		약세장 1966/05/05	899.77	283.64	46.04		
1966/10/07	744.32		250.83	강세장 1967/11/01	822.49			77.28	9.40
1968/12/03	985.21	240.89		약세장 1969/02/25	899.80	77.31	9.40		
1970/05/26	631.16		354.05	강세장 1970/08/24	759.58			140.22	18.46
1972/05/26	971.25	340.09		약세장 1973/05/14	909.69	150.11	19.76		
1974/10/04	584.56		386.69	강세장 1975/01/27	692.66			217.03	23.86
1976/09/21	1,014.79	430.23		약세장 1977/10/24	802.32	109.66	15.83		
1978/02/28	742.12		272.67	강세장 1978/04/14	795.13			7.19	0.90
1981/04/27	1,024.05	281.93		약세장 1981/07/02	959.19	164.06	20.63		
1982/08/12	776.92		247.13	강세장 1982/10/07	965.97			-6.78	-0.71
1983/11/29	1,287.20	510.28		약세장 1984/01/25	1,231.89	265.92	27.53		
1984/06/15	1,086.90		200.30	강세장 1984/08/01	1,134.61			97.28	7.90
1989/10/09	2,791.41	1,704.51		약세장 1987/10/15	2,355.09	1,220.48	107.57		
1991/??/??	2,365.10		426.31	강세장 1988/03/??	??????			???	???
				약세장 1990/01/25	2,561.04	???			
				강세장 1991/01/10	??????		???	???	???
	총계	5,823.20	3,487.84		총계	3,307.72	1,047.38	997.28	282.08

상승세 포착 확률: 56.08%   다우 이론 상승률: ????
하락세 포착 확률: 28.59%   다우 이론 연평균 이익률: 14.22%
매수 후 보유로 얻은 포인트: ????   복리로 계산한 다우 이론 연평균 ROR: 11.30%
다우 이론을 토대로 한 매수·매도에서의 포인트: 4305.00   기간: 93.51년

예외적 사례

다우지수가 등장한 1896년 이후로 시장 변화가 전체 경기의 흐름과 직접적인 연관성을 나타내지 않았던 경우가 13차례 있었다. 각 경우의 원인은 세계대전이라든가 정부의 시장 개입 등에서 찾을 수 있다. 이에 관해서는 8.9와 표 8.10에 정리해놓았다.

표의 역사적 자료들을 살펴보면 1896년 이후 NBER은 경기 순환 주기를 총 21회, 다우 이론은 주식시장 주기를 총 26회 분류했다. 좀 더 상세히 말하면 NBER이 규정한 침체기 중 주식시장 약세장과 무관한 것이 4회였다. 그리고 다우 이론상의 약세장 가운데 NBER이 분류한 침체기와 무관한 것이 8회였다. 또 NBER이 분류한 회복기와 무관한 강세장이 1회 있었다.

각 상황이 전개된 이유를 차례대로 설명하겠다. 우선 NBER이 침체기로 분류한 4개 사례부터 살펴보기로 한다.

약세장과 무관한 첫 번째 NBER 침체기는 1918년 8월부터 1919년 3월에 발생했다. 익히 짐작하는 바와 같이 바로 제1차 세계대전이 일어난 시기다. 로버트 레아는 당시의 시장 상황을 다음과 같이 기술했다.

1916년 말에 주식시장에 약세장이 형성되었고 1917년에 경기 급락이 일어날 것이 예상되었다. 그러나 종전에 앞서 일어났던 경기 팽창에 대한 기대감으로 1917년에는 지수가 다시 상승했다.

[표 8.9] 다우 이론이 예측하지 못했던 NBER 경기 침체

NBER 경기 침체		일치하지 않은 원인
시기	비즈니스지수 하락률(%)	
1918/08 ~1919/03	25.9	**주요 관련 사건** 1914/06/28~1914/12: 전쟁 개시 1914/07~1914/12: 주식시장 폐장 1916/09: 기본소득세 2% 인상, 부가세 최고세율 13% 인상 1917/04: 미국 참전 1917/12: 정부의 철도 통제, 초과 이윤세 부과 1919/01: 전후 인플레이션성 호황 시작
	제1차 세계대전과 관련됨. 대규모 정부 지출이 시장 성과를 왜곡.	
1926/10 ~1927/11	9.5	다우 이론이 경기 하락세를 정확하게 예측했으나, 시장지수는 공식적 약세장과는 반대로 장기적인 시장 조정기에 돌입.
1945/02 ~1945/10	29.1	**주요 관련 사건** 1945/04/12: 프랭클린 루스벨트 사망, 해리 트루먼 대통령 당선 1945/05/06: 독일 항복 1945/08/06: 일본 히로시마에 원자폭탄 투하 1945/08/14: 일본 항복 1945/12/31: 제2차 세계대전 초과 이윤세 제정
	제2차 세계대전과 관련됨.	
1980/01 ~1980/07	5.8	지미 카터 대통령이 신용 통제 정책 시행. 다우 이론은 경기 하락을 예측했으나 약세장 대신 시장 조정이 두 차례(1979/10~1979/11, 1980/02~1980/03) 있었음.

그런데 전쟁이 끝나고 군수 물자 주문이 전면 취소되자 경기가 급락했다. 이번에는 경기 하락이 주가 고점에 선행했고 주가는 1919년까지 천장을 찍지 못했다. 1921년에는 경기 저점이 하락장 종료에 선행했다.[4]

전쟁은 항상 시장을 통제 불능 상태로 만들어버린다. 특히나 전쟁 상황에서는 시장 행동을 예측하기가 더 어렵다. 그 속성상 전쟁은 시장의 불확실성을 증폭한다. 민수용 정부 지출금이 무기와 기타 군수 물자 구매에 전용되어 특정 산업 부문의 단기적 호황을 일으킬 뿐만 아니라, 그런 용도의 정부 지출이 언제까지 계속될지는 알려지지 않는다. 더구나 전쟁이 언제 끝날지도 예측할 수 없다.

말하자면 전쟁이 언제 끝날지는 실제로 전쟁이 끝나봐야 알수 있다. 그래서 앞으로 시장이 어떻게 전개될지를 정확하게 예측하는 것은 불가능하다.

약세장이 예견되지 않은 두 번째 NBER 침체기는 사실 시장이 예측한 상황이었다. NBER은 1926년 10월부터 1927년 11월까지를 침체기로 봤다. 이 기간에 배런즈 비즈니스지수는 9.5% 하락했다. 다우 이론상으로는 이 침체기와 연관된 약세장이 확정되지 않았으나 이 기간에 시장 조정이 두 차례 있었던 것은 분명하다. 첫 번째 시장 조정은 1926년 2월부터 3월까지, 두 번째는 같은 해 8월부터 10월까지 발생했다. 두 번째 시장 조정에서 주가가 평균 9.7% 하락했다.

이 조정들이 다가올 경기 침체의 전조라고 주장할 수 있지만 그 정도는 상대적으로 미미했다. 대대적인 공공 참여로 주식 투기 열풍이 한창이었고 은행들은 추가 주식 매수를 위한 자금을 마련하려는 사람들에게 주식 지분(장부상의)을 담보로 대출해주던 시기였다. 이것이 주식시장의 미래 예측력을 반감시키는 역할을 했다. 이에 따라 다우 이론에서는 대량 매물로 말미암은 주가 급락 현상을 시장 조정으로 간주했고 NBER은 이를 시장 침체로 봤다.

세 번째 침체기는 제2차 세계대전 종전 후 시장이 평시의 경제 환경에 적응해가던 1945년 2월부터 1945년 10월까지 발생했다. 전쟁이 승리로 끝난 뒤 주식시장에서 경기 침체의 징후를 감지하지 못한 것은, 전쟁이 끝났으니 평시의 경제활동에 적합한 방향으로 산업 자본이 재구성되리라는 확신이 시장 전체를 지배하고 있었기 때문이라고 판단된다.

전후에 경기가 침체하는 것은 어찌 보면 불가피한 현상인데도 궁극적으로는 모든 것이 정상으로 돌아가리라는 확신에 따라 투자자들은 주식을 사서 보유했다. 이는 시장 참여자들이 약세장 바닥에서 느끼는 심리 상태와 유사하다.

바닥 장세에서는 악재에 충분히 면역된 것처럼 보이기 마련이다. 즉 앞으로 악재가 더 나온다고 하더라도 더는 휘둘리지 않을 것처럼 느껴진다. 아마도 투자자들은 전쟁이 끝나자 이전의 재앙에 너무도 익숙해진 나머지, 앞으로 다가올지 모를 침체기에 대한 민감성이 둔해졌을 것이다.

전쟁이 주식시장의 활동성을 왜곡한 것도 한 가지 이유가 된다. 전형적인 시나리오를 하나 소개하면 이렇다. 일단 전쟁이 일어나면 그 결과를 예측할 수 없다는 우려 때문에 대개 주식시장은 하락 장세를 형성한다. 미국 주식을 소유한 외국인 투자자들이 전시에 대비한 자금을 조달하기 위해, 혹은 공황 대비책으로서 현금을 동원하기 위해 매도세를 주도하게 된다.

그러나 투자자들은 얼마 지나지 않아 전쟁 활동과 관련해 발생한 호황으로 수익률이 상승하고 새로운 강세장이 뒤이어 나타날 것이라는 사실을 깨닫는다.

전쟁이 끝나면 전쟁 관련 모든 경제활동도 사실상 중지된다. 그러나 전쟁 자금은 대부분이 신용팽창(인플레이션)을 통해 조달하기 때문에, 그리고 정부의 비상 정책은 여전히 인플레이션을 심화하는 방향으로 시행되기 때문에 통화 팽창성 호황이 계속된다. 그러므로 경기 활동 지수는 계속 하락하는데도 주식 투자와 같은 투기적 모험 활동은 계속 증가한다.

네 번째 침체기는 1980년 1월부터 7월까지이며 인플레이션 억제를 위한 지미 카터 행정부의 신용 통제 정책 여파로 발생했다. 이 기간에 산업생산지수는 5.8% 하락했다. 또다시 시장은 두 차례의 조정을 겪으면서 약세장을 예측했다. 1차 조정은 1979년 10월부터 11월까지 계속되었고 2차 조정은 1980년 2월부터 3월까지 계속되었다. 2차 조정에서 주가가 평균 19.7% 하락했다.

한편 침체기가 예측되었으나 침체가 나타나지 않았던 약세장이 여덟 차례 있었고, 회복기가 예측되었으나 회복으로 이어지

[표 8.10] NBER의 경기 침체나 회복과 무관한 다우 이론상의 약세장과 강세장

다우 이론상 약세장 또는 강세장	시기	일치하지 않은 원인
약세장 6	1916/10 ~1917/12	시장은 1916년 소득세 인상 조치의 결과를 부정적으로 예측했으나, 제1차 세계대전에 따른 정부 지출 증가로 NBER이 관찰한 경기 지표들이 상승.
약세장 11	1938/11 ~1939/04	독일이 체코슬로바키아를 병합하자 우려와 불확실성으로 말미암아 주식시장 급락, 사상 최단기 약세장 형성.
강세장 12	1939/04 ~1939/09	유럽 안정화에 대한 기대감으로 시장 회복. 제2차 세계대전 발발로 최단기 강세장이 끝남.
약세장 12	1939/09 ~1942/04	1939년 9월에 독일이 폴란드를 침공하면서 약세장 시작. 시장에는 불확실성과 우려감이 만연함. 프랭클린 루스벨트는 국가 비상사태를 선포하고 영국과 프랑스는 독일에 선전포고함. 1940년 5월 19일 독일이 프랑스 국경 지대를 전면 공격해서 됭케르크를 점령하자 시장 불확실성이 계속됨. 1941년 12월 7일에 일본이 진주만을 공격했고 그다음 날 미국이 참전을 선포함. 1941년 9월에 루스벨트가 사상 최대 세금 법안에 서명. 1942년 4월에 필리핀 바탄주가 일본에 항복하자 시장이 바닥을 침.
약세장 13	1946/05 ~1947/05	전후 인플레이션 억제를 위해 연준이 긴축 정책을 시행함.
약세장 18	1961/12 ~1962/06	1961년 12월 11일에 1차 파병군이 베트남에 도착. 연준이 신용 긴축 정책 개시. 1962년 4월 11일에 US스틸이 가격 인상을 선언했고 케네디 대통령이 이를 공개적으로 반대.
약세장 19	1966/02 ~1966/10	연준이 신용 긴축 정책을 썼고 시장은 경기 침체를 예상하고 이에 따른 반응을 나타냄. 그러나 경기 침체가 시작되기 전에 연준이 기조를 바꾸어 완화 정책으로 전환함.
약세장 22	1976/09 ~1978/02	1976년 9월 신규 세금 법안이 통과되면서 약세장이 시작됨. 11월에 지미 카터가 대통령에 당선. 12월에 OPEC이 2단계 유가 인상을 선언하면서 시장이 급락. 연준이 유가 상승에 소요되는 자금을 지원했기 때문에, 예측했던 경기 침체는 발생하지 않음.

참고: 1949년 이전에는 다우 이론상의 시장 추세와 NBER가 분류한 경기 순환 주기의 불일치는 주로 전쟁과 관련이 있었다. 그 이후로는 NBER의 침체 주기와 일치하지 않는 약세장은 대부분이 정부의 시장 개입, 특히 연준의 경제 미세조정 정책에서 비롯했다. 이런 정책 때문에 미래 경기를 예측하는 시장의 능력이 반감되거나 왜곡되었다. 정책상의 변화와 측정 가능한 경제적 결과 간에 6개월에서 12개월의 시차가 존재하기 때문에 다우 이론은 연준 정책의 변화에 더 빨리 반응한다.

지 않았던 강세장이 한 차례 있었다. 실질적으로 위 사례에서 발견되는 사건들은 시장이 장래의 경기 추세를 정확히 예측하지 못한 데서 비롯했다기보다는, 전쟁과 관련된 사건 혹은 전혀 예측할 수 없었던 정부 통화·재정정책의 갑작스러운 변화에서 비롯했다.

첫 번째 사례는 1916년 10월부터 1917년 12월까지 계속된 약세장이었다. 전쟁과 관련한 우려와 불확실성 외에 정부의 과세정책에 대한 시장의 반응이 원인이었다. 1916년 9월에 소득세가 2% 인상되고 부가세 최고세율이 12% 인상되자 시장이 부정적으로 반응한 것이다. 시장이 부정적으로 반응했음에도 군수물자에 대한 정부 지출 덕분에 경기가 호황을 누렸다.

두 번째 사례는 1938년 11월부터 1939년 4월까지 계속된 사상 최단기 약세장이다. 이번 약세장 역시 전쟁과 관련이 있다. 당시 독일은 히틀러(Adolf Hitler)가 권력을 장악했고 주변국에 전쟁 위협을 가하고 있었다. 네빌 체임벌린(Neville Chamberlain)이 뮌헨 회담에서 히틀러에게 많은 것을 양보하고 돌아왔을 때, 시장은 이미 1939년 3월에 독일이 체코슬로바키아를 침공할 것이라는 사실을 너무나 잘 알고 있었다.

이는 강세장이 경기 회복으로 이어지지 못했던 경우를 논하는 데 가장 맞춤한 사례가 아닐까 한다. 체임벌린이 주데텐란트를 독일에 넘겨준다는 내용의 타협안을 들고 독일에서 돌아왔을 때, 세계 경제는 한동안 안정기를 회복한 것처럼 보였다. 그 결과 1939년 4월부터 1939년 9월까지 역사상 가장 짧은 강세장이 형성되었다. 그러나 분명한 이유들로 긍정적 분위기는 오래 가지 못했다.

　세 번째 사례는 더 긴 약세장으로서 1939년 9월부터 1942년 4월까지 계속되었다. 이번에도 역시 전쟁과 관련한 불확실성이 원인이었다. 이 기간에 히틀러는 체코슬로바키아 합병을 이루어냈고, 프랭클린 루스벨트(Franklin Roosevelt)는 국가 비상사태를 선포했으며, 프랑스와 영국이 참전을 선언하면서 전 세계가 또다시 전시 체제에 돌입하게 되었다. 그리고 미국이 개입하면서 시장 불확실성이 상당 부분 해소된 후에야 비로소 시장이 회복되었다.

　별로 놀라운 사실도 아니지만 제2차 세계대전이 끝나고 나서 인플레이션이 나타났다. 그러자 케인스주의적 경제 '미세조정'의 필요성을 인지하기 시작한 연준이 인플레이션을 억제하기 위해 신용 긴축에 들어갔다. 시장이 연준의 시장 개입 위력을 실감하는 출발점이었다. 그 결과 주식시장은 1946년 7월부터 1947년 7월까지 약세장을 형성했다. 그러나 신용 긴축이 진행되는데도 경기 둔화는 일어나지 않았다. 1948년 11월이 되어서야 비로소 경기가 후퇴했다. 사실상 쉽게 경기 침체를 예측할 수 있는 상황이었다.

　이 시점 이후로 시장 예측의 왜곡 현상은 주로 통화정책 혹은 재정정책의 변화처럼 전쟁과 무관한 정부의 시장 개입에서 비롯했다. 첫 번째가 1961년 12월부터 1962년 6월까지 계속된 약세장이었다. 이때의 약세장은 1961년 12월에 처음으로 베트남에 미군을 파병하면서 일찌감치 예측되었으나 다른 요소들도 한몫했다. 연준이 조심스럽게 신용 긴축 정책을 시행한 것도 이 상황과 무관하지 않다.

그리고 1962년 4월에 US스틸(U.S. Steel)이 가격 인상을 선언하자 케네디(John F. Kennedy) 대통령이 개입해 가격 인상 반대 운동을 전개했다. 이로써 새로운 반독점 입법의 시대가 시작되었고, 이는 US스틸이 세계 제일의 철강회사에서 2위로 한 단계 내려앉는 결정적 원인이 되었다. 주식시장의 소(小)붕괴 사태가 있고 나서 연준은 그간의 정책 기조를 바꿔 금융 완화책을 썼고 경기 침체는 일어나지 않았다.

주식시장은 1966년 2월부터 1966년 10월까지 또 한 차례 약세장을 형성했다. 이때의 약세장은 연준의 신용 긴축 정책에 대한 반응이었고 이후 경기 침체가 예측되었다. 당시 나는 경기 침체가 나타날 것을 믿어 의심치 않았다. 그런데 침체가 일어나기 전에 연준이 먼저 그간의 정책 기조에서 신용 완화 정책으로 방향을 전환했다. 연준은 경기 침체를 허용하지 않았고 대신에 미래의 인플레이션 쪽을 택했다. 그 결과가 바로 1969~1970년의 경기 침체였다.

그다음은 1976년 9월부터 1978년 2월까지 계속된 약세장이다. 이 약세장은 정부의 경제 관리 오류가 가장 특별하고 완벽하게 반영된 사례다. 주식시장의 급락을 유발한 첫 번째 사건은 바로 정부의 지출 증가 문제를 해결하기 위해 마련된 신규 세금 법안이 9월에 통과된 것이었다. 그러고 나서 지미 카터가 대통령에 당선되었고 진짜 문제가 시작되었다.

OPEC이 2단계 유가 인상을 선언하자 시장이 바로 휘청거렸다. 이에 대해 카터 대통령은 긴축 정책을 펴는 한편 석유회사에 초과 이윤세를 부과하면서 유가 통제를 시작했다. 반면에 연준은 긴축 정책의 '마개'를 뽑고 대규모 신용팽창을 통해 유가 상승 상황에 대처할 자금을 조달했다. 당연하게도 이 조치는 향후의 급진적 인플레이션 상황을 불러왔다. 경기 침체기로의 진입을 막은 것, 더 정확하게 말하면 1981~1982년까지 침체기를 늦춘 것은 바로 연준의 완화 정책이었다.

1983년 11월부터 1984년 6월까지 계속된 약세장은 연준의 정책과 직접적인 연관이 있다. 연준의 긴축 정책이 예견되는 상황 속에서 1983년 6월에 주요 시장지수 대다수가 천장을 찍었다. 연준은 1983년 5월에 긴축 정책을 시행했고 시장은 급속히 약세장을 형성했다. 누가 봐도 경기 침체를 예견할 수 있는 상황이었다.

그런데 1984년 7월 24일에 폴 볼커 연준 의장이 상원에서 열린 공청회에서 현재의 연준 정책이 '부적절'하다고 발언했다. 이 발언을 기점으로 주요 시장지수들이 바닥을 치면서 상승세를 타기 시작했다.

결론

100여 년에 걸친 시장 자료를 살펴보면 주식시장이 경기 추세를 정확히 예측한다는 사실을 알게 된다. 역사적 자료의 증거 능력은 절대 무시할 수 없다. 즉 주식시장의 고점과 저점이 전체 경기의 고점과 저점을 미리 반영한다. 전체적인 관점에서 시장을 관찰하면 6개월 정도 앞서 경기를 예측할 수 있다. 좀 더 보수적인 접근법을 적용해 다우 이론상의 확정일을 기준점으로 삼더라도 1개월 정도 선행하게 된다.

요컨대 주식시장이 정확히 미래의 경기 추세에 선행하는 확률은 91.2%이고, 1개월 시차를 감안해 이를 동시 지표로 가정한다면 선행 확률은 97.1%로 올라간다. 확정일을 사용하는 경우 다우 이론은 경기가 여전히 상승 추세일 때 표본의 64.7%에서, 경기가 정점에 도달하고 2개월 이내에 표본의 82.4%에서 추세 전환을 확인했다. 무엇보다 중요한 사실은 1949년 이후 시장(다우 이론으로 측정했을 때)은 100% 확률로 경기의 추세 전환에 선행하거나 동행했다는 사실이다.

이 예측 도구의 정확도를 떨어뜨릴 수 있는 유일한 요소는 바로 그런 힘을 가진 사람들의 예기치 못한 행동들이다. 이는 전쟁의 형태를 띨 수도 있고 통화·재정정책의 갑작스러운 변화라는 형태로 나타날 수도 있다. 그러나 어떤 경우이든 간에 주식시장의 예측력을 왜곡할 수 있는 유일한 요소는 바로 정치권력의 잘못된 적용이다.

그런데도 연준이 변덕을 부리는 그 순간까지 시장은 여전히 긴축 정책과 하락세가 계속되는 것으로 본다. 정치를 바탕으로 한 매우 변덕스러운 의사결정 과정의 산물이다. 연준이 정책 기조를 유지한다면 경기는 침체할 것이고, 긴급히 정책을 전환한다면 경기는 다시 상승세를 탈 것이다. 시장은 단지 연준의 정책 방향을 따르거나 연준의 미래 정책 변화를 예측할 뿐이다.

9

**위험과 보상
분석**

'위험'과 '보상'은 월가에서 사용되는 가장 일반적인 용어이지만 개념이 가장 모호한 축에 속한다. 말하자면 이 두 개념은 '누구나 그 의미를 알고 있다'는 이유로, 누가 나서서 좀 더 명확하게 정의하려 들지 않는다.

 통상적으로 '위험'은 돈을 잃는 것, 즉 손실과 연관이 있고 '보상'은 돈을 버는 것, 즉 이익과 연관이 있다. 이 연관 관계가 정확하다고 해도 위험과 보상 분석의 기초로 사용하기에는 뭔가 부족하다. 원자물리학자가 원자의 특성을 제대로 알지 못하면 연구 성과를 낼 수 없듯이, 시장 전문가는 잘 정의된 위험과 보상 개념이 없으면 실수할 수밖에 없다.

 예를 들어 장기 주식 포트폴리오를 관리하려 한다고 가정해보자. 출발 단계에서 가장 먼저 해야 하는 질문은 어떤 종목을 보유하느냐가 아니라 얼마나 오래 보유하느냐다. 이 질문에 대답하려면 거시적 관점에서 시장 추세의 방향(상승 혹은 하락)을 알아야 할 뿐 아니라 현 추세가 계속될 가능성을 가늠할 만한 지표가 있어야 한다. 더 나아가 현 추세가 계속된다면 추세 전환이 일어나기 전까지 현 추세가 얼마나 진전했는지 측정할 도구가 필요하다. 다시 말해 주식을 보유하는 데 따른 잠재적 위험과 잠재적 보상 수준을 알아야 한다.

'가능성'이라든가 '잠재적'이라는 단어를 보면 우리가 지금 다루는 것이 '절대'가 아니라 '확률'이라는 사실이 분명해진다. 그렇기는 해도 성공 확률 대 실패 확률을 객관적으로 일관성 있게 정의할 수 있다면, 즉 주어진 기간에 시장이 상승할 확률(X%) 대 시장이 하락할 확률(Y%)의 비율을 알 수 있다면 현명한 투자 결정에 필요한 구체적 맥락을 설정하게 된다.

그 맥락 안에서 기술적 분석과 기본적 분석 접근법 모두를 개별 종목의 위험과 보상 수준을 결정하는 데 적용함으로써 포트폴리오 결정의 질을 높일 수 있다.

이제 좀 더 포괄적인 용어로 시장 개념을 파악하기 위해 기초 개념들부터 검토해보자. 분석의 기본 틀부터 짜는 것이 중요하기는 하지만 개념적 분석은 위험과 보상의 수준을 결정하는 데 별 도움이 못 된다. 위험과 보상을 수량화할 방법을 확립할 수 있다면 수치 정보를 위험과 보상 분석에 적용하는 것뿐 아니라 사고 과정과 관계없이 진입과 청산 시점을 결정하는 것까지 가능하다. 다시 말해 손실이 날 만한 결정을 하고서 합리화하는 일이 없도록 엄격한 규칙을 정하는 일이 가능해진다.

구체적인 진입과 청산 시점을 결정하는 일은 자의적인 과정이 아니다. 우선 경제의 펀더멘털을 알아야 한다. 다음으로 경제 맥락 내에서 시장의 현재 상태를 알아야 한다. 그런 뒤에는 다우이론에서 파생된 통계적·기술적 방법을 이용해 시장 동향을 파악하고 위험과 보상 분석의 객관적 참조 틀을 구성할 수 있다. 이번 장에서 바로 이런 부분을 다룰 것이다.

위험과 보상 수준을 측정하는 도구

1974년에 나는 단기와 중기 기준으로 개별 주식과 주식 옵션을 트레이딩했다. 성과는 좋았으나 10월의 시장 저점을 포착하지 못하는 바람에 수천 달러에 달하는 잠재 수입을 잃었다. 그때 내가 흐름을 인지하지 못한 이유를 분석하는 과정에서 몇 가지를 자문해보았다. 추세란 정확히 무엇인가? 통상적인 상승 폭 혹은 하락 폭은 어느 정도인가? 추세는 얼마나 유지되는가?

그 당시 나는 다우 이론을 접하고 여기서 주장하는 몇 가지 원칙을 트레이딩에 적용하기는 했지만, 내가 얻은 지식을 체계화하는 단계까지는 나아가지 못했다.

그래서 윌리엄 피터 해밀턴(William Peter Hamilton)과 로버트 레아가 쓴 자료와 문헌을 모조리 다시 읽고 관련 지식을 보충하고 나서야, 레아가 정의한 세 가지 추세 유형은 시장 동향을 파악하는 방법을 찾는 데도 적용된다는 사실을 깨닫게 되었다.

다우 이론상의 세 가지 시장 추세: 주가 평균에는 세 가지 흐름이 있으며 모두 동시에 진행될 수 있다. 가장 중요한 첫 번째 흐름은 장기추세다. 여러 해 이어지는 전반적인 상승추세나 하락추세로서 강세장이나 약세장이라고도 부른다. 두 번째는 가장 속기 쉬운 흐름인 2차 조정으로서 강세장에서 나타나는 중요한 하락추세나, 약세장에서 나타나는 중요한 반등추세다. 2차 조정은 대개 3주~수개월 이어진다. 세 번째는 대체로 중요하지 않은 흐름인 일일 등락이다.[1]

레아는 이런 추세 정의를 기초로 하고 다우 이론의 다른 원칙들을 과거 자료에 적용해 다우지수와 다우운송(철도)지수의 강세장, 약세장, 강세장 1차 파동, 강세장 조정, 약세장 1차 파동, 약세장 조정 등의 국면을 분류했다. 분류 작업에는 각 추세의 크기(주요 중기 전고점 혹은 전저점에서의 상승 혹은 하락 비율)와 지속 기간(역일 기준으로 정점에서 저점까지의 일수)도 포함되었다.

기본적으로 보면 레아의 분석은 여기까지였다. 그는 일일 등락은 별로 중요하지 않다고 보았기 때문에 넘어갔다. 그리고 개념적 차원의 일반 용어를 제외하고 자신이 정립한 통계적 자료를 시장 분석에 적용하지도 않았다.

레아의 분석 작업과 결과를 검토하는 과정에서 나는 추가 분석을 통해 그의 연구 성과를 좀 더 가다듬으면 매우 유용한 기술적 시장 분석 도구를 얻을 수 있겠다는 생각이 들었다. 그래서 이 분류 과정에 내가 정립한 몇 가지 지식을 추가하고 과거의 시장 동향 전체를 분류해보았다. 작업을 완료한 뒤 수치의 크기와 지속 기간에 따라 정렬해서 수치들의 특별한 관계성을 찾아내려 했다. 그런데 결과를 살펴보고 깜짝 놀라고 말았다.

추세의 크기와 기간 등 두 가지 차원 모두에서 시장 동향이 통계적으로 유의미한 빈도 분포를 형성한다는 사실의 구체적 증거를 발견한 것이다. 다시 말해 인간과 마찬가지로 시장 동향에도 평균 수명이 존재한다. 보험회사가 통계적 평균 수명 분석표에 따라 보험료율(premium rate: 기준보험금에 대한 보험료-역주)을 책정하며 돈을 벌 수 있다면, 나는 시장 추세의 크기와 기간의 빈도 분포표에 따라 매매 성공 확률을 알아낼 수 있겠다는 사실을 직관적으로 깨달았다.

물론 보험회사에서 사용하는 수치와 내가 산출한 수치에는 중요한 차이점이 하나 있다. 보험회사는 수많은 고객을 가입시킨 다음, 좀 소름 끼치는 이야기일지 몰라도 보험 가입자 대다수가 통계적 평균 수명에 도달하기 전에 사망한다는 쪽에 베팅해 돈을 번다. 그러나 시장 동향에 '베팅'할 때는 단 한 사람의 보험 가입자를 대상으로 베팅하는 것과 마찬가지다. 그러므로 시장의 '보험료'를 책정할 때는 우선 거시적 관점의 기본적 분석, 기술적 분석, 기타 도구를 사용해 전체 시장의 '건강' 상태를 세밀하게 조사해야 한다.

시장의 평균 수명 분석표를 보면 시장의 본질적 '나이'(추세)를 알 수 있다. 예를 들어 이 책을 쓸 당시(1992년 2월) 주식시장은 강세장의 중기(몇 주일에서 몇 개월) 상승추세를 형성하고 있었다. 다우지수와 다우운송지수만 사용했던 레아와는 달리 나는 18개 주요 지수를 평균화해서 시장 동향을 분석했다. 현재 이들 지수는 74.4일간 평균 18.6% 상승했다. 평균 수명 분석표를 기준으로 하면 전체 강세장 가운데 추세 크기가 더 큰 경우가 53.5%였고 추세 기간이 더 긴 경우가 67.3%였다. 달리 표현하면 시장은 추세의 크기와 기간 등 두 가지 차원 모두에서 중간 수준에 도달하고 있었다. 통계적 측면에서만 보면 시장 '수명'이 곧 다할 확률이 평균 40% 정도였다. 그러므로 이를 유일한 판단 기준으로 사용한다면 주식 포트폴리오에서 최대 매수 포지션이 60%를 넘지 않아야 한다.

이는 결정의 근거로 사용하기에는 부족한 정보이지만 시장 진입에 따른 위험 수준 분석의 구체적 기준 틀을 짜는 데는 손색이 없다. 보험회사와의 유사성이라는 관점에서 볼 때 주식을 매수하는 것은 60대 초반의 고객과 보험 계약을 맺는 것과 마찬가지다. 이때 보험 계약서를 작성하고 보험료율을 책정하기 전에 당연히 그 연령층에 있는 사람의 건강 상태를 자세히 조사하고 싶을 것이다.

이와 마찬가지로 주식을 매수할지 말지, 혹은 매수한다면 얼마나 매수할지를 결정하기 전에, 먼저 현 시장 동향의 특성을 자세히 살펴보고 싶을 것이다.

더 세분화된 시장 부문에 내재한 위험 수준을 평가하는 데도 이런 통계치를 사용할 수 있다. 예를 들어 현 시장의 추세 크기와 기간 모두가 평균 수준이라고 해도, 장외시장은 평균이 상승 편향되어 지속 기간이 '더 길어' 보이는 효과를 만들어낸다. 말하자면 장외시장의 산업주만 떼어놓고 보면 시장은 215일 동안 41.7% 상승한 것으로 나타난다. 역사상 유사한 모든 동향 가운데 추세의 크기가 더 큰 경우는 14.2%, 지속 기간이 더 긴 경우는 26.3%에 불과했다. 따라서 장외시장 산업주를 매매한다면 보험회사로는 60대 초반이 아니라 80대인 고객과 보험 계약을 맺는 것과 다름없다.

이 외에 다른 요소들을 자세히 검토해보면 장외시장은 고령자일 뿐 아니라 대수술을 요하는 응급 환자라는 결론에 도달한다. 그러므로 장외시장 종목을 매수했다면 주가 조정을 기대하면서 매도 포지션을 취하는 것이 최선이다.

한편 장외시장 종목을 걸러내면 시장의 나머지 부분에서는 상승 추세가 계속될 가능성이 커진다. 예를 들어 현재 다우지수는 60일 동안 14.4% 상승했다. 역사적으로 보면 다우지수가 이와 유사한 동향 가운데 추세 크기가 더 큰 경우는 69.9%, 지속 기간이 더 긴 경우는 77%였다. 이는 '나이' 척도로만 보면 다우지수의 상승 추세가 곧바로 꺾일 위험성은 낮다는 것을 의미한다. 실제로 이 책을 쓸 당시 다우지수는 신고점을 기록했고 나스닥 산업주는 급락했다.

이 위험 측정 도구는 내가 사용하는 기술적 분석 도구 가운데 가중치를 가장 많이 부여한 것이다. 이는 위험을 제한하고 손실을 최소화해 이익을 극대화하는 데 필수적인 요소다. 구체적으로 위험과 보상 수준을 측정해서 주식·지수 포트폴리오를 효율적으로 구성하는 데 필요한 객관적 기준 틀을 제공한다. 예를 들어 위험과 보상 측정치를 기준으로 할 때 현 장세에서는 장외시장 종목에는 매도 포지션을 취하고 경기순환주(경기의 영향을 강하게 받는 주식-역주)에는 매수 포지션을 취하는 것이 최선이다.

이 사실을 염두에 두고 이제 수명 분석표에 관한 내용을 좀 더 상세히 설명하겠다.

시장의 평균 수명 분석표

연도별 다우지수 표를 보면 알 수 있듯이 주식시장에서 이익을 내는 한 가지 방법은 장기 보유 전략이라고 하는 전통적인 접근법을 취하는 것이다. 수많은 투자자와 포트폴리오 관리자가 이 접근법을 취하는 한편으로 신중한 종목 선정을 통해 이익 규모를 늘리려고 한다. 장기적 관점에서 보면 매우 효율적인 투자 전략임에 틀림이 없다.

그러나 꾸준히 높은 이익률을 기록하는 자금 관리자들은 장기추세보다는 중기추세에 더 주목한다. 예를 들어 강세장에서는 중기 상승추세가 나타난 초기에 100% 매수 포지션을 취하고, 2차 조정이 나타나기 전에 익스포저(exposure: 위험 등에 노출되는 것, 즉 위험이 발생하기 직전의 상태-역주)를 줄이고, 조정기 동안에는 매도 포지션을 취하거나 관망세를 유지하다가 조정기 바닥이 가까워지면 또다시 100% 매수 포지션을 취하려고 한다.

시장의 평균 수명 분석표가 지니는 최대 장점 가운데 하나는 중기추세 전환에 맞춰 적절한 시점에 시장에 진입·청산하는 트레이더의 능력을 한층 배가한다는 것이다. 강세장의 2차 조정 국면을 생각해보자.

개념 정의부터 살펴보자. 조정(2차 추세라고도 함)은 장기 1차 파동과 반대 방향으로 일어나는 중기 가격 변동을 말한다. 여기서 '중기'는 몇 주일에서 몇 개월을 의미한다. 나의 분류 체계상 조정이 14일(역일 기준) 이상 지속되는 경우가 전체의 95%였다. 98%는 직전 1차 파동 수준의 20% 이상을 변동했다. 이를 일반 용어로 되돌림(retracement)이라고 한다.

예를 들어 강세장에서 중기 상승추세로 다우지수가 500포인트 상승했고 뒤이은 조정 국면에서 다우지수가 300포인트 급락한다면 이때의 중기 되돌림 비율은 60%다. 조정기에는 절대적 변동률보다는 되돌림 차원에서 고려하는 것이 유용하다. 이제 살펴보겠지만 이렇게 하는 것이 시장 동향에 대한 관점을 유지하는 데 도움이 되기 때문이다.

표 9.1은 다우지수와 다우운송지수를 기준으로 해서 1896년 이후 강세장에서 발생한 모든 조정의 크기와 지속 기간을 정리한 것이다. 표의 자료는 숫자 크기순으로 나열했고 그림 9.1에서 보는 바와 같이 '종형' 분포를 형성한다.

그림 9.1의 자료를 자세히 살펴보면 두 지수의 '평균 수명' 분석표가 종형 정규분포를 나타낸다는 사실을 알 수 있다. 심화 분석 결과, S&P500 혹은 기타 주요 지수의 분포에 일관성이 있었다. 다시 말해 시장은 통계적으로 예측할 수 있는 수명 범위에서 움직이는 경향이 있다.

[표 9.1] 1896년부터 1991년 2월까지 강세장에서 중기 조정의 크기와 지속 기간

	크기(%)							
번호	다우지수	운송지수	번호	다우지수	운송지수	번호	다우지수	운송지수
1	16.5	18.0	31	39.6	41.8	61	65.3	66.4
2	17.8	18.4	32	40.3	43.3	62	66.2	67.7
3	20.7	21.1	33	40.3	44.1	63	66.7	67.7
4	21.1	23.7	34	40.3	44.3	64	68.8	68.7
5	23.2	24.8	35	40.9	45.5	65	71.9	68.9
6	23.4	25.0	36	41.6	46.0	66	72.2	72.0
7	23.7	25.0	37	41.6	47.2	67	72.2	73.4
8	23.7	25.1	38	42.1	47.3	68	74.1	76.8
9	24.2	25.5	39	42.8	47.6	69	74.6	77.1
10	24.4	26.7	40	44.2	48.8	70	74.9	78.3
11	25.2	27.6	41	45.4	49.2	71	76.9	83.8
12	25.4	28.8	42	45.5	49.4	72	78.0	84.6
13	25.7	29.2	43	45.8	49.6	73	79.7	84.9
14	27.0	29.5	44	46.0	49.7	74	80.4	87.2
15	27.8	30.2	45	46.0	50.1	75	82.7	88.3
16	30.5	32.0	46	48.9	51.7	76	83.5	90.3
17	31.2	33.4	47	49.6	53.0	77	89.0	90.9
18	31.3	34.4	48	49.8	53.2	78	89.7	92.7
19	31.9	34.6	49	52.4	53.8	79	89.8	93.2
20	32.1	34.6	50	52.6	54.3	80	91.3	94.0
21	33.7	35.3	51	54.0	55.5	81	100.7	103.2
22	36.0	37.1	52	54.8	55.8	82	107.7	110.7
23	36.7	37.4	53	56.0	57.9	83	113.7	112.4
24	37.0	37.8	54	56.2	58.0	84	116.9	122.0
25	37.1	39.3	55	57.3	59.6	85	120.1	128.4
26	37.2	40.2	56	60.0	60.3	86	135.0	163.8
27	38.2	40.6	57	60.8	60.8	87	194.2	173.4
28	38.7	40.6	58	61.1	61.8	88	246.0	227.9
29	39.3	41.1	59	62.8	62.7			
30	39.3	41.3	60	64.9	64.0			

번호	다우지수	운송지수	번호	다우지수	운송지수	번호	다우지수	운송지수
				지속 기간(역일)				
1	7	9	31	32	32	61	60	69
2	9	11	32	33	34	62	61	69
3	10	13	33	33	35	63	61	70
4	11	13	34	35	37	64	62	70
5	14	13	35	36	39	65	63	73
6	14	14	36	37	39	66	66	75
7	14	14	37	38	39	67	66	77
8	15	15	38	41	40	68	67	81
9	17	16	39	42	41	69	72	82
10	18	16	40	43	44	70	77	85
11	19	18	41	44	46	71	78	96
12	19	19	42	44	47	72	89	98
13	20	20	43	45	48	73	95	103
14	21	21	44	45	49	74	98	106
15	21	22	45	45	49	75	102	112
16	21	22	46	45	51	76	104	113
17	21	22	47	47	52	77	108	114
18	23	23	48	49	55	78	111	119
19	24	24	49	49	55	79	113	126
20	24	24	50	51	57	80	117	129
21	25	25	51	51	59	81	139	140
22	25	27	52	53	59	82	161	144
23	26	27	53	54	61	83	173	175
24	26	28	54	55	61	84	178	201
25	26	29	55	55	61	85	190	214
26	29	29	56	55	62	86	196	216
27	29	30	57	56	63	87	201	245
28	30	30	58	57	64	88	209	613
29	31	30	59	58	65			
30	31	32	60	59	68			

9장 | 위험과 보상 분석

[그림 9.1] 강세장 중기 조정의 크기와 기간에 관한 복합 빈도 분포도

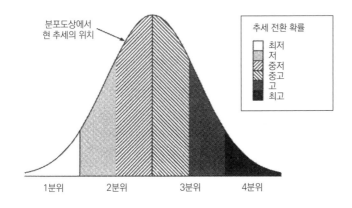

간단한 산술적 작업만 거치면 손쉽게 이 자료를 활용할 수 있다. 즉 주어진 시점의 승률을 계산하면 된다. 예를 들어 다우지수와 다우운송지수를 기준으로 평균 수명 자료를 살펴보면, 전체 강세장 2차 조정 국면 가운데 이전 1차 상승 추세 기준으로 16~79일에 25~75% 되돌림 현상이 나타난 경우가 68%였다. 되돌림이 75% 이상인 경우는 22.7%, 지속 기간이 100일 이상인 경우는 전체의 17%에 불과했다.

그러니 조정 국면에서 평균 74일째의 되돌림 비율이 75%라면 이 시점에 매수 포지션을 취할 때 이익이 날 확률은 4.4 대 1로 투자자에게 유리하다. 반대로 같은 맥락에서 매도 포지션을 취해 추가 이익을 낼 확률은 4.4 대 1로 투자자에게 불리하다. 그 조정이 2차 하락추세일 뿐, 약세장의 시작을 알리는 신호가 아니라는 전제하에 그렇다.

강세장의 정점에서는 시장 분석자들 사이에 이것이 진정한

정점인지 아니면 조정에 불과한지 늘 혼선이 빚어진다. 약세장이 확정되거나 조정이 끝나기 전까지는 어느 쪽이 맞는지 확인할 방법이 없지만, 역사적 장기추세 자료를 이용하면 각 경우가 발생할 확률을 어느 정도 알 수가 있다.

표 9.2는 다우지수와 다우운송지수를 기준으로 강세장의 크기와 기간을 정리한 것이다. 여기서 강세장은 지속 기간이 3년이고 지수가 이전 약세장의 바닥에서 115% 상승했다고 가정하자. 그리고 2차 조정 국면에서 평균 58일 동안 이전 1차 상승 추세의 60%로 되돌림이 나타났다고 하자. 경제 펀더멘털 부분은 논외로 하고 표 9.1과 표 9.2에 제시한 평균 수명 분석표를 기준으로 시장 하락세가 계속 유지될지 아닐지를 알 수 있다.

추세가 계속될지 여부를 결정하는 공식은 예상외로 간단하다. 현 추세 크기에 도달하기 전에 끝난 그 추세의 변동률을 계산하기만 하면 된다. 지속 기간도 마찬가지 방법으로 변동률을 계산한다. 그런 다음 두 수치의 평균을 내고 승률로 환산한다. 계산 방법을 예시하면 아래와 같다.

2차 조정이 계속될 확률

크기 = (88-55)/88 = 0.37

지속 기간 = (88-54)/88 = 0.38

혹은 전체 표본에서 해당 표본의 수치를 뺀 다음 88로 나눈다.

평균 = 0.38

승률: 1.63 대 1(조정이 계속될 가능성이 1)

[표 9.2] 강세장의 평균 크기와 지속 기간(다우지수와 다우운송지수 기준)

지속 기간(오름차순)			크기(오름차순)	
기간	일수	햇수	기간	%
1939	164	0.45	1910~1912	22.9
1938	253	0.69	1960~1961	27.0
1960~1961	405	1.11	1947~1948	38.1
1947~1948	409	1.12	1939	38.6
1921~1922	452	1.24	1966~1968	42.0
1978~1981	472	1.29	1917~1919	49.0
1957~1959	606	1.66	1900~1902	51.7
1917~1919	670	1.84	1921~1922	52.7
1914~1916	674	1.85	1914~1916	67.8
1907~1909	684	1.87	1938~1939	70.4
1974~1976	684	1.87	1957~1959	71.5
1970~1972	686	1.88	1907~1909	77.5
1966~1968	787	2.16	1974~1976	78.6
1910~1912	799	2.19	1978~1981	81.3
1900~1902	813	2.23	1982~1983	87.7
1903~1906	844	2.31	1970~1972	95.1
1953~1956	952	2.61	1903~1906	100.1
1996~1999	967	2.65	1953~1956	102.0
1978~1981	1,144	3.13	1962~1966	110.1
1949~1953	1,295	3.55	1959~1952	128.1
1962~1966	1,328	3.64	1996~1999	139.8
1942~1946	1,482	4.06	1942~1946	160.9
1932~1937	1,710	4.68	1923~1929	242.5
1984~1989	1,923	5.26	1984~1989	245.7
1923~1929	2,224	6.09	1932~1937	379.4

강세장이 끝났을(약세장이 시작되었을) 확률

크기 = 19/26 = 0.73

지속 기간 = 20/26 = 0.78

평균 = 0.76

승률 = 약세장이 시작되었을 확률: 3.17 대 1

이 정보는 시장의 위험 대비 보상 배수를 더 깊이 분석하는 데 실질적인 도움을 준다. 예를 들어 경제가 호황이고 인플레이션율도 낮으며 금리도 중저 수준을 유지하는 데다가 기타 펀더멘털 지표도 경제 상승세를 예측한다면 조정기가 계속되지 않는다는 쪽에 비중을 두는 것이 바람직하다. 현재 매도 포지션을 취하고 있다면 그 포지션에서 약간의 이익을 실현한 다음 잔존 포지션의 크기를 줄이는 것이 좋다. 매도 포지션 전체를 청산하지 않을 생각이라면 말이다.

한편 연준이 신용 긴축 정책을 펴고 있고 경제 전반에 침체 징후가 보인다면 약세장이 나타날 확률이 높다는 쪽에 비중을 둬야 한다. 이러면 다음 단계로는 2차 조정 차원이 아니라 약세장의 1차 파동 차원에서 중기 하락추세가 나타나리라고 보는 것이 타당하다. 이 맥락에서 하락추세가 계속될 확률이 훨씬 높아진다는 사실을 알게 되고, 따라서 약세장의 1차 하락추세라는 역사적 맥락에서 이런 흐름이 '성숙점'에 도달할 때까지 매도 포지션을 유지하려고 할 것이다.

그러나 통계 자료가 불명확한 경우는 어떻게 되는가? 그림

9장 | 위험과 보상 분석

9.1에 제시한 바와 같이 추세의 평균 크기와 기간으로 볼 때 현 조정기가 분포도의 40% 지점에 위치한 경우는 어떻게 되는가? 이 경우 현 하락추세가 계속될 확률이 약간 더 높아서 1.5배 정도가 된다. 따라서 이럴 때는 전체 시장 동향과 비교할 때 더 강점(혹은 약점)을 보이는 시장 부문이나 특정 종목을 고르는 데 주안점을 두어야 한다. 이 부분은 10장에서 좀 더 상세히 다룰 것이다.

위험에 초점 맞추기

통계 분석표를 활용하는 가장 큰 장점이자 유일한 장점은 위험과 보상 분석에 초점을 맞출 수 있다는 점이다. 보다 주의 깊고 객관적인 시각에서 위험에 초점을 맞추게 된다. 시장 추세의 크기와 기간 자료로 구성된 종형 분포도의 상승 추세선을 따라가다 보면 곡선이 상승할수록 손실 위험이 증가한다는 사실을 알 수 있다. 분포도의 중점 혹은 중앙값에 도달하면 손실 대 이익의 비율은 50 대 50이 된다. 그리고 이 지점을 넘어서면 승률이 점점 낮아진다.

이런 관점은 몇 가지 중요한 트레이딩 원칙에 힘을 실어준다. 첫 번째이자 가장 중요한 원칙은 가능한 한 자신에게 유리한 확률에 베팅하라는 것이다. 예를 들어 강세장의 1차 파동 초기에는 가능한 한 레버리지 규모를 최대한으로 늘려 시장 전체를 대상으로 투자하라. 신중하게 선택한 옵션이나 선물에 투자하면 유리하다. 시장이 중간 단계의 성숙기로 접어들 때는 개별 시장 부문이나 특정 종목에 영향을 미치는 펀더멘털에 초점을 맞출 필요가 있다. 시장이 중간 단계를 넘어섰다 싶으면 위험 수준이 더 낮은 금융 상품으로 주식 포트폴리오를 다각화하고, 시장이 늙어갈수록 포지션 크기를 줄임으로써 자본을 보전해야 한다.

당연한 말처럼 들릴 것이다. 그런데도 이상하게 이 원칙에 따라 행동하지 못하는 사람이 예상외로 많다. 예를 들어 강세장이 정점에 달했을 때 거의 모든 사람이 매수 포지션을 취하지만 주식시장에는 이른바 '겁먹은 돈'이 많다. 그 결과 다른 상황이었더라면 소규모 주가 하락을 유발하는 것으로 끝났을 소식에도 공황적 주가 급락 사태로 번지는 경우가 많다.

그러나 공황적 주가 급락 현상이 발생할 때마다 역사적 통계 분석표가 일종의 경고 장치 역할을 했다. 예를 들어 사상 최장기 강세장과 유례없는 11차례의 1차 상승 파동이 나타난 이후인 1929년에 주가가 급락했다. 더구나 1929년 10월 29일의 대공황에 앞서 발생한 1차 파동에서는 99일 동안 주가지수가 29.9% 상승했다. 추세의 크기와 기간 분포도의 중앙값을 웃도는 수준이었다.

비슷하게 검은 월요일(1987년 10월 19일)에 앞서 시장은 일곱 번째 상승 국면이 진행되었고 주가는 96일 동안 26.9% 상승했다. 또 강세장이 정점으로 치달았고 1차 상승세 역시 중앙값 수준을 넘어섰다. 이 자료 하나만 보더라도 경계 태세를 취했어야 한다. 1989년 10월 당시 시장은 13번째 상승 국면을 형성해서 사상 두 번째로 크고 긴 강세장이었다. 1차 파동은 200일 동안 24.4% 상승했고 이는 빈도 분포도상 위험 지역으로 진입했음을 뜻한다.

시장의 평균 수명 분석표가 '임종' 징후를 알려주는 지표로 작용한 사례는 훨씬 많고, 위 사례는 일부에 불과하다. 나는 이 역사적 자료를 이용해서 1987년과 1989년 폭락을 내다보았고, 장세 하락을 예측해 매도 포지션을 취할 수 있었다.

물론 위와 같은 통계적 분석표는 앞날을 훤히 보여주는 수정 구슬과는 다르다. 그러나 시장 추세의 성숙 혹은 노령화에 따른 위험 수준을 가늠하게 해주는 비교적 정확한 지표로서 손색이 없다.

위험에 초점을 맞추지 않으면 실패할 공산이 크다. 정작 차트 보기 자체는 아주 쉽다. 그러나 손실을 낼 때는 트레이더들의 눈에 차트의 천장이 아주 넓어 보여서 그 넓어진 공간을 헛된 기대로 가득 채우게 된다. 시장 수명 분석표는 확실한 위험 측정치를 제공해, 트레이더들이 사실이 아닌 기대에 의지해 트레이딩에 나서는 것을 막아준다.

결론

역사적 시장 수명 분석표가 위험 측정의 보증수표는 분명히 아니지만, 자신에게 유리한 추세인지 아닌지를 판단할 확실한 기준은 된다. 장기추세와 중기추세가 계속될지 아니면 끝날지에 관한 역사적 확률을 안다면, 다음으로 기본적 분석과 기술적 분석을 이용해 확률의 정확도를 높일 수 있다. 또한 위험 관리에 초점을 맞추는 방법을 배운다면, 이미 노년기(정점)에 근접한 시장에서 추가 수익을 얻으려다 이전의 수익을 반환하게 되는 것을 피할 수 있다.

이후 장에서는 역사적 자료의 비교를 통해 만들어낸 이익(혹은 손실) 확률을 좀 더 정교화하는 데 적용할 수 있는 기술적 원칙들을 설명할 것이다. 특히 내가 추세 전환을 확인하는 데 사용하는 기술적 방법론을 제시할 것이다. 그리고 성공 확률이 높을 때만 시장에 임하는 트레이딩 접근법과 이 방법론을 통합할 것이다.

각 시장에는 고유의 추세 크기 중앙값과 기간 분석표가 존재한다. 이 분석표를 배우는 유일한 방법은 역사적 자료를 검토하고 그에 따라 행동하는 것이다. 이 역사적 자료를 사용하는 방법을 알려주는 것이 이 장의 목적이었다. 여기서는 주식시장 관점에서 자료를 제시했지만 다른 시장의 자료도 많이 축적돼 있다.

10

강력한
기술적 지표들

다우 이론 덕분에 나는 아주 간단한 기술적 도구 세트를 개발할 수 있었다. 이 도구는 매우 강력해서 차트를 한번 살펴보는 것만으로도, 며칠 동안 시장 펀더멘털을 분석해서 얻는 것보다 더 많은 정보를 얻을 수 있다.[1] 실제로 1980년대 중반에 내가 직접 훈련을 담당했던 트레이더 몇몇은 기술적 원칙만을 기초로 매매했고 큰 이익을 냈다.

나는 기술적 분석을 시장 분석과 트레이딩 전략 수립의 기본 토대로 삼았다. 예를 들어 주식시장에서는 주요 지수를 살펴보고 다양한 경기 부문에서의 가격 동향을 파악했다. 역사적 맥락에서의 추세 크기와 지속 기간을 기준으로 추세의 '나이'(9장에서 설명)를 평가했고 추세의 방향을 결정했다. 또 거래량과의 관계성, 모멘텀 오실레이터, 주요 이동평균(《전설의 프로 트레이더 빅》에서 설명) 등을 기준으로 추세의 강도를 평가했다. 이런 부분들을 모두 염두에 둔 상태에서 경제 펀더멘털을 고려해 전체 시장과 섹터 모두에서 주가의 포괄적 동향을 정확히 그리려 했다.

이 정보의 맥락 안에서 선물 혹은 옵션 지수를 기준으로 시장 포지션을 취할 수도 있고, 일반적 가격 추세와 동일한 방향으로 움직이는 종목을 선택할 수도 있다. 그러나 여기에는 상당 정도의 위험이 따르기도 하고 좀 낮은 수준의 위험이 따르기도 한다. 레버리지(차입 투자)를 통해 이익을 최대화하면서도 위험 수준은 제한하기 위해 전체 시장과 개별 주식 모두에서 포지션을 취하는 경우가 종종 있다.

이 장에서는 내가 주식, 채권, 상품의 시장을 분석하고 이들 상품을 매매하는 데 사용하는 기초적인 기술적 원칙들을 설명할 것이다. 전작《전설의 프로 트레이더 빅》에 기술된 내용이 어느 정도 반복되기는 하지만 간단한 기술적 도구에 관한 일반 지식 정도는 언급할 필요가 있다고 본다. 그런 다음 추세 전환이 일어나는 시점이 언제인지 결정하는 데 활용할 또 다른 접근법도 제시할 것이다.

여기서 나는 기술적 정보 하나만을 기초로 트레이딩에 임하라고 권할 생각은 추호도 없다는 점을 강조한다. 동시에 중요한 기술적 도구를 완전히 무시하고 트레이딩에 나서는 것도 절대 권하지 않는다. 요컨대 기본적 분석과 기술적 분석 등 두 가지 경로를 통해 얻은 정보를 시장 심리학적 지식과 통합해서 트레이딩 성공 확률을 결정하라는 것이다.

2장에서 언급했던 조지 소로스의 조언을 기억하라. 소로스는 이렇게 말했다. "잘못된 명제에 기초한 추세를 포착하고 그 추세를 따르다가, 모두가 그 추세의 오류를 깨닫기 직전에 그 추세에서 뛰어내리는 것이 중요하다."

소로스의 조언을 따르려면 우선 추세를 확인할 수 있어야 하고 추세가 변화할 가능성을 포착할 수 있어야 한다. 또 잘못된 명제에 기초한 추세를 확인하려면 좀 더 포괄적인 관점에서 경제와 시장 심리의 기초에 대한 개념적 이해가 필요하다.

경험적·기술적 지식을 경제와 시장의 펀더멘털에 관한 개념적 이해와 결합한다면 성공 확률을 결정짓는 데 필요한 모든 도구를 손에 넣는 셈이다. 그 결과, 자신에게 유리한 상황일 때만 트레이딩에 나서는 것이 가능해진다.

용어 정의

세 가지 추세

시장의 가격 동향을 분석할 때 가장 먼저 알아야 하고 가장 중요한 사실은 시장 추세에는 세 가지 유형이 있다는 것이다.

1. 단기추세는 며칠에서 몇 주일 계속된다(통상 14영업일 이내).
2. 중기추세는 몇 주일에서 몇 개월 계속된다.
3. 장기추세는 몇 개월에서 몇 년 계속된다.

이 세 가지 추세 모두 항상 변화하며 때로는 서로 반대 방향으로 움직이기도 한다. 일반적으로 단기추세는 월가에서 트레이더(특히 초단타 매매자)라고 칭하는 이들의 관심 영역이고 중기추세는 투기자, 장기추세는 투자자의 관심 영역이다.

자신의 관심 영역이 초단타 매매이든 투기나 투자이든 간에 장기추세의 속성과 방향은 누구나 알고 있어야 한다. 장기추세의 속성을 이해한다는 것은 경제 펀더멘털에 대한 시장 지각의 근원(사실이든 오류든 간에), 추세의 크기와 기간으로 볼 때 시장의 '나이', 현 추세의 국면 등을 이해한다는 것을 의미한다.

추세의 방향을 아는 것은 비교적 간단하면서도 동시에 매우 중요한 요소다. 장기추세의 방향을 모르면 단기 포지션을 취하는 것 이상은 기대하기 어렵다. 그렇더라도 중기와 장기추세의 맥락에서 단기추세를 이해한다면 성공 확률은 좀 더 높아진다.

예를 들어 강세장의 1차 파동에서 단기 트레이딩을 한다면 며칠 혹은 몇 주일 동안 하락하기보다 며칠 혹은 몇 주일 동안 상승할 가능성이 더 클 것이다. 더 나아가 추세 전환이 임박한 경우를 제외하고, 하락 변동보다는 기관투자가의 프로그램 매수에 의한 상승 변동이 나타날 확률이 더 높을 것이다.

시장의 네 가지 국면

모든 시장(주식, 채권, 상품 등)에서 장기추세는 다음과 같은 네 가지 국면 가운데 하나에 놓이게 된다.

1. 매집(투자자들이 점진적으로 주식을 사들인다)

2. 분산(투자자들이 점진적으로 주식을 내다 판다)

3. 상승이나 하락

4. 박스권(확정된 추세에서 이익을 실현한 이후 조정된다)

기술적 측면에서 시장이 추세를 형성하지 않을 때는 박스권, 매집, 분산의 과정 가운데 하나에 해당한다. 그러나 기술적 분석만으로는 추세가 지속될 때까지(박스권의 경우), 추세선이 상승 돌파할 때까지(매집의 경우), 혹은 추세선이 하락 돌파할 때까지 정확한 시점을 알 수가 없다. 추세선은 모든 시장에서 형성되며 가장 잘 알려진 기술적 분석 도구다.

여기서 강조해야 할 가장 중요한 사항은 주식시장에서는 관련 평균(지수) 모두에 대해 추세선이 함께 형성되고 함께 돌파되어야 한다는 사실이다. 이제 추세와 추세 전환의 평가 부분으로 논점을 옮겨보겠다.

추세 전환의 속성

기술적 분석의 유형이 어떻든 간에 적어도 추세 개념을 기본 토대로 한다. 그런데도 내 서가에 있는 트레이딩 관련 책 2,000여 권 가운데 추세의 개념을 제대로 정의한 책은 한 권도 없다.

기술적 분석의 성서로 일컬어지는 로버트 에드워즈(Robert D. Edwards)와 존 매기(John Magee)의 책 《Technical Analysis of Stock Trends(주가 추세의 기술적 분석)》[2]조차 추세가 무엇인지 정확하게 정의하지 못했다. 그 결과 에드워즈와 매기는 다른 기술적 분석가 대다수와 마찬가지로 기술적 분석의 원칙이 아니라 다양한 기술적 도구에 초점을 맞췄다.

그런데 이런 분석 도구들은 시장 참여자 대다수가 활용하는 순간 시대에 뒤떨어진 도구로 전락하고 말아서 효용 가치를 잃고 자멸의 길을 걷게 된다.

그러나 시장이 존재하는 한 추세도 존재할 것이라는 데는 이견이 없을 듯싶다. 그러므로 시대와 시간을 불문하고 항상 '참'으로 남을 만한 추세 개념에 대한 정확한 정의가 필요하다. 요컨대 추세의 본질적 속성은 무엇이며 다른 것과의 근본적 차이점은 무엇인가? 다시 말해 모든 추세를 관통하는 공통 특성이 무엇이고, 다른 유형의 가격 동향과는 어떤 차이가 있는가?

추세는 가격 흐름이다. 이것이 바로 공통 특성이고 더 이상의 설명이 필요치 않다. 그렇다면 추세를 형성한 시장과 '변동이 극심한' 시장의 본질적인 차이는 무엇인가? 답변이 워낙 간단해서 거의 자명한 진리처럼 들릴 것이다. 또한 순전히 기술적인 용어로 기술할 수 있다.

의미를 좀 더 명확히 하고자 추세의 본질적 정의를 두 가지 요소로 나누어서 설명하겠다. 상승추세와 하락추세다.[3]

용어가 제대로 정의되어 있으면 이를 토대로 관련 지식을 설명할 수 있어서 지식을 이해하기가 한결 수월해진다. 추세 관련 용어들의 정의도 마찬가지다. 추세는 모든 시장과 모든 유형의 가격 추이에 적용되는 포괄적인 용어다. 용어 이해는 간단하고 일관성 있는 차트 분석법의 토대가 된다.

상승추세: 이전 고점을 돌파한 일련의 연속적 상승을 특징으로 하는 가격 흐름을 말한다. 간헐적으로 하락하기도 하지만 이전 저점 위에서 끝난다. 다시 말해 상승추세는 이전 고점을 웃도는 고점들과 이전 저점을 웃도는 저점들로 구성된 일련의 가격 흐름이다(그림 10.1 참고).[4]

하락추세: 이전 저점을 돌파한 일련의 연속적 하락을 특징으로 하는 가격 흐름을 말한다. 간헐적으로 반발 매수가 발생하기도 하지만 이전 상승의 고점을 밑도는 수준에서 끝난다. 다시 말해 하락추세는 이전 저점을 밑도는 저점들과 이전 고점을 밑도는 고점들로 구성된 일련의 가격 흐름이다 (그림 10.2 참고).

추세선 그리기

기술적으로 추세를 평가하는 첫 번째 단계는 추세선을 그리는 것이다. 매우 간단해 보이는 작업이지만, 추세의 정의를 올바로 내리는 사람이 거의 없는 것과 마찬가지로 추세선을 정확하게 그릴 수 있는 사람도 거의 없다. 내가 설명하고자 하는 추세선 그리는 방법은 상술한 정의를 바탕으로 한다.

그런데 내 훈련생 39명에게 이 정의만 알려주고 더 이상 설명하지 않았더니 추세선을 계속 정확하게 그리는 사람이 단 한 명도 없었다. 대개 추세에 근접하기는 하지만 잠재적 추세 전환에 관한 한 잘못된 신호까지 제공하는 추세선을 그렸다.

[그림 10.1] 상승추세와 추세선

[그림 10.2] 하락추세와 추세선

아래와 같은 방법(《전설의 프로 트레이더 빅》에서 기술함)으로 추세선을 그리면 비교적 정확하며 일관성 있는 결과를 제공하며, 잘못된 신호를 거의 내보내지 않는다.

1. 검토 대상 기간을 정한다. 장기(몇 개월~몇 년), 중기(몇 주일~ 몇 개월), 단기(며칠~몇 주일)가 있다.

2. 염두에 둔 기간 내에서 상승추세라면 가장 낮은 저점에서 가장 높은 고점 이전의 저점을 잇는 선을 긋되, 두 저점 사이에 있는 일봉을 통과해서는 안 된다. 선을 연장하여 가장

높은 고점 기간까지 지나가게 한다. 추세선이 다른 고점을 통과할 수는 있다. 실제로 이 상황은 추세 전환을 알리는 신호이며, 이에 관해서는 다시 설명하겠다(그림 10.1 참고).

3. 염두에 둔 기간 내에서 하락추세라면 가장 높은 고점에서 가장 낮은 저점 이전의 고점을 잇는 선을 긋되, 두 고점 사이에 있는 일봉을 통과해서는 안 된다. 선을 연장해 가장 낮은 저점 기간까지 지나가게 한다(그림 10.2 참고).

이 기법의 장점은 앞으로 추세가 변할지 아니면 이미 변했는지를 평가하는 절대적 수단을 제공한다는 사실이다. 다시 말해 이 방법을 사용해 차트에 추세선을 그리면 가격이 상승하거나 하락할 때 추세선을 다르게 그려야 하는데 이것이 바로 추세 전환의 지표가 된다.

1-2-3 규칙

추세가 전환하려면 세 가지 사건이 발생해야 한다.

추세 전환의 척도

1. 추세선 돌파, 즉 가격이 차트상의 추세선을 통과해야 한다.
2. 상승추세에서는 고점 돌파가, 하락추세에서는 저점 돌파가 멈춰야 한다. 예를 들어 상승추세에서 단기 매도 이후 가격이 다시 상승할 수 있으나 이전 고점을 넘어서거나 신고점을 경신하는 데는 실패해야 한다.

10장 | 강력한 기술적 지표들

하락추세에서는 반대 상황이 발생해야 한다. 이를 두고 고점 혹은 저점을 '시험한다(test)'고 표현하기도 하는데, 추세 전환이 일어나고 있을 때 이런 상황이 늘 발생하는 것은 아니다. 이런 현상이 발생하지 않을 때의 가격 동향은 주로 갭 상승 혹은 갭 하락을 유발하는 중요한 소식, 그리고 '통상적' 가격 동향과 동떨어진 변덕스러운 가격 추이에서 비롯된다.

3. 가격은 하락추세에서는 이전 단기 반등 고점을 넘어야 하고, 상승추세에서는 이전 단기 매도 저점 아래로 떨어져야 한다.

이 세 가지 사건이 모두 발생한 시점이 다우 이론상의 추세 확정과 동등한 의미를 갖는다. 처음 두 가지 사건 가운데 하나만 나타나도 추세 전환 가능성의 증거로 간주할 수 있다. 세 가지 중 두 가지 사건이 발생한다면 추세 전환이 일어날 확률이 높아진다. 그리고 위 세 가지 사건이 모두 발생하는 경우 이를 추세 전환으로 확정할 수 있다.

차트상에서 추세 전환을 확인하려 할 때는 이 세 가지 사건을 도표로 바꾸어 표현해주기만 하면 된다. 첫 번째 단계는 앞서 설명한 방법으로 추세선을 그리는 것이다. 그러고 나서 그림 10.3에서 보는 바와 같이 두 개의 수평선을 그려준다. 하락추세에서 첫 번째 수평선은 현재 형성된 저점을 통과하도록, 두 번째 수평선은 바로 이전의 단기 랠리 고점을 통과하도록 그린다. 상승추세에서 첫 번째 수평선은 현재 형성된 고점을 통과하도록, 두 번째 수평선은 바로 이전의 단기 매도 저점을 통과하도록 그린다.

가격점이 추세선을 넘으면 그림 10.3에서 보는 바와 같이 차

[그림 10.3] 1-2-3 규칙 도표화하기

트상의 해당 지점에 숫자 1을 표시한다. 가격이 이전 고점 혹은
저점을 시험한다면, 즉 가격이 현 고점 혹은 저점에 해당하는 수
평선에 근접하거나 닿거나 약간 넘어섰지만 돌파에는 실패한다
면 차트상의 그 지점에 숫자 2를 표시한다. 가격이 계속되는 급
락 고점 혹은 저점에 해당하는 수평선을 넘어선다면 차트상의
이 지점에 숫자 3을 표시한다.

이 세 가지 조건 가운데 두 가지가 충족된다면 추세 전환이 진
행되고 있을 가능성이 매우 크다. 세 가지 조건이 모두 충족된다
면 그때는 이미 추세 전환이 일어난 것이고 새롭게 전환된 방향
이 당분간 계속될 가능성이 크다.

2B 지표

추세 전환의 두 번째 요건으로 돌아가 보자. 즉 추세 전환이 일어나려면 상승추세에서는 고점 돌파가, 하락추세에서는 저점 돌파가 멈춰야 한다. 이를 고점 혹은 저점의 '시험'이라고 한다. 이 시험은 추세 전환의 필수적 부분은 아니라는 데 주목하라.

예를 들어 시장이 추세선을 형성할 때는 시험이 나타나지 않을 것이다. 대신에 시장이 특정 범위에서 크게 요동치다가 추세선을 돌파하고 종국에는 추세선의 범위를 벗어나면서(상향 혹은 하향) 신고점 혹은 신저점을 형성하게 된다.

그러나 시험 상황이 발생한다면 통상적으로 앞으로의 추세 전환을 알리는 신호가 된다. 실제로 내가 2B 지표라고 칭하는 특수한 시험 사례가 있다.

추세 전환의 척도 2를 다시 살펴보자. 이전 고점(혹은 저점)의 시험이 실제로 이전 고점(혹은 저점)을 넘어섰다가(break) 결국 돌파에는 실패한다는 부분에 주목하라. 이는 시험의 특수한 사례이고(그래서 '2B'라 칭한 것임) 또 매우 중요하다. 추세 전환의 신호가 되는 경우가 종종 있기 때문이다. 추세 전환의 가능성을 평가할 때 나는 다른 척도들보다 2B 사건에 비중을 많이 둔다.[5]

2B 규칙

상승추세에서 신고점을 만든 다음 계속 상승하지 못하고 하락해 이전 고점을 하향 돌파하면 추세가 전환하기 쉽다. 하락추세는 그 반대가 된다.

이 관찰 결과는 그림 10.4에서 보는 바와 같이 모든 추세 기간에 해당한다. 단기추세(3~5일)에서 2B가 발생한다면 신고점 수립 후 하루이틀 내에 가격이 이전 고점이나 저점 이하로 떨어질 것이다. 중기추세에서는 2B가 조정의 시작이 될 때가 종종 있으며, 일반적으로 신고점이나 신저점을 만들고서 7~10일 이내에 발생한다. 주요 시장 전환점에서는 2B가 통상 7~10일 이후에 발생한다.

2B 지표가 추세 전환을 정확히 예측한 경우가 몇 번이나 되는지 엄격한 잣대로 검증한 적은 없고 그럴 필요도 없다. 세 번 가운데 한 번 들어맞더라도 이 규칙을 토대로 한 매매에서 여전히 이익을 낼 것이다. 중기추세에서 특히 그렇다. 왜냐하면 2B 덕

[그림 10.4] 세 기간의 2B 규칙

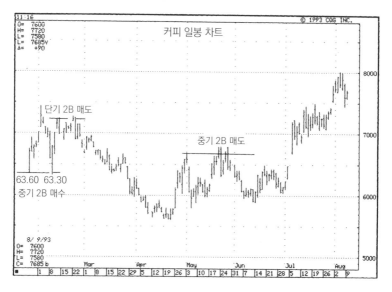

분에 천장과 바닥을 거의 정확하게 포착해서 좀 더 유리한 위험과 보상 시나리오를 구성할 수 있기 때문이다.

예를 들어 상승추세에서 2B를 기초로 한 가장 이상적인 자본 투자 방법은 그림 10.5에서 보는 바와 같이 가격이 이전 고점을 하향 돌파할 때 매도하는 것이다. 매도한 다음에는 2B 고점 수준으로 손실제한선을 정한다. 중기추세에서 매매할 때는 위험 대비 보상 배수가 5배 정도가 된다. 연속 두 번, 세 번, 심지어 네 번까지 손실을 보더라도 한 번만 성공하면 큰돈을 벌 수 있다.

1-2-3 규칙과 2B 지표를 이용해 차트를 분석하는 방법을 꾸준히 연마한다면 어느새 추세선과 수평선을 그릴 필요가 없는 수준까지 성장할 것이다. 즉 1-2-3 규칙만 고려해도 충분한 단

[그림 10.5] 2B 매도 신호

계에 이를 것이다. 여기서 1은 추세선 돌파, 2는 이전 고점 혹은 저점의 시험과 돌파 실패, 3은 이전 주요 고점 혹은 저점의 돌파를 의미한다. 그리고 잠재적 2B를 확인하는 방법을 배울 것이고, 이 규칙을 기준으로 매매할 때 항상 손실 제한 주문을 해야 하는 이유를 이해할 것이다.

1-2-3 규칙에 따른 매매

1-2-3 규칙에 따른 매매라는 관점에서 가장 좋은 방법은 세 가지 조건이 모두 충족될 때 매매하는 것이다. 예를 들어 그림 10.6을 보면 나스닥지수가 중기추세에서 전형적인 1-2-3 변화를 겪고 있다. 매매 관점에서 엄청난 거래량과 함께 가격이 약 640포인트 선에서 추세선을 돌파할 때는 앞으로 추세 전환이 일어날지 확인할 방법이 없다. 그럼에도 위험 대비 보상 관점에서는 매력적인 매도 시점이었다. 순전히 기술적인 관점에서 이 부분을 좀 더 상세히 평가해보겠다.

어느 날 가격이 640포인트 수준에서 중기 추세선을 돌파했다고 하자(단기 2B에 해당). 이때 추세가 전환되었다고 보고 매도 포지션을 취했는데 가격이 일일 종가 고점인 644(반올림한 수)를 넘어선다면 당신의 판단이 잘못되었다는 의미다. 644에서 매수 지정을 해놓으면 진입 시 기준으로 4포인트가 위험 수준이 된다. 잠재 보상의 관점에서 진입 시보다 25포인트 낮은 615 수준으로 지수가 하락한다면 추세 전환이라고 본 판단은 옳았다고 판명될 것이다. 그러므로 위험이 4이고 보상이 25이니 위험 대

[그림 10.6] 1-2-3 매매 신호와 장외시장 거래량

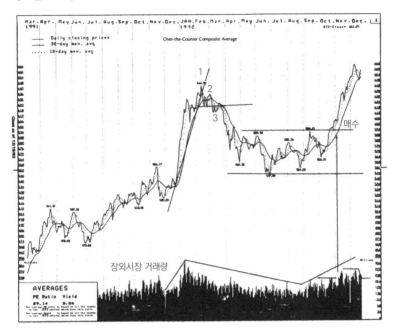

비 보상 배수는 6.25배로서 당신에게 유리하다.

이처럼 유리한 위험 대비 보상 시나리오에서는 고차적 기술적 분석이 더욱 힘을 받는다. 이 경우 시장 수명 분석표는 추세가 전환된다는 가설을 강력하게 지지한다. 2월 12일 종가 고점이 644.92였을 때, 나스닥지수는 지속적인 1차 파동 속에서 230일 동안 36.3% 상승했다. 전체 강세장 1차 파동 가운데 이보다 크고 길었던 경우는 21.4%에 불과했다. 이 측정치를 기준으로 하면 장외시장의 추세가 전환될 비율은 3.6 대 1이다.

이 수치를 정확히 알지 못하더라도 추세 전환의 확률 평가에 관한 개념을 이해하고만 있으면, 젊은이를 통해 노인의 미래를 가늠할 수 있는 것과 마찬가지로 상식적 수준에서라도 추세 전환의 확률을 어느 정도 파악할 수 있을 것이다.

기본적 분석만으로도 장외시장에서 적어도 소규모 매도 포지션을 유지하는 데는 별 무리가 없을 것이다. 그러나 지금까지 설명한 바와 같이 가능한 모든 차원의 확률을 계산하려고 노력한다면 매매의 성공 가능성이 훨씬 커질 것이다.

시장이 추세선을 형성할 때

의사결정 과정에 도움이 되는 또 다른 기술적 도구를 논하기에 앞서, 1-2-3 규칙이 가장 우선해야 할 고려 사항은 아니라는 점을 지적할 필요가 있다.

앞서 언급한 바와 같이 시장이 박스권 혹은 분산 상태일 때 하나의 '선'을 형성하게 된다. 박스권 상태일 때는 결국 가격 폭(trading range: 특정 종목이나 지수가 거래되어온, 혹은 거래되리라 예상되는 최고 가격과 최저 가격의 범위-역주)을 넘어서는 상향 '돌파'가 일어날 것이다(주식시장에서 매매하는 경우 대규모 거래량 기준). 시장이 분산 상태일 때는 대량 거래를 통해 가격 폭 아래로 하향 돌파가 일어날 것이다.

안타깝게도 순수하게 기술적인 관점에서 보면 실제로 추세가 꺾이거나 돌파가 이루어지기 전까지는 시장이 박스권 상태인지 분산 상태인지 확인할 방법이 없다. 그러나 시장이 추세선을 형성할 때 순수한 기술적 분석으로 매매할 간단한 방법이 있다. 기본적으로 이 방법은 두 단계로 구성된다(그림 10.6 참조).

1. 가격 폭의 최고점과 최저점 부분에 수평선을 그린다.
2. 거래량 폭주와 함께 시장이 상위 수평선을 상향 돌파한다면 돌파 수준에서 매도 지정 주문을 걸어놓고 매수 포지션을 취한다. 거래량 폭주와 함께 시장이 하위 수평선을 하향 돌파한다면 돌파 수준에서 매수 지정 주문을 걸어놓고 매도 포지션을 취한다.

이 기법은 2B와 몇 가지 공통점이 있다. 거래량 부분만 제외하면 2B와 마찬가지로 모든 시장과 세 가지 시장 추세 모두에 적용된다. 또 이 기법은 통상적으로 일어나는 일들을 반영한다. 아마도 이 기법이 널리 알려진 기술적 도구라는 이유에서 잘못된 돌파와 꺾임이 나타날 수 있다. 그래서 이를 토대로 형성한 포지션에서 손실을 볼 수도 있겠으나, 손절매 전략을 효과적으로 활용하면 자신에게 유리한 위험과 보상 시나리오에 따라 트레이딩에 임할 수 있다.

이것이 강력한 기술적 도구가 될 수는 있겠으나 시장과 완전히 격리된 상태에서 사용할 수는 없다. 손실을 방지하는 가장 좋은 방법은 시장이 박스권 상태인지 분산 상태인지 기본적 분석 지식을 활용하는 것이다. 여기서 말하는 기본적 지식이란 소로스가 말하는 이른바 시장 심리를 이해하는 것을 의미한다.

이와 관련해 내가 최근에 겪은 부정적 경험은 다음과 같다. 사실상 1991년 후반기에 시장은 추세선을 형성하고 있었다. 나는 경제 펀더멘털 측면에서 시장이 분산 상태이며 적어도 2차 조정, 더 나아가 약세장이 임박했다고 확신했다. 시장에는 저금리가 주가 상승을 유발할 것이라는 기대감이 팽배해 있다는 사실을 감안하지 못한 것이다.

그래서 11월에 주가 상승이 발생했을 때 공매도 포지션을 취했고 11월 중순에 주가 급락 사태가 일어났다. 그러나 12월에 연준이 할인율을 인하했다. 나는 할인율 인하 조치가 경제 펀더멘털을 변화시킬 것이라는 기대감이 시장에 팽배해 있다는 사실을 간과했다.

결국 나는 공매도 포지션을 취한 탓에 이익의 상당 부분을 잃었고 12월 상승장에서 아무 기회도 얻지 못했다. 이때의 상승장은 거래량 폭주에 따른 전형적인 '돌파' 사례였다.

기타 유용한 도구들

거래량 관련

거래량 역시 기술적 지표인 것은 분명하지만 내가 사용한 기술적 지표 가운데 객관성이 가장 떨어지는 것 또한 분명한 사실이다. 그렇기는 해도 주식시장에서의 트레이딩은 거래량을 고려하지 않고는 생각하기 어렵다.

거래량 관계성이 객관성이 가장 떨어지는 도구라고 한 것은 여기에 엄격한 규칙이 존재하지 않기 때문이다. 특정 시장 맥락에서 해석해야 하는 일반적 관찰 상황만 존재할 뿐이다. 그리고 이를 정확하게 해석할 방법은 시장을 매일 관찰해 거래량이 '통상적' 수준인지, 아니면 '많은'지 '적은'지 감을 얻는 것뿐이다.

아래에 거래량에 관한 일반적 관찰 사항을 제시했다. 이를 나스닥 시나리오 평가에 적용하는 방법을 설명하겠다.

주요 거래량 관계

1. 거래량은 시장 추세와 함께 움직이는 경향이 있다. 즉 강세장에서는 상승할 때 거래량이 증가하고 하락할 때 거래량이 감소하는 경향이 있다. 약세장에서는 반대 현상이 나타난다(그림 10.6 참고). 한 가지 예외는 시장이 조정기를 향해 가는 경우다.
2. 강세장이든 약세장이든 중기 상승기에 과매수 상태인 시장은 상승할 때 거래량이 감소하고 하락할 때 거래량이 증가하는 경향이 있다. 반대로 중기 하락기에 과매도 상태인 시장은 반등할 때 거래량이 증가하고 하락할 때 거래량이 감소하는 경향이 있다.
3. 강세장은 거의 예외 없이 거래량이 극도로 많은(이전 거래량에 비해) 시기에 끝나고 거래량이 적은 시기에 시작된다. 반대로 약세장은 거의 예외 없이 거래량이 많은 시기에 시작해서 거래량이 감소하면서 끝난다.

그림 10.6에 제시한 사례의 관점에서 좀 더 자세히 검토할 필요가 있다. 그림 10.6의 거래량 부분을 살펴보면 1월부터 거래량이 증가했다. 나스닥 부문은 1991년 한 해 동안 최고의 성과를 냈고 이전의 거래량도 만만치 않게 많았기 때문에 이 부분이 특히 흥미롭다.

이제 그림 10.7의 아래쪽에 제시된 거래량 관계를 살펴보면 다우지수와 다우운송지수, 나스닥지수와 S&P500지수의 거래량 패턴에 중요한 차이점이 있다. 좀 더 자세히 설명하면 다우지수와 다우운송지수의 거래량은 급락이 있었던 2월과 3월에 큰 폭으로 감소했는데, 나스닥지수와 S&P500지수의 거래량은 이전 달들에 비해 여전히 높은 수준을 유지했다.

내가 발행하는 투자 자문 간행물 〈시장 위험 모니터(The Rand Monitor of Market Risk)〉의 기관 구독자들에게 '경기순환주에 대해 매수 포지션을 유지하고, 장외시장과 고성장주에 대한 익스포저를 최소화'하라고 조언한 이유가 바로 여기에 있다. 장외시장, S&P500, 시장을 주도했던 다른 지수 여럿이 거의 모든 측면에서 기술적 고점을 형성하는 움직임을 보였다. 거래량 역시 마지막 랠리와 뒤이은 매도세에서 모두 높은 수준을 유지하며 이 움직임을 확인해주었다. 특히 장외시장은 상당한 조정이 오랫동안 미뤄졌던 터라, 내 의견으로는 이 시장이 새로운 약세장을 향해 주도적인 역할을 하고 있었다.

같은 맥락에서 다우지수와 기타 경기순환지수들은 낙관적 신호를 보여주고 있고, 거래량은 하락추세에서는 감소하고 상승추세에서는 증가하는 모습이었다. 이는 내가 경기순환주에는 매수 포지션을 취하고 장외시장과 성장주에는 매도 포지션을 취하는 등의 이중적 방법으로 트레이딩에 임할 때 특히 중요시하는 부분이다.

또 이를 통해 기술적 시장 분석의 또 다른 중요 원칙(물론 이차

[그림 10.7] S&P500지수와 다우지수의 거래량 패턴

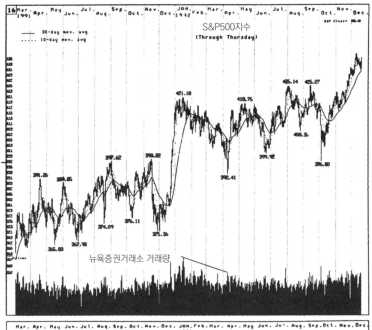

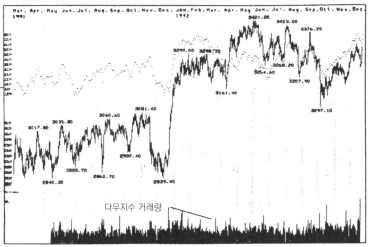

적인 원칙이기는 하지만), 즉 상대강도에 주목하게 되었다. 그런데 전체 시장에 이 원칙을 적용하는 사람은 거의 없는 것 같다.

상대강도

최근 10~15년 전까지만 해도 산업평균, 운송평균, 유틸리티평균 등의 다우 평균을 분석해서 '시장'(주식시장 전반을 의미) 분위기를 비교적 정확하게 파악할 수 있었다. 그러나 이제는 아니다. 정보 기술의 발달과 함께 각기 다른 시장 부문을 따로 떼어 분석하는 것이 가능해졌고 따라서 주가 동향을 파악하려면 좀 더 포괄적인 관점이 필요해졌다.

포괄적 관점에서 시장 전체를 관찰할 때는 최소 18개 지수를 대상으로 해서 일일 종가, 변동 크기, 지속 기간 등을 검토한다. 다우 이론을 분석 기초로 삼아 가격 동향, 거래량 관계, 시장 폭 [등락 폭(advance/decline ratio): 일정 기간의 상승 종목 누계를 하락 종목 누계로 나누어 백분율로 표시한 것-역주] 등을 비교해 각종 지수 간의 유사점과 차이점을 살펴본다.

강한 강세장에서는 이들 지수가 모두 같은 방향으로 움직일 것이다. 강세와 약세가 혼합된 장세에서는 다우지수와 XMI(주요시장지수) 같은 일부 지수는 같이 움직이지만 다른 지수들은 또 다른 지수에 선행하거나 후행하는 모습을 나타낸다. 다시 말해 나는 여러 지수 간의 상대강도를 찾는다.

로버트 레아는 '주식의 습성과 상대 실적'이라는 구절에서 상대강도 개념을 내비쳤다. 그는 개별 종목을 언급했지만 이제는 종목이 아니라 지수의 성향과 상대적 성과 수준을 평가할 필요가 있다. 앞서 언급한 바와 같이 1991년 한 해 내내 S&P500지수와 나스닥지수는 다우지수와 아멕스지수(AMEX index: 미국증권거래소 종합지수)처럼 포괄적인 지수보다 더 나은 성과를 나타냈다. 말하자면 전자의 상대강도가 더 높았다. 미래를 정확하게 예측하려면 다양한 시장들의 상대강도와 트레이딩의 관계를 확인하는 것이 중요하다.

장외시장 분석에는 특별한 재능이 필요 없다. 1991년 한 해의 차트를 죽 살펴보기만 해도 장외시장이 가장 성과가 좋았다는 사실을 금방 알게 된다. 그러나 장외시장은 오랫동안, 그것도 투기적 환경에서 초강세를 보였기 때문에, 시장이 전반적으로 하락세를 나타낼 때는 제일 먼저, 어떤 시장보다도 빠르게 붕괴할수도 있다. 도자기 찬장의 선반이 무너지면 맨 위에 놓인 도자기가 산산이 부서질 가능성이 가장 큰 것처럼 말이다.

200일 이동평균

현 사례에는 적용할 수 없으나 내가 주목하는 기술적 지표는 바로 200일 이동평균이다. 윌리엄 고든(William Gordon)의 연구보고서를 읽었던 1968년에 처음으로 눈에 들어왔다. 고든은 이 연구에서 200일 이동평균 하나만 가지고도 다우지수 매매에서 연 18.5% 수익률을 기록할 수 있다는 결과를 도출했다.

200일 이동평균의 가장 큰 문제이자 유일한 문제점은 시차가 한참 나는 후행 지표라는 것이다. 그림 10.8에서 보는 바와 같이

200일 이동평균이 다우지수의 매수 혹은 매도 시점이라고 가리킬 때는 이미 그 추세가 거의 끝나버린 후다. 게다가 이 지표는 꾸준한 투기적 상승세가 끝난 다음 발생하는 갑작스러운 시장 붕괴나 소붕괴 상황에는 무용지물이다.

[그림 10.8] 이동평균의 신호

그래서 나는 200일 이동평균은 기술적 도구를 보조하는 용도로만 사용한다. 예를 들어 나스닥지수 역시 200일 이동평균선을 하향 돌파했다면 2월 초와 3월 말에 장외시장 종목에 대해 대규모 매도 포지션을 취했을 것이다.

시장 폭과 모멘텀 오실레이터

내가 사용하는 마지막 두 가지 지표는 시장 폭과 모멘텀 오실레이터(momentum oscillator)다. 시장 폭은 등락주선(A/D line: ADL) 혹은 등락비율이라고도 한다.

등락주선은 가격이 상승한 종목의 수에서 하락한 종목의 수를 빼고 매일 집계해서 선으로 이은 것이다. 이는 실질적으로 가중치가 부여되는 모든 주가지수를 보완하는 역할을 하기 때문에 매우 중요하다. 예를 들어 다우지수는 가격에 가중치를 두어서 30개 종목만의 가격을 평균한 것이다. IBM처럼 가중치가 많이 부여된 종목의 가격 변동 폭이 크다면 산업 종목 전체의 성과를 대변하는 지표로서의 타당성이 떨어질 수 있다.

요컨대 등락주선의 일일 동향은 대체로 광범위한 시장 평균과 같은 방향으로 움직이는데, 등락주선과 전체 시장 지수에 차이가 생기면 추세 전환이 임박했음을 나타내는 신호다. 실제로 나는 등락주선을 지수처럼 사용한다.

그러나 일일 등락주선은 현재가 고점인지 저점인지 비교하는 것이 아니라 이전 고점(혹은 저점)을 확인하는 데 사용한다. 그리고 주간 등락주선은 강세장 혹은 약세장에 대한 의견을 확인해

주어야 한다. 예를 들어 1990년 10월의 시장 저점 이후로 가장 좋은 기술적 지표가 단연 주간 등락주선이다.

다른 사례로 1992년 3월과 4월에 다우지수는 신고점을 경신했는데 나스닥지수와 S&P500지수, 등락주선은 그러지 못했다. 나는 이 상황이 다우지수가 천장에 도달할 가능성이 있다는, 의미 있는 차이라고 받아들였다.

나는 항상 시장 폭을 주시하면서 일종의 주가지수로 취급한다. 그다음으로 중요시하는 것은 시장 폭에서 파생된 측정치, 즉 시장의 전반적 상승 혹은 하락 경향을 측정하는 모멘텀 오실레이터다. 나는 뉴욕증권거래소에서 이전 30일 동안 거래된 종목의 일일 등락 차이를 매일 집계했다. 그런 다음 측정치를 3으로 나누어 10일 이동평균 오실레이터를 구했다. 이는 중기 '과매수' 혹은 '과매도'의 시장 상황을 포착하는 매우 효과적인 측정치로 작용할 때가 종종 있다.[6]

200일 이동평균을 사용하는 입장에서 나는 시장 매매의 전반적 성공 확률을 결정할 때 1-2-3 규칙, 2B 규칙, 시장 평균 수명 분석표 등과 같은 기초적인 기술적 측정치를 사용하고, 보조 지표로서 시장 폭과 모멘텀 오실레이터를 자주 사용한다.

예를 들어 2월 말과 3월 초에 시장 폭은 신고점을 경신하는 데 실패했고 내 장기 오실레이터에 따르면 시장 전반이 약간의 과매수 상태였다. 따라서 시장 폭은 장외시장에서의 매도 포지션을 지지했고 내 오실레이터 또한 이를 어느 정도 지지했다. 전체적으로 보면 시장 상황은 내게 유리했지만 공격적인 매도 포지션을 취하기에는 뭔가 부족했다. 나는 물론이고 고객 자본의 위험 비율이 2~3%를 넘어선 적은 한 번도 없다.

새로운 지표

지금까지 이익 트레이딩을 위한 몇 가지 원칙과 지표를 설명했다. 이제 여기에 한 가지를 추가하고자 한다. 4일 규칙이 바로 그것이다. 내가 추세 전환을 분석할 때 선호하는 중기 지표로서, 전작 《전설의 프로 트레이더 빅》을 읽고 소중한 의견을 내준 독자들에게 애착이 생겨 공유하기로 했다.

> **4일 규칙**
>
> 시장에서 중기추세가 형성된 이후에 이전 고점 혹은 저점에서 4일 연속 상승하거나 하락하는 형태로 장세가 반전될 때 추세가 전환될 확률이 매우 높다.

역시나 이 규칙을 발견하는 데는 상당한 노력이 필요했다. 나는 1926년부터 1985년까지의 다우지수를 조사하고 중기적 관점에서 각 시점의 천장과 바닥 수치를 모두 측정했다. 표 10.1은 4일 계열(즉 4일 연속 상승하거나 하락)에서 천장과 바닥의 상관성을 나타낸 것이다. 나는 전체 자료를 살펴보면서 두 가지 사항에 초점을 맞췄다.

첫 번째로 주목한 부분은 중기추세의 천장 혹은 바닥과 연계된 4일 연속 패턴은 항상 추세의 방향을 제시해준다는 점이다. 표 10.1에서 보는 바와 같이 중기 고점 혹은 저점 이후 즉시 새로운 추세를 형성하는 방향으로 4일 연속 패턴이 나타난 경우가

[표 10.1] 1926~1985년의 4일 규칙 사례(중기추세)

일수	발생 횟수	발생률 (%)	종합 (%)	일수	발생 횟수	발생률 (%)	종합 (%)
69	2	0.9	90	22	3	1.3	73
56	1	0.4	90	21	1	0.4	72
53	1	0.4	89	20	1	0.4	71
52	1	0.4	89	19	4	1.8	71
50	1	0.4	88	18	5	2.2	69
48	1	0.4	88	17	2	0.9	67
45	2	0.9	87	16	5	2.2	69
40	2	0.9	86	15	4	1.8	64
38	2	0.9	85	14	10	4.5	62
36	1	0.4	85	13	4	1.8	57
35	3	1.3	84	12	8	3.6	55
34	1	0.4	83	11	2	0.9	52
33	1	0.4	82	10	7	3.1	51
32	1	0.4	82	9	3	1.3	48
31	2	0.9	81	8	6	2.7	46
30	3	1.3	80	7	5	2.2	44
29	1	0.4	79	6	5	2.2	41
28	3	1.3	79	5	9	4.0	39
27	1	0.4	77	4	6	2.7	35
26	1	0.4	77	3	10	4.5	32
25	4	1.8	76	2	5	2.2	28
24	1	0.4	75	1	56	25.0	25
23	2	0.9	74				

일수: 고점 혹은 저점 이후 4일 규칙이 시작되기까지의 일수
발생 횟수: 고점 혹은 저점 이후 특정 일수에 4일 규칙이 시작된 횟수
발생률: 고점 혹은 저점 이후 특정 일수에 4일 규칙이 시작되고 고점 혹은 저점을 기록한 비율.
전체 중기추세 가운데 10%는 4일 연속 패턴을 형성하지 않았으니 주의해야 한다.

전체의 25%였고, 6일 이내에 나타난 경우가 41%, 24일 이내에 나타난 경우가 75%였다. 중기추세에서 4일 연속 패턴이 나타나지 않은 경우는 전체의 10%에 불과했다.

S&P500지수의 주간 차트와 일간 차트를 살펴보자(그림 10.9 참고). 그림을 보면 S&P500지수는 1992년 10월 9일에 402.66포인트로 바닥을 찍었다. 이후 10월 12일 4.78포인트 상승, 10월 13일 4.86포인트 상승, 10월 14일 0.70포인트 상승, 10월 15일 0.23포인트 상승으로 움직였다. 4일 연속으로 지수가 상승한 것은 이전 저점이 바닥이라는 의미다. 10월 16일에도 지수가 상승했으나 중요하지 않다.

이것이 진짜 저점이라면 여러 개월 동안은 1992년 10월 9일의 저점 이하에서 매매하면 안 되고, 따라서 이 수준을 손실제한의 기준으로 사용할 수 있다.

4일 규칙은 상품시장에서도 꽤 쓸모 있는 도구가 될 수 있지만 다우지수만큼 통계적 분석을 깊게 하지는 않았다. 그림 10.10은 9월물 일본 엔화의 일봉 차트이며 여기에서 두 차례의 4일 규칙 사례를 확인할 수 있다.

두 번째 도구는 4일 규칙을 약간 변형한 형태다.

4일 규칙의 변형

중기추세가 계속된 후 같은 추세 방향으로 4일(혹은 그 이상) 연속 패턴이 나타나면, 반대 추세가 나타난 첫날이 천장 혹은 바닥을 의미하며 이것이 추세 전환의 신호가 되는 경우가 종종 있다.

[그림 10.9] 4일 규칙(S&P500 주봉 차트)

[그림 10.10] 4일 규칙(9월물 엔화 일봉 차트)

10장 | 강력한 기술적 지표들

그림 10.11은 다우운송지수의 일일 차트이며 상술한 4일 규칙의 변형 현상이 아주 명확하게 드러나 있다. 장기 상승 추세 이후 연속해서 5일간 상승하다가 지수가 다시 하락한 첫날이 중기 천장에 해당한다. 이렇게 되면 첫 하락일에 매도할 것이고 이때 5일 연속 패턴의 고점이 손실제한선이 된다.

4일 규칙의 변형이 유용한 도구가 되는 것은, 거래량이 많은 단 하루의 고점 혹은 저점이 아니라 여러 날의 정점을 확인할 수 있기 때문이다. 9월물 은(silver) 차트인 그림 10.12와 S&P지수를 나타낸 그림 10.13이 좋은 예다.

4일 규칙에 주목하라. 이를 열심히 관찰하면 할수록 중요한 사실을 더 많이 알 수 있을 것이다.

[그림 10.11] 4일 규칙(다우운송지수 일봉 차트)

[그림 10.12] 4일 규칙(9월물 은 일봉 차트)

[그림 10.13] 4일 규칙(S&P지수 일봉 차트)

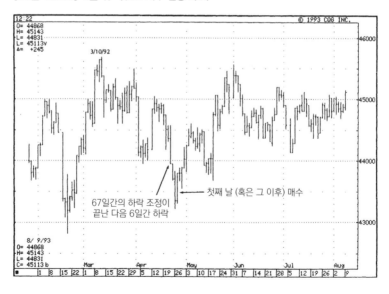

결론

요약하면 나는 주요 기술적 도구 세 가지와 보조 지표 몇 가지를 사용해서 시장을 평가했다. 시장 지수는 1-2-3 규칙, 2B 규칙, 시장 수명 분석표(이전 장에서 기술) 등을 통해 평가했다. 위험 대비 보상이 3배 정도이고 추세가 전환할 확률도 높다면 그다음에는 거래량 관계, 이동평균, 시장 폭, 모멘텀 오실레이터 등을 살펴본다.

각종 지표를 확인한 결과 추세가 내게 유리하게 나타난다면 다음에는 순전히 기술적 기준을 토대로 포지션을 취하기도 한다. 말이 나온 김에 한 가지 덧붙이자면, 유용한 기술적 도구 가운데 내가 언급하지 않은 것이 상당히 많다. 주요 기술적 도구의 정보를 더 많이 얻고 싶다면 알렉산더 엘더(Alexander Elder) 박사의 《주식시장에서 살아남는 심리투자 법칙(Trading for a Living)》을 읽어보기를 권한다.

그러나 순전히 기술적인 측면만을 취하는 경우는 매우 드물다는 사실을 강조한다. 나는 기술적 분석에만 의지하다가 쪽박을 찬 트레이더를 숱하게 봤다. 그럼에도 트레이딩 성공 확률을 보다 명확하게 측정한다는 측면에서는 기술적 도구가 매우 가치 있으며, 시장 분석과 예측에 관한 포괄적 접근법에서 기술적 분석의 원칙을 무시하는 것은 어리석다고 생각한다.

1-2-3 규칙처럼 시간이라는 시험대를 통과하여 살아남은 기술적 분석 도구를 주 도구로 삼고, 역시 오랜 시간을 거쳐 꽤 유

용하다고 검증된 부차적 도구들을 보조 도구로 활용하는 것이 중요하다. 그러나 좋은 도구는 결국 시장의 인정을 받게 되고 아이러니하게도 모든 이에게 가치를 인정받는 순간 유용한 도구로서의 가치를 상실한다. 그러니 가장 중요하다고 생각하는 기술적 지표 한 가지에만 매달려서는 안 된다. 매달렸다가는 큰 손실을 보게 될 것이다. 내가 바로 그런 꼴을 당했다!

지금까지 나는 전체 시장을 더 포괄적으로 분석하기 위해 장외시장을 예로 들어 설명했다. 그러나 경험이 많은 사람이라면 다 아는 사실이겠지만 요즘은 나스닥지수가 활발히 거래되지 않는다. 대신에 주식과 주식 옵션이 더 많이 매매된다. 그렇다면 다음 단계는 무엇인가? 포지션을 취할 주식 혹은 옵션은 어떻게 선택할 것인가? 또 성공 확률을 높일 수 있는 주식 혹은 옵션은 어떻게 선택할 것인가?

다음 장에서 다룰 주제가 바로 이것이다.

11

실전
차트 분석

퍼스트보스턴(First Boston Corp.)에서 전략가로 일한 카민 그리골리(Carmine Grigoli)의 이야기로 시작하겠다. 1991년 상반기에 그리골리는 주식시장이 1990년 10월에 기록한 저점 2365포인트를 돌파해 신저점을 형성할 것으로 내다봤다. 그런데 예상과는 달리 연말에 3188포인트까지 상승했다.

딕 웨스트(Dick West)의 1992년 3월 5일 자 시장 레터를 보면 이 현상에 대한 그리골리의 입장을 알 수 있다. 그리골리의 대답은 이랬다. "경제 펀더멘털에 대한 내 분석이 옳았다는 것을 고객 대다수가 느꼈다고 생각한다. 그래서 역으로 모두가 '잘못된' 쪽에 베팅했기 때문에 벌어진 현상이다."

우리는 누구나 똑같은 실수를 저지르기 때문에, 특히 우리가 경제 펀더멘털을 정확히 알 때는 그리골리의 입장이 어느 정도 이해는 된다. 그러나 중요한 것은 경제 펀더멘털이 아니라 시장

11장 | 실전 차트 분석

의 분위기다. 시장 분위기는 실재하는 진실이 무엇이냐가 아니라 사람들이 진실이라고 믿는 것이 무엇이냐에 따라 결정된다. 선택이든 필수든 간에 게임 참여자들이 그 게임에서 빠지더라도 시장에서의 게임은 끝나지 않기 때문에 돈이 모이는 곳이 곧 게임의 승부처가 된다.

시장은 미래 사건을 예측하려는 개인들의 집합체에 불과하므로 본질적 속성상 오류를 범할 수 있다. 1980년대 후반부에 매우 똑똑한 사람들이 낭패를 봤다. '절대 내려가지 않는다'던 부동산 가격이 급락했기 때문이다. 이 맥락에서 이 장에서는 기술적 분석과 가격 변동 상황을 차트를 중심으로 설명하겠다.

전작 《전설의 프로 트레이더 빅》에서는 추세 전환을 포착하는 방법 두 가지를 제시했고 각각 1-2-3과 2B로 명명했다. 설명을 반복하지 않으려고 이전 장에서 간략하게 정리했다. 설명이 부족하다 싶으면 전작을 읽어보길 바란다.

나는 특정 종목의 가격 동향을 설명해달라거나 특정 종목의 매매 요령을 알려달라는 질문을 수도 없이 받았다. 이 장에서는 차트 보는 방법을 설명할 것이다. 내가 주장하는 원칙에 딱 들어맞는 차트를 고른 것이 아니냐는 비난을 받지 않으려고 상품 차트를 예로 들어 설명했다. 이 상품들 모두가 미국 내에서 가장 폭넓게 거래된다.

간단하게 말하면 나는 차트를 하나 선정해서 내가 고수하는 원칙에 따라 분석한 다음, 차트에서 알아낸 것이 무엇이며 어떻게 해석하는지를 설명할 것이다. 그리고 전작에서 언급하지 않았던 새로운 사실 몇 가지를 추가로 제시할 것이다. 갭 규칙(gap rule)과 고-저 3일 규칙(high-low 3-day rule)이 바로 그것이다.

갭 규칙은 아주 간단하다. 즉 추세선 위 혹은 아래에 갭이 생기는 것은 중요한 변화(소식 혹은 경제 펀더멘털)와 추세 전환을 가리키는 신호가 된다. 이 규칙하에서는 더는 고점이나 저점의 시험대 혹은 2B가 필요치 않다. 그러나 타당성을 확보하려면 갭이 추세선을 돌파해야 한다. 이는 차트를 가지고 설명하겠다.

고-저 3일 규칙은 이전 3일간의 일중 고점과 저점을 이용하는 것이다. 추세 전환이 일어나면 3일 고점 혹은 저점을 상향 혹은 하향 돌파하는 크기에 따라 매도 포지션을 취할지 매수 포지션을 취할지를 결정한다. 마지막 3일째의 고점 혹은 저점을 손실제한선으로 삼고, 이 지점에 도달하면 기존 포지션을 정반대로 바꾼다. 이 규칙 역시 차트를 가지고 설명할 것이다.

이 두 가지 규칙은 다른 확정 원칙들과 연계해서만 사용할 수 있다는 점을 기억하길 바란다.

매수·매도 신호 포착 사례 26

9월물 귀리(그림 11.1) 12월 이후 하락세가 계속되다가 2월에 저점을 찍었고 3월에 반등과 시험이 나타났다. 133.0에 신저점이 형성되었을 때 2B(신저점이지만 추세가 진행되지는 않음)가 나타났다. 이때 132.75를 손실제한선으로 삼고 익일 종가 135.25에서 매수 포지션을 취할 수 있다. 그런 다음 3월의 반등 고점 위

[그림 11.1] 9월물 귀리(일봉 차트)

에서 포지션 크기를 늘릴 수도 있다. 3월 고점 아래에서는 절대 매매해서는 안 된다는 점을 명심하라. 3월 고점이 하향 돌파되는 것 자체가 매우 중요한 신호다.

기술적 측면에서 볼 때 고점은 어떠한 신호도 나타내지 못한다. 여기서 3일 규칙의 첫 번째 사례를 확인할 수 있다. 큰 가격 변동이 있고 나서 시장이 이전 3일간의 일일 저점과 추세선을 하향 돌파할 때 매도하라.

6월에 또 다른 2B가 3월의 2B를 돌파하면서 저점을 형성했다. 단 하루 만에 이전 저점이 돌파된다면 이는 유효한 2B가 된다. 새로운 2B 저점을 손실제한선으로 삼아라.

[그림 11.2] S&P 현물지수(월봉 차트)

S&P 현물지수(그림 11.2) 그림에서와 같이 1990년 저점에서 시작한 장기 추세선이 깨질 때를 매도 시점으로 삼는다. 현재 이 추세선은 1993년 4월에 형성된 저점인 432.30에 머물고 있다. 그런 다음 332.00(100포인트 하락한 지점)에서 강력한 지지선이 형성된다.

[그림 11.3] 최근월물 백금(주봉 차트)

최근월물 백금(그림 11.3) 1993년 1월, 339.0에서 엄청난 2B 매수 신호가 나타났다. 338.50 저점이 돌파되면서 335.50에서 신저점이 형성되었다. 이때 335.00을 손실제한선으로 삼아 이보다 가격이 올라갈 때 매수한다. 1992년 6월에 400.00으로 고점을 찍은 이후 399.50에서 대량 매도가 발생했다.

[그림 11.4] 10월물 백금(일봉 차트)

10월물 백금(그림 11.4) 399.50에서 2B 매도 신호가 나타난 다음 6월 초에 378.50에서 잘못된 2B 매수 신호를 포착했고 6월 말에 373.75에서 매도했다. 트레이딩에서 가장 힘든 부분은 휩소(whipsaw: 주가가 톱날처럼 출렁거리는 현상, 잦은 매매 신호가 톱날처럼 발생하는 구간, 기술적 지표의 속임수 현상 등의 의미로 사용된다-역주)가 나타난 다음 포지션을 전환하는 일이다. 휩소 이후 두 번째 2B 매수 신호에서 포지션 크기를 두 배로 늘리는 것을 추천한다. 그래야 이익이 두 배로 늘어난다!

[그림 11.5] 10월물 면화(일봉 차트)

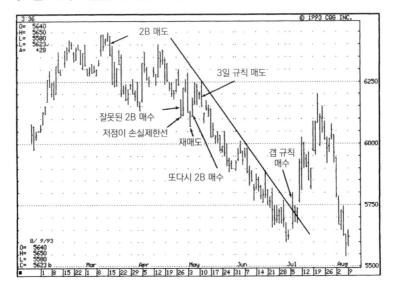

10월물 면화(그림 11.5) 1월 저점 이후 장기간 상승한 다음 이전 3일 저점을 돌파하고 2B 매도 신호가 나오면 매도하라. 4월 말에 매수한 다음 최초 2B가 형성되면 재매도하라. 다음번 2B에서 재매수하고 3일 규칙에 따라 매도하라. 새로운 신호가 나타나지 않은 채 하락세가 이어지면 매도 포지션을 유지한다. 2B의 고점과 저점 위에서 손실제한선을 정해야 한다.

[그림 11.6] 8월물 금(일봉 차트)

8월물 금(그림 11.6) 3월 2B 신호에서 매수하라. 3월과 4월에 발생한 갭에서 포지션을 추가하라. 5월 2B에서 매도하고 6월 2B에서 매수하라.

[그림 11.7] 9월물 독일 마르크화(일봉 차트)

9월물 독일 마르크(그림 11.7) 3월 초가 매수 시점이다. 5월 초에 갭 규칙에 따라 매도하거나, 1-2-3 규칙상 매도 신호가 나타나고 3일 저점이 돌파될 때 매도할 수도 있다.

[그림 11.8] 8월물 돈육(일봉 차트)

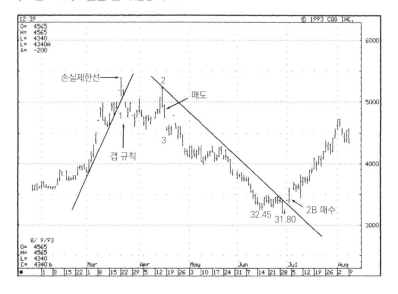

8월물 돈육(그림 11.8) 갭 규칙상의 '1' 이후 3일 저점이 돌파된 날 혹은 3일 규칙상의 '2' 이후에 매도할 수 있다. 그런 다음 31.75를 손실제한선으로 정하고 갭 규칙을 활용해 7월에 나타난 2B에서 매수한다.

[그림 11.9] 다우지수(주봉 차트)

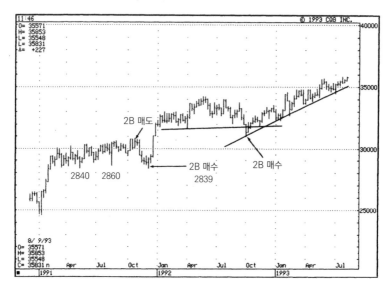

다우지수(그림 11.9) 1991년 말 2839에서 거래된 후 나타난 2B 에서 매수하라. 2861에서 매수하라. 마찬가지로 1992년 말 2B 에서도 매수하라.

[그림 11.10] 12월물 밀(일봉 차트)

12월물 밀(그림 11.10) 1-2-3 규칙의 매우 전형적인 형태가 나온
다. 갭이 생성될 때 매수하고, 그 갭이 메워지는 지점을 손실제한
선으로 삼아라. 328의 2B에서 매도한다.

[그림 11.11] 9월물 재무부 채권(일봉 차트)

9월물 재무부 채권(그림 11.11) 4월 말에 2B가 생성된 다음 1-2-3 규칙의 소저점이 돌파될 때 매도하라. 6월에 생성된 2B에서 매수하라.

[그림 11.12] 천연가스(주봉 차트)

천연가스(그림 11.12) 1992년 1월의 2B에서 매수하라. 1990년 12월 고점 기준으로 9월의 2B에서 매도하라. 하락 추세선이 돌파되면 매수하라. 다음 2B에서 다시 매도하라.

[그림 11.13] 영국 파운드화(주봉 차트)

영국 파운드화(그림 11.13) 3월의 2B에서 매수하라. 2월 기준 2B 고점에서 매도하고 갭 규칙에 따라 매도 포지션을 추가하라. 조지 소로스라면 이렇게 해서 큰돈을 챙겼을 것이다!

[그림 11.14] 9월물 채권(일봉 차트)

9월물 채권(그림 11.14) 4월 초 2B에 매수하라. 4월 중순 2B에 매도하라. 5월 2B에 매수한 후 주가가 출렁일 것이다. 두 번째 2B에서 매수 포지션의 크기를 두 배로 하라는 말을 기억하라. 1993년 8월 말 현재까지 매수 포지션을 유지한다.

[그림 11.15] 12월물 옥수수(일봉 차트)

12월물 옥수수(그림 11.15) 3월에 잘못된 2B 신호가 나타나서 4월에 약간의 손실을 보고 손절매한다. 이후 250 부근에서 다시 2B가 나타난다. 다음 날 형성된 갭에서 매도 포지션을 취한다. 이전 3일의 저점 밑에서 거래한 것이다. 그런 다음 5월 초에 2B 에서 매수하고 3일 후 2B에서 매도한다. 6월 2B(여기부터 1-2-3이 형성됨)에 매수 포지션을 취한다. 마지막으로 차트상 마지막 날 2B에 매도 포지션을 취한다.

[그림 11.16] 11월물 대두(일봉 차트)

11월물 대두(그림 11.16) 대두는 1992년 10월부터 조정을 여러 차례 거치면서 상승세를 탔다. 6월에 잘못된 2B 매수 신호가 한 차례 나타났다. 이후 비가 많이 왔다. 파급력이 큰 경제 펀더멘털, 즉 홍수라는 여건이 형성되었으므로 1993년 6월 16일은 매수 포지션의 크기를 늘려야 할 시점이다. 다음 날에는 갭이 형성되었으므로 이전 3일의 고점 위에서 매매하면 된다. 그리고 '1' 지점에서 포지션을 추가해야 한다. '2' 지점에서 이전의 소고점과 중고점(intermediate high)이 돌파되었고 여기서 다시 포지션을 추가해야 한다. 7월 고점에 형성된 2B에서 매도하라.

[그림 11.17] 9월물 오렌지주스(일봉 차트)

9월물 오렌지주스(그림 11.17) 2월에 작은 2B 매수 신호가 나타났고 3월에 작은 2B 매도 신호가 나타났다. 이후 돌파 갭과 1-2-3 매수 신호가 나타났다! 4월에는 돌파 갭이 추세선을 뚫어서 확실한 매도 신호를 주었다. 5월에 형성된 매수 갭에서 다시 매수할 것이다. 6월의 추세선 돌파는 1-2-3 상황이 아니므로 매도하지 않고 매수 포지션을 유지한다.

[그림 11.18] S&P100지수(일봉 차트)

S&P100지수(OEX지수, 그림 11.18) 1993년 6월 1일의 2B에서 매도하라. 매도 포지션을 유지하면서 손실제한선을 1993년 6월 1일의 고점에서 6월 29일 소고점인 418.55로 낮춰라. 7월에 형성된 2B에서 재매수하라.

밸류라인 현물지수(그림 11.19) 주봉 차트를 보면 1992년 10월에 2B 매수 신호가 있었다. 1993년 3월에는 3일 규칙에 따라 매도 포지션을 취할 수 있고(일봉 차트 참고) 같은 규칙으로 재매수할 수도 있다. 4월 말에는 1-2-3 매도 신호와 2B 매수 신호가 나타났다. 6월에는 2B 신호에 따라 매도한다. 3일 규칙상의 저점 돌파는 의미가 없는데, 충분히 길지 않거나 타당성 요건을 충족하지 못하기 때문이다.

[그림 11.19] 밸류라인 현물지수(일봉 차트)

밸류라인 현물지수(주봉 차트)

11장 | 실전 차트 분석

일본 엔화(그림 11.20) 주봉 차트에서 1991년 6월의 70.41이 매수 시점이다. 79.13에서 공매도했는데 휩소가 발생했다. 7월에 70.31로 저점을 찍은 이후 상승세를 탔으니 이 흐름에 따라 79.14에서 재매수한다. 그리고 1992년 1월 20일에 81.13, 즉 고점인 81.14보다 1틱 낮은 수준에서 재매도한다. 4월에 2B에서 매수하고, 10월에 2B 매도하고, 1993년 1월에 2B 매수하라.

일봉 차트를 보면 상승추세가 확연히 나타난다. 1993년 3월에 2B 매도 신호가 나타났다. 여기서 핵심은 지속 기간이 단 하루라는 점이다. 좋지 않은 신호이니 매도 포지션 커버를 통해 포지션 균형을 맞출 수도 있다. 이와 상관없이 3월 중순에 기록한 고점 위에서 매수 포지션을 취한다. 그러고 나서 3일 규칙상의 저점이 돌파될 때 매도한 다음, 신고점을 경신할 때까지 기다렸다가 매수한다. 6월 저점 89.41이 돌파될 때만 실현되는 1-2-3 매도 신호를 기다린다. 그러면 현재 포지션 균형 상태가 된다!

[그림 11.20] 일본 엔화(주봉 차트)

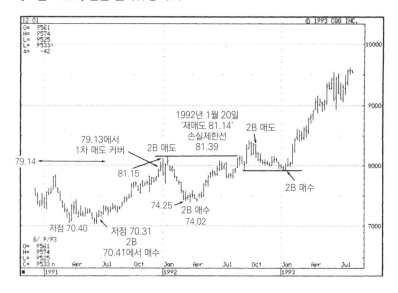

일본 엔화(일봉 차트)

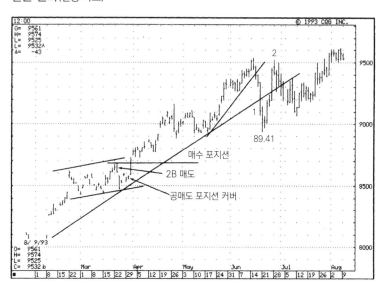

　　　　　　　　　　　　　　11장 | 실전 차트 분석

12월물 밀, 12월물 옥수수, 11월물 대두의 상대강도(그림 11.21)
밀은 1~3월 고점을 돌파하지 못했는데 옥수수와 대두는 돌파했다. 셋 중에서 밀의 강도가 가장 약하다는 의미다. 다음으로 옥수수는 1월 이후 신저점을 경신했는데 대두는 그렇지 않았다. 대두, 옥수수, 밀의 순서로 강도가 높다는 뜻이다.

보편적인 전략 하나는 강도가 가장 낮은 것을 매도하고 가장 높은 것을 매수하는 것이다. 이는 4월 말의 2B(매수) 신호에서도 확인할 수 있다. 항상 가장 강한 것을 매수하고 가장 약한 것을 매도하라.

[그림 11.21] 세 가지 상품의 상대강도(일봉 차트)

11장 | 실전 차트 분석

[그림 11.22] CBR 현물지수(일봉 차트)

CRB 현물지수(Commodity Research Bureau Index, 그림 11.22) 1-2-3 조정이 나타난다. 5월에 2B에서 매수하고 다음번 2B에서 매도한 후 1-2-3 매수 신호를 따른다.

[그림 11.23] 닛케이 현물지수(주봉 차트)

닛케이 현물지수(그림 11.23) 전형적인 1-2-3 매수 신호가 나타
나고, 장기 약세장에서 장기 상승세가 뒤따랐다.

11장 | 실전 차트 분석

목재(그림 11.24) 목재의 주봉 차트에서는 전형적인 1-2-3 형태와 매수 신호가 나타난다. 일봉 차트에서 3일 규칙상의 매수 신호를 이용할 수도 있다. 돌파 갭(일봉 차트)이 나타날 때만 매도해야 한다. 돌파 갭은 작지만 중요한 1-2-3 추세를 생성한다. 이 1-2-3이 중요한 것은 갭과 소저점의 시험 돌파가 큰 변동 이후 발생했기 때문이다.

상승 흐름이 크고 길수록 작은 매도 1-2-3 신호가 더 중요해진다. 차트상의 정보는 아주 단순하다. 저점에서 매수하고 고점에서 매도하라는 것이다. 3일 규칙을 단일 시스템으로 사용했다면 1월부터 6월까지 계약당 1만 5,000달러를 벌었을 것이다. 그러나 나는 이를 단일 시스템으로 사용하지 않고 항상 다른 규칙들과 통합해 사용한다.

[그림 11.24] 목재(일봉 차트)

목재(주봉 차트)

11장 | 실전 차트 분석

PRO TRADER

3부

옵션 거래로 수익 키우기

: 거래하지 않더라도 옵션 전략 이해는 필수

VICTOR
SPERANDEO

12

세 자리
수익률의
마법 열쇠

많은 플로어 트레이더, 특히 젊은 사람들이 기본 옵션(naked option: 옵션 행사 시 인도할 수 있는 기초 자산을 보유하지 않고 발행하는 옵션-역주)을 발행한다. 이들은 옵션 매수자를 '바보'라고 부른다. "옵션 매수자들은 계속 자기 돈을 내게 주고, 나는 결국 무용지물이 될 옵션을 그들에게 계속 판다."

1년에 11개월은 옵션 매도에서 승률 90%를 기록할 수 있으나 마지막 한 달 동안 갑자기 시장가격이 10% 변동하면 이익보다 손실이 더 크고 심하면 파산에 이를 수도 있다.

월가의 공통된 의견은 옵션을 사고파는 것은 이 바닥에서 가장 위험한 게임이라는 것이다. 확률이 유리하지 않아서, '전문가'들은 옵션 거래에서 성공하려면 가격 변화를 정확히 짚어야 할 뿐 아니라 타이밍도 거의 완벽해야 한다고 말한다.

이 회의론자들은 종종 1960년 증권거래위원회(Securities and

Exchange Commission: SEC)가 행한 연구의 결과를 인용한다. 이 연구에서 옵션 구매자의 85% 이상이 손실을 본 것으로 나타났다. 그러나 이 연구는 단 한 개 분기의 트레이딩 결과만 평가했고, 그 시기는 극심한 시장 침체기였다.

옵션 거래로 이익을 내는 것은 주식, 채권, 기타 금융 상품을 취급해 돈을 버는 것보다 훨씬 어려운 일임에는 틀림없다. 그럼에도 내가 가장 선호하는 금융 상품은 언제나 옵션이다.

나는 옵션 거래로 트레이더 경력을 시작했다. 1968년 1월에 파일러 슈미트(Filer Schmidt & Company)에 옵션 트레이더로 입사했다. 그리고 1968년 3월에 헤지펀드를 관리하기 시작했다. 5만 달러 규모의 옵션 포트폴리오를 이용해서 100만 달러 규모의 주식 포트폴리오를 헤지했다. 나는 옵션 거래의 엄청난 수익 잠재력을 깨닫기 시작했다.

제대로 활용하면 옵션은 다른 시장 상품에 비해 다음과 같은 장점이 있다.

1. 이익 확률은 유지하거나 증가시키는 한편 하방 위험은 극소화할 수 있다.
2. 소규모 자본만으로 대규모 시장 자산을 운용할 수 있다. 다시 말해 레버리지 효과를 극대화한다.
3. 최소 위험 수준으로 유연한 트레이딩 전략을 디자인할 수 있다.
4. 시장 변동성이 극심한 시기에는 옵션 프리미엄의 변동 폭

과 속도가 기초 자산의 가격 변동 폭과 속도를 능가하기도 한다. 따라서 경이적인 수익률을 기록할 확률이 더 커진다.

단 한 가지 알아야 할 것은 어떤 옵션을 언제 매수하느냐다. 이 장에서 다룰 내용이 바로 이것이다.

확률이 유리할 때만 베팅하기

트레이더 일을 시작하기 전에 나는 포커를 상당히 즐겼다. 포커에 관한 책은 닥치는 대로 읽으면서, 포커가 운에 좌우되는 게임이 아니라 위험과 승률을 모두 관리해야 하는 게임이라는 사실을 알았다.

블러핑(bluffing: 자신의 패가 센 것처럼 허세를 부려 상대방을 속이는 것-역주)은 차치하고, 확률이 내게 유리할 때만 베팅하거나 콜을 하고 밑천을 탕진하지 않도록 베팅할 계획을 세운다면, 장기적으로 이 게임에서 돈을 딸 것이다.

모든 게임에서 돈을 딴다는 것은 아니다. 그러나 확률이 유리한 상태를 유지하고 베팅 규모를 결정한다면 결국에는 최종 승자가 될 것이다.

옵션 거래도 마찬가지다. 성공하려면 앉아만 있어서는 안 되고, 베팅한 후 나머지는 행운의 여신에게 맡겨야 한다. 확률을 알아야 하고 베팅 전략도 세워야 한다. 확률을 알아내려면 시장의 평균 수명 분석을 포함해 내가 이 책에서 소개했던 모든 원칙을 적용할 필요가 있다.

현재의 시장 상황을 예로 들어 설명하겠다. 이 책을 쓸 당시 (1993년 6월) 시장은 강세장이었다. 1992년 10월 9일에 형성된 중기 상승세가 계속되었다. 이날 다우지수는 3136.58포인트로 마감하고 S&P100지수는 368.57포인트로 마감했다. 이 중기추세는 2차 조정이 기세를 꺾어야만 소멸한다.

이를 2차 조정이라고 하는 것은 현재의 장기추세와 상반되는 방향성을 나타내기 때문이다. 강세장에서의 2차 조정은 이전 상승 폭(이 경우에는 1992년 10월 9일 시작된 상승의 폭)의 33~66%를 되돌린다고 기대할 수 있다. 표 9.1(9장)을 다시 살펴보면 조정 기간 중앙값은 47일이고 이전 변동 폭(다우지수와 다우운송지수의 평균 기준)의 48%를 조정한다는 사실을 알게 된다.

예를 들어 1993년 6월은 기본적·기술적 측면에서 시장 상승세가 최고조였다. 상승추세가 235일 계속되어(1992년 10월 9일 ~1993년 6월 1일), 1982년 9월 30일부터 1993년 6월 1일까지 진행된 두 번째 장기 강세장에서 2차 조정 없이 계속된 추세로는 가장 길었다. 이 맥락에서 보면 이 추세는 매우 늙어서 언제든 소멸할 수 있다.

이 시점에서는 천장을 찍었다는 사실을 암시하는 숱한 기본적·기술적 신호들을 고려할 필요가 없다. 그냥 시장 하락이 임박했다고 믿고 매도 포지션을 취하기로 한다. 그다음 문제는 '구체적으로 매도 포지션을 어떻게 취할 것인가?'이다.

50% 이익률로 주식을 공매도할 수 있다. S&P 선물을 매도할

수도 있다. 그런데 선택이나 판단이 잘못되면 눈앞에서 시장이 불리하게 전개되어 무한 위험에 노출될 위험이 있다. 아니면 위험 수준은 극소화하고 이익 확률은 유지하는 선에서 주식이나 주가지수 풋옵션을 매수할 수도 있다. 위험 대비 보상 차원에서 보면 확실히 옵션이 가장 좋은 선택지다.

그렇다고는 해도 어떤 종목을 선택할 것인가 하는 문제는 여전히 남는다. 옵션 거래를 할 때는 시장 추세의 크기와 지속 기간을 항상 염두에 두어야 한다. 옵션 종목 선택 또한 질문의 해답에 기초해 실시해야 한다.

이 부분을 염두에 두고 최근 사례를 예로 들어 설명하면 나는 S&P100지수(OEX지수) 풋옵션이 적합하다고 생각한다. OEX지수는 1992년 10월 9일 368.57포인트에서 1993년 6월 2일 종가 고점인 420.63포인트로 반등하며 14.2% 상승했다.

우리는 이미 시장 하락 확률이 높다는 쪽에 베팅했으니 이제는 다음 30일 변동 폭이 얼마나 될지 결정해야 한다. 통상적으로 조정이나 하락은 45일 동안 계속되며(표 9.1 참고) 첫 30일의 시장 하락 폭이 가장 크므로, 1개월 만기 옵션을 매수한 다음 만기를 연장하는 것이 가장 바람직하다.

표 12.1은 1939년 1월 이후 월간 다우지수를 분석한 것으로서 시장 변동 폭에 대한 기대치가 백분율로 표시되어 있다. 1984년 이후 2% 이상 변동한 경우가 전체의 54.9%였고 4% 이상 변동한 경우가 3분의 1 이상이었다. 이 분포도는 1939년 이후 상당히 일관되지만, 1984년 이후는 프로그램 매매가 성행했으므로

[표 12.1] 다우지수 월 변동률 비교(1939년 1월~1993년 5월)

이 표는 다우지수의 월 변동률로서, 전체 기간을 약 126개월로 구성된 5개 구간으로 나누고 각 구간의 변동률 분포를 표시했다. 자세히 분석하면 각 구간의 변동률 수준을 파악하고 미래의 변동 수준을 예측하는 데 필요한 중요한 단서를 포착할 수 있다. 예를 들어 지난 54년간의 변동률 평균을 보면 월 변동률이 0.0~1.9%인 경우가 전체의 42.1%를 차지했다. 1984년 1월 이후 이 범위의 발생 빈도가 약간 높아져서 45.1%를 기록했다. 기본 옵션을 매수한 다음 매매 성공 확률을 계산하고 싶을 때 이 자료를 사용할 수 있다. 1973년 1월부터 현재까지 변동성 8.0~9.9%와 10.0% 이상 영역에서 비중이 상승한 반면 4.0~5.9% 영역에서는 하락했다. 월 4.0~5.9% 움직였던 시장이 더 움직일 가능성이 높아졌다는 뜻이다. 이 외에도 여러 가지 관찰이 가능하다.

변동률(%)	1939/01 ~1949/06	1949/07 ~1962/06	1962/07 ~1972/12	1973/01 ~1983/12	1984/01 ~1993/05
0.0~1.9	38.9	35.0	47.6	43.9	45.1
2.0~3.9	25.4	38.4	21.4	25.0	21.1
4.0~5.9	21.4	19.2	21.4	14.4	16.8
6.0~7.9	9.5	4.8	7.2	7.6	8.0
8.0~9.9	2.4	2.4	1.6	3.0	6.2
10.0~	2.4	0.0	0.8	6.1	2.7

이 기간에 특별히 초점을 맞추었다. 그 프로그램의 장기적 영향은 논란의 여지가 있지만 단기적으로는 분명히 시장에 영향을 줄 수 있다. 따라서 30일 이내에 시장이 2% 정도로 소폭 하락한다고 할 때 수지 균형이 맞는 수준에서 혹은 약간의 이익이 남는 수준에서 풋옵션을 매수할 계획을 수립해야 한다.

　OEX지수의 종가가 420.63일 때 OEX지수 7월물 415(행사가격) 풋옵션의 가격, 즉 옵션 프리미엄의 종가는 4.875다. 이 옵션은 '외가격(out of the money: 자산의 시가가 행사 가격보다 낮은 콜옵션,

기초 자산의 시가가 행사 가격보다 높은 풋옵션을 가리킴-역주))' 수준이 1.3%이고 잔존 만기일은 44일이다. 가격이 2% 하락하면 OEX지수는 412.22가 된다. 이 수준에서 시장의 변동성 수준과 2% 하락 유지 기간에 따라 415 풋옵션은 프리미엄이 4.5~5 수준에서 매매될 것이다.

한편으로 30일 이내에 시장이 4% 하락한다면 OEX지수는 403.18이 되고 415 풋옵션의 본질적 가치는 최소 11.75가 될 것이다. 원 비용의 두 배가 넘는 수준이다! 표 9.1을 보면 조정 수준의 중앙값은 이전 변동 폭의 48%다. 위 사례에서 하락 폭이 6.8%이면 OEX지수는 392.08이 되고 풋옵션의 본질적 가치는 계약당 23이 되어 원 비용의 5배에 육박한다.

이 7월물 풋옵션은 44일이라는 잔존 만기일이 표 9.1에 제시한 조정 중앙값에 근접한다는 측면에서도 이상적이다. 이때 투자금은 총자본의 3%를 넘지 않아야 한다. 예를 들어 총자본이 10만 달러라면 시장가격 487.50달러 풋옵션 6계약을 매수한다. 415에 풋옵션을 행사한다고 하면 이 풋옵션에 2,925달러를 투자하는 것은 24만 6,075달러(총자본의 약 2.5배) 규모의 OEX지수를 시장가격보다 2.5% 낮게 공매도하는 것과 같은 의미다.

30일이 지나도록 시장가격이 달라지지 않거나 상승한다면 약간의 손실이 발생할 것이다. 나는 어떤 옵션 포지션에서도 위험(부담)자본이 10%를 넘지 않는다는 원칙을 고수해왔다. 실제로 10%나 높게 부담한 적이 거의 없다. 보통은 1~3%이고, 다른 트레이더에게는 2~3%를 권한다. 그러나 검은 월요일이 발생하기 직전과 1989년 10월의 시장 소붕괴 이전처럼 시장 변동이 확실하다고 느낄 때는 위험자본 비율을 10%까지 높일 것이다.

옵션 포지션을 작게 가져가는 것은 반드시 성공해야만 하는 매매 횟수를 줄여주기 때문이다. 내게 승산이 있을 때만 매매에 나서고, 위험 대비 보상 배수를 5배 이상으로 정하고, 베팅 크기를 상대적으로 작게 하는 등의 방법을 사용하면 총 네 번 가운데 한 번만 성공해도 게임에서 앞서 나갈 수 있다. 이렇게만 해도 돈을 번다. 네 번 가운데 한 번만 이익을 내도 성공한다. 여섯 번 가운데 한 번만 성공하더라도 게임을 계속하는 데 필요한 밑천이 충분하다.

이 사실은 1993년 7월 7일에 OEX지수가 406.50으로 하락했다가 반등했을 때 입증되었다. 이후로는 약간의 이익을 내면서 언제든 보유 옵션을 쉽게 매도할 수 있다. 진정한 조정이 발생하지는 않았으나 공정하고 수지맞는 매매였다.

예를 들어 1992년 뉴햄프셔주 예비 선거 직전에 나는 1991년 한 해 동안 생명공학주와 제약주로 크게 재미를 본 투자자와 이야기를 나눌 기회가 있었다. 포트폴리오가 매우 컸던 그는 내게 앞으로 주가가 하락할 가능성이 있는지 물었다. 그래서 나는 생명공학과 제약 업종이 하락할 것으로 보이며 부시 대통령이 1차 경선에서 강력한 도전자 패트릭 뷰캐넌(Patrick Buchanan)에게 진다면 주가가 5~10% 폭락할 것으로 생각된다고 설명해줬다.

내 설명을 듣고 난 투자자는 280만 달러 매수 포지션을 헤지해달라고 부탁했고 비용으로 7만 5,000달러를 지급했다. 그래서 나는 이 투자자의 전체 포트폴리오를 200만 달러의 주식과 400만 달러의 OEX지수 풋옵션으로 헤지했고, 그 과정에 사용한 비용은 7만 5,000달러에 못 미쳤다.

결론적으로 말해 뷰캐넌은 선전했지만 부시에게 졌고 시장은 선거 당일에 겨우 20포인트 하락했을 뿐, 별로 움직이지 않았다. 그러나 하락 기미가 보이는 특정 주식 종목의 풋옵션을 매수했기 때문에, 그리고 내 예측이 틀렸다는 사실을 입증하는 선거 결과가 나온 즉시 거의 모든 포트폴리오를 매도했기 때문에, 단 이틀 만에 투자자에게 2만 5,000달러 이익을 안기며 끝났다.

최대한 내게 유리한 상황에서 트레이딩에 임할 수 있도록 항상 승률을 관리했고, 가설로 세운 시나리오가 실현되지 않았는데도 총 열다섯 개 포지션 가운데 한 개를 제외하고는 전부 이익을 냈다. 한편 뷰캐넌이 경선에서 부시를 누르고 승리했다면 전에 예측한 대로 주가가 최소 5% 하락했을 것이고, 그랬다면 전술한 투자자에게 정말 어마어마한 이익금을 안겨주었을 것이다. 이것이 바로 내가 옵션 거래를 그토록 좋아하는 이유다.

옵션이라고 해서 위험 부담이 전혀 없는 것은 당연히 아니고, 자신에게 유리하지 않은 상황에서 큰돈을 벌려고 하면 위험이 따르게 마련이다. 포커의 블러핑과 같다.

예를 들어 1992년 3월 초에 커피 가격이 17년 이래 저점을 기록하면서 5월 만기 선물 가격이 66.25달러까지 떨어졌다. 기술적 분석 측면에서 차트 상황은 너무나 암담했다. 기본적 분석 측면에서도 상황은 그다지 밝지 않았다. 그런데도 나는 900번 전화 자문 서비스를 통해 의견을 제시했다. "5월물 커피를 매수할 이유는 전혀 없지만, 17년 저점이 깨진다면 가격 반등의 기회를 노릴 여지가 있습니다."

나는 당시 시장가격이 75달러이던 5월물 커피의 80(행사가격) 콜옵션 매수를 권했다. 그리고 약 1주일이 지나자 5월물 커피 선물은 71.50달러가 되었고 옵션은 243달러가 되었다. 운이 좋았다고? 그런 면도 있다. 직감에 의존했다고? 분명히 그렇다! 도박과 다름없지만 내가 감당할 수 있는 도박이었다. 그저 직감으로 그 거래에 0.25%를 걸었다.

상술한 바와 같은 조건에서 커피 선물 옵션을 매수하는 것은 내 트레이딩 원칙 가운데 하나인 '가격이 낮다고 사지 말고, 가격이 높다고 팔지 말라'[1]를 정면으로 위반하는 것이었다는 점을 분명히 밝힌다. 그러나 직감에 의지한 도박이라도 위험 수준이 극히 낮아서, 설사 손실이 난다 해도 기꺼이 감수할 수 있다면, 그리고 이를 습관화하지 않는다면 괜찮다.

승산 없는 게임에 모험적으로 뛰어드는 것이 습관화된 사람은 언젠가는 파산하게 마련이다.

트레이더 빅의 옵션 매매 원칙

1. 매매 규모를 줄여라: 위험자본의 비율은 2~3%
2. 자신에게 승산이 있을 때만 매매하라.
3. 위험 대비 보상 배수가 5배 이상일 때만 매매하라.
4. 가격이 낮다고 사지 말고, 가격이 높다고 팔지 말라.

다른 금융 상품들은 다 무시하고 옵션에만 치중하라는 말은 아니다. 계속되는 중기 시장 추세에서 포트폴리오를 구성할 때는 시장 흐름에 선행하는 경향이 있는 주식 종목을 반드시 포함해야 한다. 그러나 추세 전환이 임박한 시점에서는, 특히 변동성이 큰 시장의 추세 전환점에서는 이익을 극대화하고 손실을 최소화하는 상품으로 옵션만 한 것이 없다. 레버리지 때문이다.

시장 심리를 주시해야 하는 이유

애초에 내가 취한 옵션 거래의 접근법은 전통적인 트레이딩 패턴과는 달랐다. 1966년부터 1968년까지 월가에는 옵션 거래 전문 업체가 15~20개 있었고, 옵션 딜러(옵션 거래인)는 지금 우리가 아는 전형적 형태의 금융시장이 아니라 중고차 영업소에서 일하는 쪽에 가까웠다. 실제로 가격도 일대일 기반으로 책정했고, 귀가 얇은 매수자를 찾아 온갖 말로 속여 넘겨 과도한 금액을 취해 이익을 내려는 딜러가 상당히 많았다.

이런 유형의 딜러들은 사실 시장 행동에는 관심이 없었고 오로지 스프레드(spread), 즉 옵션을 사고팔아 매수와 매도 간의 가격 차이를 취하고자 했다. 당연하게도 이런 딜러 대다수가 실패했다. 고객이 속아서 돈을 빼앗겼다고 느끼게 하는 것은 궁극적으로 오랜 신뢰를 구축하는 데 아무런 도움이 안 된다.

《전설의 프로 트레이더 빅》에서 설명한 바와 같이 과거의 옵션 거래 과정은 다음과 같은 단계로 진행된다.

옵션을 사려는 조가 옵션회사에 전화를 걸어 OXY(옥시덴탈 페트롤리엄)의 6개월 10일 콜옵션 가격을 물어보아도, 그 회사가 제시하는 가격에 계약이 체결된다는 보장이 없었다. 게다가 옵션회사는 먼저 다른 딜러 몇 군데를 뒤져서 가격을 확보한 다음 웃돈을 붙여 가격을 제시할 수도 있다. 아니면 잠정 가격으로 예컨대 225달러를 제시한 다음, 150~175달러를 제시하는 매도자를 찾아볼 수도 있다. 회사가 원하는 가격으로 매도자를 찾으면 딜러는 매수자 조와 계약을 체결하고 그 차액을 챙기게 된다. 그러나 회사가 매도자를 찾지 못하면 조에게 "거래가 체결되지 않았습니다"라고 통보한다.[2]

나 역시 여러 해 동안 다른 옵션회사에서 이와 같은 교활한 트레이딩(그리고 실제 옵션과 주식 거래)을 능숙하게 해냈다. 그러나 각기 다른 옵션 딜러들의 거래 행위를 관찰하는 과정에서 진정한 시장조성자(market maker: 단기적 가격 변동이나 수급 상황의 변동을 이용해 이익을 얻을 목적으로 자기 계좌 트레이딩을 활발히 하는 매매인 혹은 매매 전문 회사-역주)가 될 기회를 포착했다.

그래서 1971년 중반에 몇몇 동업자와 함께 라그나르옵션(Ragnar Options Corp.)이라는 옵션 거래 전문 회사를 차렸다. 이즈음 나는 꽤 능숙한 테이프 분석가(tape reader: 테이프에 표시되는 주가와 거래량을 관찰해 매매의 의사결정에 참고하는 사람-역주)였고 시장 추세를 읽는 데 주력했다. 따라서 중개인의 단순한 흥정 수준을 넘어 자기 계정으로도 옵션을 거래했다.

당시에는 상당히 혁신적인 정책으로 비쳤겠으나 어쨌든 트레이딩 대상 옵션에 '합리적인 호가'를 제시하자는 것이 회사의 방침이었다. 다시 말해 우리 고객들이 호가대로 옵션을 취득할 길을 보장했다. 같은 옵션이 더 싼 가격에 나오면 회사가 여전히 중개자 역할을 한다. 더 싸게 나온 옵션이 없으면 회사가 옵션을 매도한다.

얼마 가지 않아서 우리 사업이 번창하기 시작했다. 라그나르를 창업했을 당시에는 업계 순위 27위에 불과했으나 그로부터 6개월이 지나자 세계에서 거래량이 가장 많은 장외시장 옵션 딜러가 되었다.

1973년 4월에 시카고옵션거래소(Chicago Board Options Exchange: CBOE)가 설립되었을 때, 이 거래소의 회원권을 여러 개 살 수 있을 정도로 시장에서의 입지가 확고했다.

CBOE 등장을 기점으로 옵션 거래 사업의 성격이 빠르게 바뀌었다. 옵션 거래 회사 대다수가 통계학자, 수학자, 경제학자 등을 고용했고 이들은 시간가치 잠식형(시간이 갈수록 가치가 떨어지는) 트레이딩 모형과 변동성 수준에 기초해 옵션의 가격을 책정했다. 그중 가장 널리 사용된 것이 블랙-숄스 모형(Black and Scholes model)이었다. 처음부터 나는 옵션 가격 책정에 수학적 모형을 사용하는 것에 동의하지 않았고, 그래서 라그나르에서는 계속해서 수요와 공급 메커니즘과 시장 추세 예측을 기초로 옵션 가격을 책정했다.

수학적 모형을 사용한 가격 책정에 동의하지 않았던 것은, 이 방법으로는 옵션 가격 책정의 가장 중요한 요소를 제대로 설명

12장 | 세 자리 수익률의 마법 열쇠

할 수 없기 때문이다. 나는 이 요소를 '심리적 프리미엄(가격) 요소'라고 부른다. 예를 들어 옵션 가격(옵션 프리미엄)이 300달러라면 이 프리미엄에는 위험과 보상 수준에 대한 옵션 매도자의 판단 결과가 반영되며, 이 판단은 기초 자산의 가격 동향과 변동 속도에 대한 시장 참여자들의 믿음에 바탕을 두고 이루어진다. 다시 말해 시장 추세에 관한 시장 참여자 대다수의 믿음과 기대 심리가 중요한 요소가 된다.

일단 옵션을 매수하면 일반적으로 시간이 지날수록 프리미엄이 줄어들 것이다. 그러나 기초 자산 자체의 가격 변동성이 크다면 옵션 가격도 크게 변동할 것이고 시간 프리미엄이 덜 중요해진다. 시간보다는 시장 심리가 가격에 더 큰 영향을 미치니, 수학적 모형의 실패 원인이 바로 이것이다. 과거를 예측하는 것으로는 이익을 낼 수 없다.

나 역시 옵션 거래를 할 때 시간 요소를 고려하지만 다른 옵션 트레이더들과는 방식이 다르다. 옵션이 물가 프리미엄과 시간 프리미엄의 집합체가 아니라, 주어진 기간에 순수한 레버리지를 매매할 권리라고 생각한다. 경제 펀더멘털, 시장의 평균 수명 분석표, 기술적 요소, 시장의 지배적 심리 등 모든 것이 수일 내에 시장이 급락할 것임을 가리킨다면 나는 바로 만기일이 가장 가까운 외가격 풋옵션을 매수할 것이다.

예를 들어 나는 1992년 3월 3일 당시 조지 부시가 다가올 경선에서 떨어질 것이고 이 결과가 시장에 지대한 영향을 미칠 것이라고 확신했다. 당시 OEX지수는 384.65포인트였고 나는 3월물 OEX 380(행사가격) 풋옵션을 3.125달러에 매수할 수 있었다. 요컨대 계약당 312.50달러를 투자해 몇 주일 내에 3만 8,465달러 가치의 자산에 대한 옵션을 행사할 권리를 보유한 것이다. 레버리지가 무려 121배였다.

경선 결과와 시장 하락에 대한 예측이 맞았다면 풋옵션을 매도하거나 옵션을 행사해 이익을 실현했을 것이다. 1% 미만의 비용으로 자산을 관리한 효과를 톡톡히 보는 셈이다. 달리 표현해서 100만 달러 규모의 포트폴리오를 관리하고 있었다면 3만 2,000달러 남짓한 투자금으로 전체 포트폴리오 가치의 400%에 달하는 자산을 매도하거나 헤지할 수 있었다.

물론 가격 변동성이 없다면 레버리지 효과는 크지 않다. 이런 이유로 나는 1991년 한 해 동안 옵션 거래로 큰돈을 벌지는 못했다. 1991년은 경제 펀더멘털이 상당히 나빴다. 기본적 분석가와 기술적 분석가 모두가 시장 폭락을 점치는 사례가 꽤 있었다. 경기 회복에 대한 기대감과 함께 시장이 상승했으나 끝내 경기는 회복되지 않았다. 그런데도 주가는 그해 고점의 5% 이내에서 움직이고 있었다.

나는 금리 인하가 시장 심리를 지배한다는 사실을 알았다. 그리고 지배적 시장 심리에 한발 앞서, 금리 인하가 급속하고 강력한 경기 회복을 유발하지는 않을 것이라는 사실을 깨달았다. 다만 연준이 기적을 실현하리라는 시장 참여자들의 믿음이 얼마나 오래갈지는 알 수 없었다.

경제 여건의 부실함을 드러내는 지표가 발표되면서 시장 심리가 얼어붙고, 이에 대응해서 연준이 금융 완화 정책을 쓰면 시장이 반등하는 과정이 되풀이되었다. 결국 11월에 시장이 10월 저점을 돌파하자 시장 참여자들의 믿음이 완전히 사라진 것처럼 보였고 다우 이론상 약세장 판정이 내려졌다. 나는 시장이 지속적인 약세장 1차 하락세에 진입하리라고 기대하고 옵션으로 매도 포지션을 취했다.

그런데 12월 중순에 연준은 전례가 없는 할인율 인하를 단행했고(22% 인하로 사상 최대) 시장은 단 2주일 만에 10%나 급등했다. 다우 이론상의 약세장 판정이 잘못된 것은 이번이 처음이었고 나의 옵션도 며칠 사이에 휴지 조각이 되어버렸다.

이 경험으로 나는 '시장은 당신의 자본이 유지되는 기간보다 훨씬 오랫동안 비합리적으로 움직일 수 있다'라는 격언을 떠올렸다. 다시 말해 자신이 보유한 지식이나 정보를 활용해 가격 변동 추세를 포착할 능력이 없다면, 경제 펀더멘털에 관한 정보를 바탕으로 '시장을 앞서 가는' 것은 의미가 없다.

자신에게 유리한 상황이라도 시장 심리를 항상 주시해야 하고, 또 그러려면 시장의 지배적 의견에 따라 형성된 기술적 추세에 편승해야 한다. 가격 변동을 유발하는 것은 미래의 사실 자체가 아니라 미래에 대한 시장의 지각이다. 다른 어떤 요소들보다 이 단순한 사실 하나를 간과해서 나는 엄청난 대가를 치렀다.

기관투자가가 지배하는 시장

다우 이론이 지수 평균을 활용한 96년 역사상 처음으로 잘못된 약세장 신호를 냈다는 사실이 시사하는 바가 있다. 1982년 이후 시장은 기관투자가들이 지배하는 판세가 되었고 따라서 기관의 심리가 시장의 지배적 심리를 평가하는 주요 척도로 작용하고 있다. 수십만 혹은 수백만 개인의 시장 판단이 이제는 수십 명에 불과한 기관 자금 관리자들의 판단으로 대체되었다.

이들은 같은 정보에 따라 움직이고 모두 똑같이 반응한다. 그 결과 시장의 급격한 가격 변동을 유발하는 것은 확실한 소식들이다. 예를 들어 기관투자가(기관의 자금 관리자 포함) 대부분이 금리 인하가 경기 회복을 유발할 것이라고 믿는다면, 그리고 연준이 금리를 인하한다면 주가는 상승할 것이다.

기관이 소식에 어떻게 반응하는지 알고 어떤 소식이 나올지 예측할 수 있다면 가격 동향도 능히 예측할 수 있다. 그러므로 옵션시장에서 능력을 발휘하고 싶다면 심리학자 겸 소식 예측가의 자질을 갖춰야 한다.

기관의 심리는 옵션, 특히 지수 옵션의 가격 책정에도 중대한 영향을 미친다. 예를 들어 걸프전 발발 직전인 1991년 1월 16일에 나는 약세장에서의 반등을 기대하며 중기 매수 포지션을 취했다. OEX지수는 295포인트였고 나는 2월물 305 콜옵션을 매수하려 했다. 이때 기관투자가들이 옵션 프리미엄(옵션 가격)을 5.75로 책정했다! 그래서 '그들이 뭔가 아는구나'라고 생각했던

12장 | 세 자리 수익률의 마법 열쇠

기억이 난다. 여기서 '그들'은 기관의 자금 관리자를 말한다.

행사가격이 시장가격보다 10포인트나 앞서는 외가격 상태이고 만기가 한 달밖에 남지 않은 옵션치고는 프리미엄이 상당히 높은 수준이라서 나는 패스했다. 게다가 걸프전이 금요일 밤에 시작되리라고 느꼈고, 그다음 날은 당연히 시장이 열리지 않을 것이었다.

그러나 예측이 빗나갔다. 전쟁은 수요일 밤에 일어났고 연합군이 즉시 제공권을 장악한 것이 분명해졌다. 다음 날 시장은 150포인트 반등해서, 내가 비정상적으로 높아 보였던 프리미엄을 지급하고 옵션을 매수했더라면 엄청난 돈을 벌었을 것이다.

대조적으로 1992년 3월 3일에는 OEX 현물지수가 384.65포인트였고 3월물 395 콜옵션의 프리미엄은 1.3125여서 통상적인 수준이었다. 나도 그렇고 다른 기관투자가들도 강세장의 신호로 보지 않았으나 시장 심리가 옵션 가격 책정에 얼마나 대단한 영향을 미치는지는 확인할 수 있을 것이다.

일반적으로 기관의 자금 관리자들은 헤지, 차익거래, 프로그램 전략 구사를 위한 종목으로서 개별 주식 옵션보다는 지수 옵션을 선호한다. 기관은 자산을 대규모로 매매하기 때문에, 또 그런 투자를 기관 계정으로 하기 때문에 개별 주식 옵션은 수요가 적고 상대적으로 가격도 싸다. 수요·공급의 법칙상 너무도 당연한 결과여서 수요가 줄면 가격은 내려가는 법이다.

그러나 가격이 싸진다고 해서 반드시 변동성 수준이 낮아지는 것은 아니다. 그래서 나는 지수 옵션 거래에서 개별 주식 옵션 거래로 관심을 돌렸다. 전술한 뉴햄프셔 경선 직전의 사례처럼 이 선택이 긍정적인 결과를 낳았다.

11장에서 설명한 기술적 방법을 사용해서 가격은 시장 추세대로 움직이면서 변동성은 더 큰 경향이 있는 주식 종목을 선택할 수 있다. 그런 다음 이렇게 고른 주식 종목 가운데 해당 옵션시장의 유동성이 큰 종목을 선택한다면 지수 옵션을 거래하는 것보다 훨씬 많은 이익을 낼 수 있다. 요컨대 대형 기관들이 형성해놓은 추세를 따르되, 할인가로 레버리지를 구매함으로써 이익을 극대화할 수 있다.

그러나 대다수 경우에는 이미 형성된 추세 혹은 대중이 인식한 추세를 따르는 데는 옵션 거래가 적합하지 않다. 옵션 거래로 이익을 극대화하려면 시장 추세를 앞서 가야 하고 시장을 얼마나 앞서고 있는지를 정확히 알아야 한다. 적기에, 그러니까 아무도 그 옵션의 매수를 원하지 않을 때 매수하고 모두가 매수를 원할 때 매도해야 한다. 대중의 잘못된 의견에 편승하다가 그 의견에 변화가 생기기 직전에 그 흐름에서 빠져나오라는 소로스의 기회를 활용해야 한다. 이렇게 하기에 가장 적절한 종목이 바로 옵션이다.

타이밍 잡기

지금까지 설명했던 원칙을 모두 적용한다면 앞으로 일어날 일의 시나리오를 비교적 정확하게 예측할 수 있다. 옵션에 자본을 투자하려 할 때는 '무슨' 일이 일어날지 아는 것 못지않게 '언제' 일어날지 아는 것이 매우 중요하다. 그런데 그 시점을 알아내기가 그렇게 어렵지 않을 때가 종종 있다. 예를 들어 1987년 10월에 제임스 베이커 미 재무장관이 독일 마르크와 일본 엔에 대항해 달러 약세화 정책을 펴겠다고 선언했을 때, 시장이 하락하리라는 사실은 누구나 예측할 수 있었다. 그러나 시장이 '정상적'으로 움직일 때, 다시 말해 이례적인 상황, 세계적인 사건, 극한 상황 등이 발생하지 않을 때는 시장 변화 시점을 예측하기가 매우 어렵다.

예를 들어 시장이 정상적으로 움직이는 상황에서 만기를 2주일 앞둔 콜옵션을 2% 외가격 수준에서 매도 혹은 매수할 의향이 있다고 가정하자. 이때 트레이딩에 성공할 확률은 얼마인가?

이미 언급한 바와 같이 이런 경우 성공 확률을 알아내는 데 가장 좋은 도구 하나는 시장의 평균 수명 분석표를 활용하는 것이다. 그러나 시장 수명 분석표의 기본 개념을 한 단계 더 진전시키면 훨씬 더 많은 정보를 얻을 수 있다.

표 12.2는 1939년 1월부터 1992년 2월까지 다우지수의 2주 변동률(절댓값)을 표시한 것이다. 대충 살펴보면 총 1,379개 기간 가운데 2주 변동률이 2% 이상인 기간은 591회(43%)에 불과했다. 그러므로 콜옵션을 매수한다면 실패율이 1.3배이고 콜옵션을 매도한다면 성공률이 1.3배다. 내 원칙에 의하면 어느 쪽도 승산이 좋지 않다.

역사적 기준에 따르면 시장의 변동 수준이 '정상적'인 상태다.

[표 12.2] 다우지수 2주 변동률(절댓값, 1939년 1월~1992년 1월)

1939년 1월 21일부터 1991년 11월 15일까지 다우지수의 2주(금요일~금요일) 변동률을 오름차순으로 열거했다. 횟수 중앙값인 668번째 기간의 변동률은 1.17%다. 현재 스트래들이나 기타 옵션 콤비네이션(옵션 결합)의 가격이 낮거나 54년간의 변동률 자료에 해당하지 않을 때는 이 수치를 이용해서 계산하라.

#	변동률	#	변동률	#	변동률	#	변동률	#	변동률
1	0.00	2	0.00	3	0.01	4	0.01	5	0.02
6	0.02	7	0.02	8	0.02	9	0.02	10	0.03
11	0.03	12	0.03	13	0.03	14	0.03	15	0.03
16	0.03	17	0.03	18	0.04	19	0.04	20	0.05
21	0.05	22	0.05	23	0.05	24	0.05	25	0.06
26	0.06	27	0.06	28	0.06	29	0.06	30	0.06
31	0.06	32	0.07	33	0.07	34	0.07	35	0.07
36	0.08	37	0.08	38	0.08	39	0.08	40	0.08
41	0.09	42	0.09	43	0.10	44	0.10	45	0.10
46	0.10	47	0.10	48	0.11	49	0.11	50	0.11
51	0.12	52	0.12	53	0.12	54	0.13	55	0.13
56	0.13	57	0.13	58	0.13	59	0.13	60	0.13
61	0.13	62	0.13	63	0.13	64	0.13	65	0.14
66	0.14	67	0.15	68	0.15	69	0.15	70	0.15
71	0.16	72	0.16	73	0.16	74	0.16	75	0.16
76	0.17	77	0.17	78	0.17	79	0.18	80	0.18
81	0.18	82	0.19	83	0.19	84	0.19	85	0.19
86	0.19	87	0.20	88	0.20	89	0.20	90	0.20
91	0.20	92	0.21	93	0.21	94	0.21	95	0.21
96	0.21	97	0.22	98	0.22	99	0.22	100	0.22
101	0.22	102	0.22	103	0.22	104	0.22	105	0.22
106	0.23	107	0.23	108	0.23	109	0.23	110	0.23
111	0.24	112	0.25	113	0.25	114	0.25	115	0.25
116	0.25	117	0.25	118	0.25	119	0.26	120	0.26
121	0.26	122	0.27	123	0.27	124	0.27	125	0.27
126	0.27	127	0.28	128	0.29	129	0.29	130	0.29

(다음 쪽에 계속)

12장 | 세 자리 수익률의 마법 열쇠

#	변동률	#	변동률	#	변동률	#	변동률	#	변동률
131	0.29	132	0.29	133	0.29	134	0.30	135	0.30
136	0.30	137	0.30	138	0.30	139	0.30	140	0.31
141	0.31	142	0.31	143	0.31	144	0.32	145	0.32
146	0.32	147	0.32	148	0.33	149	0.33	150	0.34
151	0.34	152	0.34	153	0.35	154	0.35	155	0.36
156	0.36	157	0.36	158	0.36	159	0.36	160	0.36
161	0.36	162	0.36	163	0.36	164	0.37	165	0.37
166	0.37	167	0.37	168	0.38	169	0.38	170	0.38
171	0.38	172	0.38	173	0.38	174	0.38	175	0.39
176	0.39	177	0.39	178	0.39	179	0.39	180	0.40
181	0.40	182	0.40	183	0.40	184	0.40	185	0.41
186	0.41	187	0.42	188	0.42	189	0.42	190	0.43
191	0.43	192	0.43	193	0.44	194	0.44	195	0.45
196	0.45	197	0.45	198	0.45	199	0.46	200	0.46
201	0.46	202	0.47	203	0.47	204	0.47	205	0.47
206	0.47	207	0.47	208	0.47	209	0.47	210	0.48
211	0.48	212	0.48	213	0.49	214	0.49	215	0.49
216	0.49	217	0.50	218	0.51	219	0.51	220	0.52
221	0.52	222	0.52	223	0.52	224	0.53	225	0.53
226	0.53	227	0.53	228	0.53	229	0.54	230	0.54
231	0.54	232	0.55	233	0.55	234	0.55	235	0.55
236	0.56	237	0.56	238	0.56	239	0.56	240	0.56
241	0.56	242	0.57	243	0.57	244	0.58	245	0.58
246	0.58	247	0.58	248	0.59	249	0.59	250	0.59
251	0.59	252	0.59	253	0.59	254	0.59	255	0.59
256	0.59	257	0.60	258	0.60	259	0.60	260	0.60
261	0.60	262	0.60	263	0.60	264	0.60	265	0.60
266	0.60	267	0.61	268	0.61	269	0.61	270	0.61
271	0.62	272	0.62	273	0.62	274	0.62	275	0.62
276	0.62	277	0.62	278	0.63	279	0.64	280	0.64
281	0.64	282	0.64	283	0.64	284	0.65	285	0.65
286	0.66	287	0.66	288	0.66	289	0.66	290	0.66

#	변동률	#	변동률	#	변동률	#	변동률	#	변동률
291	0.66	292	0.66	293	0.67	294	0.67	295	0.67
296	0.67	297	0.68	298	0.68	299	0.69	300	0.69
301	0.69	302	0.70	303	0.70	304	0.70	305	0.70
306	0.70	307	0.70	308	0.71	309	0.71	310	0.72
311	0.72	312	0.73	313	0.73	314	0.73	315	0.73
316	0.73	317	0.73	318	0.74	319	0.74	320	0.74
321	0.75	322	0.75	323	0.75	324	0.75	325	0.75
326	0.75	327	0.75	328	0.76	329	0.76	330	0.77
331	0.77	332	0.77	333	0.78	334	0.78	335	0.78
336	0.78	337	0.79	338	0.79	339	0.79	340	0.80
341	0.80	342	0.80	343	0.80	344	0.80	345	0.80
346	0.80	347	0.80	348	0.80	349	0.81	350	0.81
351	0.81	352	0.81	353	0.82	354	0.82	355	0.82
356	0.83	357	0.83	358	0.83	359	0.83	360	0.83
361	0.83	362	0.83	363	0.83	364	0.84	365	0.84
366	0.84	367	0.85	368	0.85	369	0.85	370	0.86
371	0.86	372	0.86	373	0.86	374	0.86	375	0.86
376	0.86	377	0.87	378	0.87	379	0.87	380	0.87
381	0.87	382	0.88	383	0.88	384	0.88	385	0.88
386	0.89	387	0.89	388	0.89	389	0.89	390	0.89
391	0.89	392	0.89	393	0.90	394	0.90	395	0.90
396	0.90	397	0.90	398	0.91	399	0.91	400	0.91
401	0.92	402	0.92	403	0.93	404	0.93	405	0.93
406	0.93	407	0.93	408	0.93	409	0.94	410	0.94
411	0.94	412	0.95	413	0.95	414	0.96	415	0.96
416	0.96	417	0.96	418	0.96	419	0.97	420	0.97
421	0.98	422	0.98	423	0.98	424	0.98	425	0.98
426	0.98	427	0.98	428	0.99	429	0.99	430	0.99
431	0.99	432	1.00	433	1.00	434	1.00	435	1.00
436	1.00	437	1.00	438	1.01	439	1.01	440	1.01
441	1.01	442	1.01	443	1.02	444	1.02	445	1.02
446	1.03	447	1.03	448	1.04	449	1.04	450	1.04

(다음 쪽에 계속)

12장 | 세 자리 수익률의 마법 열쇠

#	변동률	#	변동률	#	변동률	#	변동률	#	변동률
451	1.04	452	1.04	453	1.05	454	1.05	455	1.05
456	1.05	457	1.06	458	1.06	459	1.06	460	1.07
461	1.07	462	1.07	463	1.07	464	1.08	465	1.08
466	1.08	467	1.08	468	1.09	469	1.09	470	1.09
471	1.09	472	1.09	473	1.10	474	1.10	475	1.10
476	1.10	477	1.10	478	1.11	479	1.12	480	1.12
481	1.13	482	1.13	483	1.13	484	1.14	485	1.14
486	1.15	487	1.15	488	1.15	489	1.15	490	1.15
491	1.16	492	1.16	493	1.16	494	1.16	495	1.16
496	1.16	497	1.17	498	1.17	499	1.17	500	1.17
501	1.18	502	1.18	503	1.19	504	1.19	505	1.19
506	1.19	507	1.20	508	1.20	509	1.20	510	1.20
511	1.20	512	1.21	513	1.21	514	1.21	515	1.21
516	1.22	517	1.22	518	1.22	519	1.22	520	1.23
521	1.24	522	1.24	523	1.24	524	1.24	525	1.24
526	1.25	527	1.25	528	1.26	529	1.26	530	1.26
531	1.26	532	1.27	533	1.27	534	1.27	535	1.28
536	1.28	537	1.28	538	1.28	539	1.29	540	1.29
541	1.29	542	1.30	543	1.30	544	1.31	545	1.31
546	1.32	547	1.32	548	1.32	549	1.32	550	1.33
551	1.33	552	1.33	553	1.33	554	1.34	555	1.34
556	1.35	557	1.35	558	1.35	559	1.35	560	1.35
561	1.36	562	1.36	563	1.36	564	1.36	565	1.36
566	1.36	567	1.37	568	1.37	569	1.37	570	1.37
571	1.38	572	1.38	573	1.38	574	1.38	575	1.39
576	1.39	577	1.39	578	1.40	579	1.40	580	1.40
581	1.41	582	1.41	583	1.41	584	1.41	585	1.41
586	1.41	587	1.41	588	1.41	589	1.42	590	1.43
591	1.43	592	1.44	593	1.44	594	1.44	595	1.44
596	1.45	597	1.45	598	1.45	599	1.46	600	1.46
601	1.46	602	1.46	603	1.47	604	1.47	605	1.47
606	1.48	607	1.48	608	1.48	609	1.48	610	1.48

#	변동률	#	변동률	#	변동률	#	변동률	#	변동률
611	1.49	612	1.49	613	1.50	614	1.50	615	1.50
616	1.50	617	1.50	618	1.51	619	1.51	620	1.52
621	1.53	622	1.53	623	1.53	624	1.53	625	1.53
626	1.54	627	1.54	628	1.54	629	1.55	630	1.55
631	1.55	632	1.55	633	1.55	634	1.55	635	1.56
636	1.56	637	1.56	638	1.57	639	1.57	640	1.58
641	1.58	642	1.58	643	1.59	644	1.59	645	1.59
646	1.60	647	1.60	648	1.60	649	1.61	650	1.61
651	1.61	652	1.61	653	1.61	654	1.62	655	1.62
656	1.62	657	1.63	658	1.63	659	1.64	660	1.64
661	1.64	662	1.64	663	1.64	664	1.64	665	1.65
666	1.65	667	1.65	668	1.65	669	1.65	670	1.66
671	1.66	672	1.66	673	1.66	674	1.66	675	1.66
676	1.67	677	1.67	678	1.67	679	1.67	680	1.68
681	1.68	682	1.69	683	1.70	684	1.70	685	1.70
686	1.70	687	1.71	688	1.71	689	1.71	690	1.71
691	1.71	692	1.72	693	1.72	694	1.72	695	1.72
696	1.72	697	1.72	698	1.73	699	1.73	700	1.73
701	1.73	702	1.74	703	1.75	704	1.75	705	1.75
706	1.75	707	1.76	708	1.77	709	1.77	710	1.77
711	1.77	712	1.77	713	1.77	714	1.77	715	1.78
716	1.78	717	1.79	718	1.79	719	1.79	720	1.80
721	1.80	722	1.80	723	1.80	724	1.80	725	1.81
726	1.82	727	1.82	728	1.82	729	1.82	730	1.82
731	1.82	732	1.83	733	1.84	734	1.84	735	1.84
736	1.84	737	1.85	738	1.85	739	1.86	740	1.86
741	1.86	742	1.86	743	1.86	744	1.86	745	1.86
746	1.87	747	1.88	748	1.88	749	1.88	750	1.88
751	1.88	752	1.89	753	1.89	754	1.89	755	1.90
756	1.91	757	1.91	758	1.92	759	1.92	760	1.93
761	1.94	762	1.94	763	1.94	764	1.94	765	1.95
766	1.95	767	1.95	768	1.96	769	1.96	770	1.96

(다음 쪽에 계속)

12장 | 세 자리 수익률의 마법 열쇠

#	변동률	#	변동률	#	변동률	#	변동률	#	변동률
771	1.96	772	1.96	773	1.97	774	1.97	775	1.97
776	1.97	777	1.97	778	1.97	779	1.98	780	1.98
781	1.98	782	1.98	783	1.98	784	1.98	785	1.99
786	1.99	787	1.99	788	2.00	789	2.00	790	2.00
791	2.00	792	2.00	793	2.00	794	2.00	795	2.01
796	2.01	797	2.01	798	2.02	799	2.02	800	2.02
801	2.03	802	2.03	803	2.03	804	2.03	805	2.04
806	2.04	807	2.04	808	2.04	809	2.04	810	2.05
811	2.05	812	2.05	813	2.05	814	2.06	815	2.07
816	2.07	817	2.08	818	2.08	819	2.09	820	2.09
821	2.09	822	2.10	823	2.11	824	2.11	825	2.11
826	2.11	827	2.12	828	2.12	829	2.13	830	2.13
831	2.13	832	2.13	833	2.13	834	2.13	835	2.13
836	2.14	837	2.14	838	2.14	839	2.14	840	2.14
841	2.14	842	2.14	843	2.15	844	2.15	845	2.15
846	2.15	847	2.15	848	2.16	849	2.17	850	2.17
851	2.17	852	2.18	853	2.18	854	2.18	855	2.18
856	2.18	857	2.18	858	2.19	859	2.19	860	2.20
861	2.20	862	2.20	863	2.20	864	2.20	865	2.21
866	2.21	867	2.22	868	2.23	869	2.23	870	2.24
871	2.24	872	2.25	873	2.25	874	2.25	875	2.26
876	2.26	877	2.26	878	2.26	879	2.27	880	2.27
881	2.28	882	2.28	883	2.28	884	2.29	885	2.29
886	2.29	887	2.29	888	2.30	889	2.30	890	2.30
891	2.30	892	2.31	893	2.31	894	2.32	895	2.32
896	2.32	897	2.33	898	2.33	899	2.34	900	2.34
901	2.34	902	2.34	903	2.35	904	2.36	905	2.36
906	2.37	907	2.37	908	2.38	909	2.38	910	2.38
911	2.38	912	2.39	913	2.39	914	2.39	915	2.40
916	2.40	917	2.40	918	2.41	919	2.41	920	2.42
921	2.42	922	2.43	923	2.44	924	2.45	925	2.46
926	2.46	927	2.46	928	2.47	929	2.47	930	2.47

#	변동률	#	변동률	#	변동률	#	변동률	#	변동률
931	2.48	932	2.48	933	2.48	934	2.49	935	2.50
936	2.50	937	2.51	938	2.51	939	2.51	940	2.51
941	2.51	942	2.51	943	2.52	944	2.52	945	2.53
946	2.53	947	2.53	948	2.53	949	2.54	950	2.54
951	2.54	952	2.54	953	2.54	954	2.56	955	2.56
956	2.57	957	2.58	958	2.60	959	2.60	960	2.60
961	2.60	962	2.61	963	2.61	964	2.62	965	2.62
966	2.63	967	2.64	968	2.64	969	2.64	970	2.65
971	2.65	972	2.65	973	2.65	974	2.66	975	2.66
976	2.66	977	2.68	978	2.68	979	2.68	980	2.69
981	2.69	982	2.69	983	2.70	984	2.70	985	2.71
986	2.71	987	2.71	988	2.71	989	2.72	990	2.73
991	2.73	992	2.73	993	2.74	994	2.74	995	2.75
996	2.75	997	2.75	998	2.77	999	2.78	1000	2.79
1001	2.79	1002	2.79	1003	2.79	1004	2.79	1005	2.80
1006	2.80	1007	2.80	1008	2.81	1009	2.81	1010	2.81
1011	2.82	1012	2.82	1013	2.83	1014	2.83	1015	2.83
1016	2.84	1017	2.84	1018	2.84	1019	2.85	1020	2.85
1021	2.86	1022	2.87	1023	2.87	1024	2.87	1025	2.87
1026	2.88	1027	2.88	1028	2.89	1029	2.89	1030	2.89
1031	2.89	1032	2.90	1033	2.92	1034	2.92	1035	2.93
1036	2.93	1037	2.93	1038	2.93	1039	2.94	1040	2.94
1041	2.94	1042	2.95	1043	2.95	1044	2.95	1045	2.96
1046	2.96	1047	2.96	1048	2.97	1049	2.97	1050	2.98
1051	2.99	1052	2.99	1053	2.99	1054	2.99	1055	3.00
1056	3.00	1057	3.00	1058	3.01	1059	3.01	1060	3.01
1061	3.02	1062	3.04	1063	3.04	1064	3.04	1065	3.04
1066	3.05	1067	3.05	1068	3.06	1069	3.06	1070	3.06
1071	3.06	1072	3.07	1073	3.07	1074	3.07	1075	3.07
1076	3.08	1077	3.08	1078	3.08	1079	3.08	1080	3.09
1081	3.10	1082	3.10	1083	3.11	1084	3.11	1085	3.12
1086	3.12	1087	3.12	1088	3.13	1089	3.13	1090	3.14

(다음 쪽에 계속)

12장 | 세 자리 수익률의 마법 열쇠

#	변동률	#	변동률	#	변동률	#	변동률	#	변동률
1091	3.14	1092	3.14	1093	3.15	1094	3.15	1095	3.15
1096	3.16	1097	3.16	1098	3.17	1099	3.17	1100	3.18
1101	3.21	1102	3.23	1103	3.23	1104	3.24	1105	3.25
1106	3.25	1107	3.27	1108	3.27	1109	3.28	1110	3.29
1111	3.29	1112	3.30	1113	3.30	1114	3.30	1115	3.30
1116	3.31	1117	3.31	1118	3.32	1119	3.32	1120	3.32
1121	3.32	1122	3.32	1123	3.33	1124	3.34	1125	3.35
1126	3.40	1127	3.40	1128	3.40	1129	3.41	1130	3.41
1131	3.41	1132	3.41	1133	3.42	1134	3.42	1135	3.42
1136	3.42	1137	3.43	1138	3.44	1139	3.44	1140	3.44
1141	3.45	1142	3.45	1143	3.46	1144	3.46	1145	3.46
1146	3.46	1147	3.47	1148	3.47	1149	3.47	1150	3.47
1151	3.49	1152	3.49	1153	3.49	1154	3.50	1155	3.51
1156	3.51	1157	3.52	1158	3.52	1159	3.53	1160	3.56
1161	3.57	1162	3.58	1163	3.59	1164	3.61	1165	3.61
1166	3.61	1167	3.62	1168	3.64	1169	3.64	1170	3.65
1171	3.66	1172	3.67	1173	3.67	1174	3.68	1175	3.68
1176	3.68	1177	3.68	1178	3.69	1179	3.69	1180	3.70
1181	3.70	1182	3.71	1183	3.73	1184	3.74	1185	3.77
1186	3.78	1187	3.79	1188	3.80	1189	3.81	1190	3.81
1191	3.83	1192	3.84	1193	3.84	1194	3.85	1195	3.87
1196	3.87	1197	3.88	1198	3.88	1199	3.88	1200	3.88
1201	3.88	1202	3.90	1203	3.91	1204	3.92	1205	3.92
1206	3.94	1207	3.95	1208	3.97	1209	3.97	1210	3.98
1211	4.01	1212	4.02	1213	4.02	1214	4.02	1215	4.03
1216	4.03	1217	4.04	1218	4.04	1219	4.07	1220	4.07
1221	4.07	1222	4.08	1223	4.08	1224	4.08	1225	4.09
1226	4.09	1227	4.10	1228	4.11	1229	4.16	1230	4.17
1231	4.18	1232	4.21	1233	4.23	1234	4.27	1235	4.27
1236	4.28	1237	4.28	1238	4.30	1239	4.30	1240	4.31
1241	4.32	1242	4.33	1243	4.34	1244	4.35	1245	4.35

#	변동률	#	변동률	#	변동률	#	변동률	#	변동률
1246	4.36	1247	4.39	1248	4.40	1249	4.40	1250	4.42
1251	4.42	1252	4.42	1253	4.43	1254	4.43	1255	4.44
1256	4.45	1257	4.45	1258	4.47	1259	4.48	1260	4.48
1261	4.48	1262	4.51	1263	4.53	1264	4.54	1265	4.55
1266	4.63	1267	4.64	1268	4.64	1269	4.65	1270	4.65
1271	4.66	1272	4.67	1273	4.67	1274	4.68	1275	4.68
1276	4.69	1277	4.70	1278	4.72	1279	4.72	1280	4.73
1281	4.77	1282	4.81	1283	4.81	1284	4.81	1285	4.83
1286	4.85	1287	4.86	1288	4.86	1289	4.88	1290	4.88
1291	4.89	1292	4.91	1293	4.91	1294	4.92	1295	4.93
1296	4.94	1297	4.98	1298	4.99	1299	5.00	1300	5.04
1301	5.13	1302	5.16	1303	5.16	1304	5.21	1305	5.21
1306	5.22	1307	5.23	1308	5.30	1309	5.31	1310	5.36
1311	5.45	1312	5.50	1313	5.53	1314	5.54	1315	5.54
1316	5.56	1317	5.77	1318	5.62	1319	5.70	1320	5.72
1321	5.77	1322	5.82	1323	5.89	1324	5.94	1325	5.98
1326	6.02	1327	6.03	1328	6.03	1329	6.05	1330	6.05
1331	6.07	1332	6.09	1333	6.12	1334	6.20	1335	6.22
1336	6.24	1337	6.27	1338	6.29	1339	6.31	1340	6.39
1341	6.42	1342	6.44	1343	6.46	1344	6.47	1345	6.67
1346	6.69	1347	6.69	1348	6.76	1349	6.77	1350	6.82
1351	6.85	1352	6.85	1353	7.02	1354	7.13	1355	7.23
1356	7.35	1357	7.51	1358	7.53	1359	7.57	1360	7.58
1361	7.67	1362	7.67	1363	7.74	1364	7.77	1365	7.96
1366	8.25	1367	8.27	1368	8.60	1369	8.99	1370	9.14
1371	9.16	1372	9.23	1373	9.40	1374	10.18	1375	10.37
1376	10.83	1377	11.80	1378	20.78	1379	21.41		

12장 | 세 자리 수익률의 마법 열쇠

시장이 박스권일 때는 콜옵션 매수의 승률이 더 떨어진다. 시장이 6개월 동안 5% 변동했고 연준이 완화 정책을 쓸 가능성이 크다면 승률은 더 높아진다.

시장이 현재 추세를 형성하며 안정되었고, 조만간 중요한 소식이 나올 일도 없으며, 각종 경제 지표가 혼재하고, 연준이 완화 정책 기조를 유지하리라는 분위기가 강하다고 가정하자. 다음 2주일 안에 시장이 5% 정도로 크게 변동하리라고 예측할 만한 징후가 없다. 표를 살펴보면 1939년부터의 2주간 변동률 수치 가운데 변동률이 5% 미만인 경우가 94%였다. 5% 외가격 수준에서 콜옵션을 매도할 때의 성공 확률은 15.7배인 셈이다.

가격 책정 부분에도 이런 통계 자료를 활용할 수 있다. 예를 들어 가격 변동이 별로 없고 옵션 만기가 2주일밖에 남지 않았다고 가정하자. 기본 스트래들(행사가격과 만기가 같은 콜옵션과 풋옵션) 매도를 고려하고 있다. OEX지수는 381포인트여서 근월물 380 스트래들 포지션을 취한다. 옵션 프리미엄은 5.875다. 여기서 이 스트래들을 매도해야 하는가?

옵션 프리미엄 5.875는 지수 변동 폭이 1.54%라는 의미다. 표를 살펴보면 1939년 이후 변동 폭 1.54%를 넘긴 경우는 전체의 55% 정도라는 사실을 알 수 있다. 따라서 이 가격에 스트래들을 매도하는 것은 불리하고, 매수하는 것은 약간 유리하다는 계산이 나온다. 극히 예외적인 상황이 아니라면 이 조건에서는 어느 쪽으로든 트레이딩에 나서지 않는 것이 낫다.

걸프전 발발 직전의 시나리오가 바로 이런 경우였다. 성공 확률을 따졌을 때 기껏해야 약간 우세한 정도인데도 나는 트레이딩에 나서고 싶은 유혹에 빠졌다. 당시는 우려와 공포가 시장을 지배했다. 사람들은 유가가 배럴당 100달러가 될 것이라고 수군댔다. 나는 미국이 전쟁에서 이길 것임을 확신했고, 기술적 분석의 측면에서도 시장이 상승했다. 그래서 만기가 한 달 남은 콜옵션을 10포인트 외가격 수준에서 매수하려고 했다.

사실 나는 시장이 한 달 안에 3.5% 이상 변동한다는 쪽에 베팅하고 싶었고, 이 과정에서 옵션 가격에 극적인 영향을 미치는 심리적 요인들에 의존하고 있었다.

안타깝게도 시장의 우려와 공포는 극단적인 프리미엄으로 바뀌었고, 내가 선택한 쪽에 베팅하려면 2% 위험률을 부담해야 했을 것이다. 위험 대비 보상 배수 차원에서 보면 전혀 바람직한 거래가 아니었다. 옵션 프리미엄이 5.75~6이 아니라 2.5~3이었다면 포지션의 크기도 엄청나게 컸을 것이다.

바라건대 이들 사례를 통해 확장된 통계 분석표가 옵션 거래 성공의 강력한 도구라는 사실을 알아주면 좋겠다. 나는 2주 변동률 자료뿐 아니라 주간과 월간 변동률 자료도 함께 정리해 사용한다. 옵션 전략을 개발하면서 시점과 가격을 결정할 때 활용한다.

시장 변동성과 추세 형성

근 30년을 이 바닥에 있으면 시장 변동성에 대한 감이라는 것이 생긴다. 최근 몇 년 동안은 기관의 시장 지배 현상이 시장 변동성(특히 일중 변동성)의 본질을 크게 바꿔놓았다는 느낌이 강하게 들었다. 그러나 이런 시장 변동률 자료를 정리하면서 시장 변동성이 과연 얼마나 많이 변했는지 궁금해지기 시작했다.

시장 역사에 관한 이전 지식과 월간 변동률 자료를 묶어 분석해본 결과, 한 가지는 분명했다. 1930년대는 상당히 이례적인 시기였다. 이전과 다르게 1930년대는 변동률이 10%가 넘는 경우가 수두룩했다. 변동률 자료를 정리하면서 굳이 1939년을 시작점으로 삼은 이유가 바로 여기에 있다. 나는 이 자료를 분석해 5개 구간으로 나누었고 각 구간의 변동률 분포를 비교했다. 결과는 표 12.1에 정리했다.

그런데 중요한 예외 하나를 제외하고 결과가 상당히 일관성 있어서 놀랐다. 1982년부터 1992년까지는 2주 변동률 3~4%의 비중이 이전 시기의 평균 5.7%보다 낮았다. 변동률 7~8% 비중은 상승해서 평균 4.7%이었다. 시장 변동성이 낮은 범위에서 높은 범위로 바뀐 것이 분명했다.

관련해서 놀라운 부분은 변동률 변화가 집중되어 이들 두 범위의 구분이 매우 뚜렷해졌다는 점이다. 기관이 시장을 지배하면서 정보 전파력이 향상된 것이 시장 변동성을 높이는 역할을 했다고 생각할 것이다. 그러나 일중 변동성과 특정 범위를 제외하고는 설득력이 없다. 이는 시장 조작은 단기적으로만 가능하다는 다우 이론상의 명제를 뒷받침할 뿐이다.

전략적 옵션 거래 계획

　지금까지는 주로 옵션을 중심으로 비교적 단기에 속하는 시간 틀 내의 변동성을 포착하는 방법을 설명했다. 그러나 옵션의 가장 큰 장점은 거의 모든 시장에서 트레이딩 전략을 세울 수 있다는 것이다. 물론 옵션이라는 도구를 제대로 사용한다는 전제가 충족되어야 한다. 최근 사례를 들어 이 부분을 설명하겠다.

　1991년은 종목 선정자의 해로서, 시장이 상승하기 시작하면서 12월의 마지막 2주일 동안 전 시장이 10%나 상승했다. 그 이후 두 달 동안은 장외시장과 유통시장에서 완만한 조정이 시작된 것을 제외하고 좁은 가격 폭에서 거래가 이루어졌다. 3월이 되자 다우지수는 여전히 신고점을 경신하는 반면, S&P500은 이전 중기 상승 폭의 37%를 반납했다. 다시 말해 시장이 혼조세를 보이고 있었다. 여러 지수가 같은 방향으로 움직이지 않아서 시장 전체의 추세를 파악하기가 어려웠다.

　이처럼 여러 추세가 뒤엉켜 있고 비교적 안정적인 시장 환경에서는 옵션을 사용하면 매우 낮은 위험 수준에서 일정한 이익을 낼 수 있다.

　1991년 3월은 완만한 상승세 속에 시장 변동성이 높았고 그런 상태가 앞으로 몇 주일은 계속되리라고 생각했다. 이 시나리오에서 내가 사용한 전략은 윙(wing)이라는 안전망을 두고 스트래들을 매도하는 것이었다. OEX 현물지수는 383을 약간 웃돌았다. 4월물 385 콜옵션의 프리미엄은 5.375였고 풋옵션 프리미엄은 6.875였다. 1개월 만기 스트래들의 가치가 12.25인 셈이었다.

나는 시장이 안정세를 유지할 것으로 생각했기 때문에 이 스트래들을 매도했다. 예기치 않은 사건으로부터 스트래들 포지션을 보호하기 위해 0.875 프리미엄에 콜옵션 400계약, 2.25 프리미엄에 풋옵션 375계약을 매수해서 순프리미엄은 9.125가 되었다. 이것이 바로 윙이다.

표 12.3은 1982년 이후 다우지수의 월간 변동률 분포를 분석하여 정리한 것이다. 표에서 볼 수 있듯이 월간 변동률 중앙값은 2.2%이고 1982년 이후 월간 변동률이 3% 미만인 사례는 59%였다. 변동률 중앙값 수준대로 OEX지수가 만기까지 2.2% 상승해서 391.4가 된다면 이 콜옵션을 재매수하는 데 7.25의 프리미엄을 들여야 하지만 그래도 1.625의 순프리미엄이 남는다. 지수가 이보다 더 높아지면 약간의 손실이 발생하겠지만 콜옵션 400계약으로 헤지했기 때문에 완전히 망할 일은 없다.

게다가 일반적으로 이 프리미엄은 윙보다 스트래들에서 더 급속히 상실된다. 이것이 내게 유리하게 작용한다. 하락추세에서도 마찬가지다. 그러나 시장 상황이 예측한 대로 전개된다면, 즉 변동률이 1~2% 범위라면 꽤 쏠쏠한 이익을 낼 수 있다. 심지어 시장이 정체된 상태에서도 이익이 난다.

엄청나게 훌륭한 트레이딩은 아니지만 그렇다고 아주 형편없는 수준도 아니다. 위험 수준은 매우 낮고 보상 수준은 높은 편이며 레버리지 수준도 아주 높다. 평균 수준의 투자자는 이런 유

[표 12.3] 다우지수 월간 변동률(절댓값, 1982년 5월~1993년 6월)

다우지수의 월간 변동률을 오름차순으로 정리하면서 1982년 5월부터의 자료만 사용했다. S&P 선물 매매가 이때 시작했기 때문이다. 변동률 중앙값은 2.2%다. 월초 대비 월말 변동률이 10% 이상인 것은 전체의 4% 미만이다.

0.0~0.9%		1.0~1.9%		2.0~2.9%		3.0~3.9%		4.0~4.9%		5.0~5.9%		6.0~6.9%		7.0~9.9%		10.0%~	
1	0.0	31	1.0	64	2.0	79	3.0	92	4.0	101	5.0	112	6.1	120	7.1	128	10.0
2	0.0	32	1.0	65	2.1	80	3.0	93	4.0	102	5.2	113	6.2	121	7.5	129	10.6
3	0.1	33	1.0	66	2.2	81	3.0	94	4.0	103	5.3	114	6.2	122	8.0	130	11.4
4	0.1	34	1.1	67	2.3	82	3.3	95	4.1	104	5.4	115	6.2	123	8.2	131	13.8
5	0.1	35	1.3	68	2.3	83	3.4	96	4.5	105	5.4	116	6.3	124	8.5	132	23.2
6	0.2	36	1.3	69	2.3	84	3.4	97	4.5	106	5.4	117	6.4	125	8.7		
7	0.2	37	1.3	70	2.4	85	3.5	98	4.7	107	5.5	118	6.8	126	9.0		
8	0.2	38	1.4	71	2.4	86	3.5	99	4.8	108	5.6	119	6.9	127	9.7		
9	0.3	39	1.4	72	2.5	87	3.6	100	4.8	109	5.7						
10	0.3	40	1.4	73	2.5	88	3.8			110	5.7						
11	0.4	41	1.4	74	2.5	89	3.9			111	5.9						
12	0.4	42	1.4	75	2.7	90	3.9										
13	0.4	43	1.5	76	2.8	91	3.9										
14	0.4	44	1.5	77	2.8												
15	0.4	45	1.5	78	2.9												
16	0.5	46	1.5														
17	0.5	47	1.5														
18	0.6	48	1.5														
19	0.6	49	1.5														
20	0.6	50	1.6														
21	0.6	51	1.6														
22	0.6	52	1.6														
23	0.7	53	1.7														
24	0.8	54	1.7														
25	0.8	55	1.7														
26	0.8	56	1.7														
27	0.8	57	1.8														
28	0.8	58	1.8														
29	0.9	59	1.8														
30	0.9	60	1.9														
		61	1.9														
		62	1.9														
		63	1.9														

형의 스트래들과 윙 조합에서 2,000달러 정도의 이윤은 기대해야 한다. 포지션 조합당 단 200달러 이익으로도 매월 10% 수익률이 보장된다. 횡보 시장에서는 나쁘지 않은 성과다.

전략적 트레이딩에서 옵션을 활용하는 사례는 이 밖에도 많으며 여기서는 수많은 사례 중 한 가지를 소개했을 뿐이다. 옵션은 헤지와 차익거래에도 활용되고 주식시장뿐 아니라 선물시장의 위험을 대비하는 목적으로도 사용된다. 다양한 옵션 전략을 다룬 책이 너무 많아서 일일이 설명하기 어려울 정도다.

결론

많은 이가 입을 모아 말하듯 옵션은 금융 상품 가운데 가장 위험한 종목이다. 난해함, 융통성, 수익성 등에서 단연 최고다. 그러나 신중한 자세로 옵션 거래에 임하고, 바람직한 자금 관리 원칙을 적용하고, 위험 대비 보상 배수가 자신에게 유리할 때만 트레이딩에 나서고, 인내심과 끈기를 가지고 거래한다면 장기적으로 이익을 낼 것이다. 보수적 관점에서 과장하지 않고 말하면 내가 지금까지 거둔 수익의 최소 40%가 옵션 거래에서 나왔다.

다음 사항을 항상 기억하라.

1. 높은 프리미엄은 항상 새 소식이 임박했다는 신호다.
2. 옵션 포지션당 위험 수준은 전체 자본의 3%를 넘기지 말라.
3. 매매할 때 성공 확률과 위험 대비 보상 배수를 항상 파악하라.

4. 전형적인 매매 모형은 사용하지 말라.

5. 옵션을 매도하면 거의 대부분 이익을 내겠지만 장기적으로는 손실을 볼 것이다.

6. 위험 수준은 제한하고 위험 대비 보상 배수를 최소 3배, 더 좋게는 5배로 해서 매매 전략을 수립하라.

 내 성공의 열쇠는 기본적 경제 분석과 통계적 수명 분석표를 활용해 위험 부분에 초점을 맞춘 것이다. 이 도구들을 사용한다면 자신에게 유리한 확률로 트레이딩에 임할 수 있고 결국에는 트레이딩에서 성공할 수 있다.

13

데이트레이딩
기초와 심화*

* 이 장을 내 마음속 가장 위대한 데이트레이더
하워드 셔피로(Howard Shapiro)에게 바친다.

16세기에 활약한 조각가 로렌초 기베르티(Rorenzo Ghiberti)는 성실, 헌신, 집중력, 결단력, 주어진 과업을 완수하려는 의지 등 위대한 데이트레이더가 되는 데 필요한 특성은 모두 갖춘 인물이었다. 기베르티는 이탈리아 피렌체에 있는 성조반니 세례당의 청동 문을 조각하는 데 48년이라는 시간을 보냈다.

한 가지 일을 완수하는 데 장장 48년이 걸렸다고 상상해보라. 하루 종일 대화할 사람 하나 없이 고된 일을 하다 보면 그 고생이 영원히 끝나지 않으리라는 생각이 들 것이다.

어느 모로 보나 트레이더의 의지력과 정신력은 위대한 조각가의 그것과 크게 다르지 않다. 조각가와 트레이더 모두 세세한 부분에 집중해 마음속에 그린 세부 그림을 구체화한다. 개인적으로 작업하고, 자신의 일에 대한 자세가 매우 엄숙하고 진지하며, 일의 결과가 더디게 나오지만 이 노력이 바탕이 되어 결국에는 모두가 놀랄 만한 걸작을 완성해낸다는 공통점이 있다.

나는 1968년 파일러 슈미트에 들어가 티커 테이프(ticker tape: 과거에 주가를 알려주던 종이 테이프-역주)를 보기 시작하면서 데이 트레이더의 길을 걸었고 이후 18년간 그 일에 종사했다.

1986년에는 하루에 S&P 선물을 30건 거래할 정도로 눈부시게 성장했다. 그런데 혈압도 덩달아 높아지는 바람에 중기 트레이딩으로 방향을 전환했다. 돈을 아무리 많이 번다 한들 건강을 해쳐 목숨을 잃으면 무슨 소용이 있겠는가.

그래서 1987년에는 하루 트레이딩을 5건으로 줄이고, 내 자본으로 168%를 벌고, 일주일에 5일을 개인 트레이너와 함께 운동해서 건강을 회복했다!

여기서 말하고자 하는 바는 무엇인가? 1991년 1월 걸프전이 발발한 후 주식시장은 97년 역사에서 가장 따분한 시장이 되었고(7장 참고) 중기추세를 노리는 트레이딩은 실익이 없어졌다. 그래서 나는 잠시 데이트레이딩으로 돌아갔다. 이 장에서는 가장 어렵고 집중력이 가장 필요한 이 데이트레이딩에 관해서 설명하고자 한다.

트레이더에게 필요한 심리적 요건

나는 손실이 나더라도 크게 개의하지 않는 등 데이트레이딩이라는 특수한 일에 어울리는 성격을 지녔기 때문에 데이트레이딩이 매우 쉬웠다.

대다수는 잘못하는 것을 매우 싫어한다. "있잖아, 내가 이번에 틀렸어"라는 말을 즐겨 쓰는 사람은 본 적이 없다. 여기서 문제가 되는 것이 자존심이다. 철학적 차원이 아니라 심리적 차원에서 들여다보면 자존감과 반대되는 개념이다.

자존심(혹은 그릇된 자존심)은 (무의식적으로) 이렇게 말하길 좋아한다. "나는 훌륭하니까 절대 틀리거나 실수할 리 없어. 내가 잘못 판단한다면 존경받지 못할 거야." 그러나 인간은 신이 아니고 트레이더 또한 전지전능한 존재가 아닌 만큼 때로는 실수를 저지를 것이다. 이 당연한 사실을 받아들이려 하지 않는 것 자체가 비논리적이다.

데이트레이더가 되려면 쓸데없는 자존심이 아니라 자존감이 있어야 하고, 자신이 유능하고 가치 있는 존재라고 믿는, 건전하고 긍정적인 사고방식을 지녀야 한다. 스스로의 판단에 자신이 없으면 제대로 트레이딩을 해낼 수가 없다. 트레이딩하려면 손실을 받아들이고, 이를 수천 번 거듭하고, 툭툭 털고 일어나 자신 있게 다시 트레이딩할 수 있어야 한다.

반드시 기억하라. 자존감의 자리를 자존심(그릇된 자존심)에 내주어서는 안 된다.

이상적인 데이트레이더는 자신을 깊이 성찰하고 자신을 잘 안다. 데이트레이더로 성공하려면 항상 자신에게 솔직해야 한다. 자신에게 솔직할 능력이 없다면 이 장은 읽을 필요 없다. 데이트레이더가 될 수 없으니 말이다. 자신에게 거짓말하려고 하지 말라. 누구나 때로는 손실을 본다는 사실을 인정하라. 자신의

13장 | 데이트레이딩 기초와 심화

실수를 합리화하면 안 되고, 비겁하게 전형적인 방어 기제 뒤로 몸을 숨겨도 안 된다.

숨지 말고 당당하게 일어서서 이렇게 말하라. "내가 틀렸다." 이 인정은 자신이 어리석다거나 무능하다는 뜻이 아니다. 실수도 일의 일부이고 삶의 한 부분이다. 데이트레이딩에서 유일한 적은 바로 자신이다. 또 자신이 자신의 상사이고 자신의 운명도 자신이 결정한다.

트레이더에게 필요한 지적 요건

데이트레이더로서의 심리적 요건을 갖췄다면 이제는 지적 요건을 충족하는 부분에 초점을 맞춰야 한다. 예일 허시(Yale Hirsch)의《주식 트레이더 연감(Stock Trader's Almanac)》을 한 권 장만하라. 이 연감에는 시장 특성에 관한 주옥같은 정보가 담겨 있다. 나는 1960년대 말부터 1970년대 말까지 이 연감만 읽고서도 생계를 유지했다.

시장에 프로그램 매매가 도입된 후부터 상황이 다소 변했지만 예일 허시가 연감에서 밝힌 사실 다수는 여전히 중요하고 가치를 지닌다. 글을 읽으려면 알파벳부터 배워야 하듯이, 트레이딩에 관한 의사결정을 하려면 이 연감에 수록된 정보부터 숙지해야 한다.

이 장에서는 시장 패턴을 파악해 데이트레이딩을 하는 방법을 제시할 것이다. 내가 운영하는 900번 전화 자문 서비스를 이용해본 사람이라면 내 시장 평가 기법을 이해할 것이다. 기본 개념은 이렇다. 앞으로 일어날 일이 무엇인지 예측한 다음, 만약 그 일이 실제로 일어나지 않으면 즉시 실수를 인정하고 예측을 수정한다.

예를 들어 내일 날씨가 맑겠다는 일기예보를 보고 내일 소풍을 가기로 했다고 하자. 소풍 갈 준비를 다 해놓았는데 아침에 일어나 보니 비가 내리고 있다. 그 광경을 보고도 "비가 내리지 않아"라며 소풍을 나가 잔디 위에 누울 사람은 없을 것이다. "비가 내리네. 기상 통보관이 위성사진을 잘못 판독한 모양이군. 그럼 계획을 바꿔서 영화 보러 가야겠다"라고 말할 것이다.

트레이딩의 핵심은 앞으로 어떤 일이 일어날지 예측하는 것이니, 예측대로 진행되지 않으면 빠르게 상황에 맞출 수 있다!

예측은 아래 사항에 기반해야 한다.

1. 장기, 중기, 단기 추세에 대한 정보
2. 당일의 경제적 소식에 대한 감과 이해
3. 계절적 정보(매년 특정 시점에 발생하는 일 이해). 이 정보는 《주식 트레이더 연감》에서 얻을 수 있다.
4. 옵션 만기, 프로그램 매매 규칙, 차트 패턴, 기관투자가의 특성(예를 들어 분기 말에 매매가 집중되는 경향), 수익 보고서, 뮤추얼펀드로의 공공 자금 유출입 등과 같은 기술적 고려 사항에 대한 정보
5. 정세 변화의 징후 포착

6. 연준의 정책 회의와 시장 개입의 의미와 결과를 해석하는
   능력
7. 유럽의 경제 상황과 같은 세계 주요 현안에 주목. 〈배런즈〉
   와 〈월스트리트저널〉(이 둘은 특히 사설을 읽을 것), 〈뉴욕타임
   스〉와 〈워싱턴포스트〉(이 둘은 사설은 건너뛸 것), 〈포브스〉〈포
   천〉〈인베스터스데일리〉〈런던타임스〉〈이코노미스트〉〈뉴
   스위크〉〈비즈니스위크〉〈인스티튜셔널 인베스터 매거진〉
   등 참고
8. 건전한 정신 상태, 외부 압력에 굴하지 않는 정신력
9. 좋은 신체 조건: 주의력, 예민함, 경계성
10. 모든 시장 정보와 각 시장 간의 관계성 파악을 위한 꾸준
    한 관찰과 집중력

《전설의 프로 트레이더 빅》에서는 한 장을 할애해 '돈을 날리
는 50가지 방법'을 설명한 바 있다. 이 가운데는 장내 트레이더
(floor trader: 증권거래소 회원으로서 자기 계정으로 거래하는 트레이더-역
주)에게만 적용되는 사항이 몇 가지 있다.

나는 수많은 훈련생에게 증권거래소 장내 매매 방법을 가르
친 경험이 있기 때문에 이 내용을 카드에 인쇄하고 훈련생들이
반드시 숙지하게 했다. 다음은 약간 다른 원칙들로서, 내가 트레
이딩할 때 항상 염두에 두는 것이다.

트레이더의 계명

1. 과도한 매매를 하지 말라.

2. 손실을 기꺼이 감수하라.

3. 절대 물타기 하지 말라.

4. 이익을 손실로 전환하지 말라.

5. 매매를 개시하기 전에 항상 손실제한선을 정하라.

6. 일방향 트레이더가 되지 말라. 융통성을 가져라.

7. 적절할 때 이익 매매의 크기를 늘려라. 매수와 매도에 가장 좋은 때는 박스권이 이어지다가 가격대를 돌파한 후다.

8. 장내 매매를 하고 있다면 피트 한 곳에 집중하라.

9. 모든 트레이더와 브로커의 말을 이해하라.

10. 시장에 활기가 없을 경우, 장 중반 시간대에는 거래를 피하라.

11. 포지션에 진입할 때는 언제나 가격지정주문을 사용하라.

12. 새 포지션을 열면서 반등에 매수하거나 돌파에 매도할 때 주의하라.

13. 공포, 탐욕, 희망, 자부심, 불안, 무모함, 행복을 포함해 모든 감정을 다 스려라.

14. 인내심을 가져라.

15. 손실은 제한하고 이익은 달리게 하라.

16. 확신이 없다면 매매하지 말라.

데이트레이딩의 기초

이제 트레이딩에 임할 준비가 거의 다 된 셈이다. 실제 트레이딩에 나서기 전에 가장 먼저 해야 할 일은 당일 무슨 일이 벌어질지 예측하는 것이다.

이 일을 28년 동안 하다 보니 이제는 각종 신문과 잡지를 읽고 다우지수, S&P지수, 다우운송지수의 고점과 저점, 종가, 등락주선 등의 차트를 작성하고 나면 하루의 장세가 어떨지 대충 감이 온다. 매일 눈뜨자마자 가장 먼저 하는 일이며 새벽 5시 30분에 끝난다.

미국 채권과 주식의 야간 트레이딩 상황을 포함해 세계 시장의 매매 상황을 살펴본 다음 오늘 소식, 특히 앞으로 며칠간 시장에 영향을 미칠 만한 소식들을 살펴보면 어느 정도 시장 예측이 가능할 것이다.

이 부분이 매우 중요하다. 인플레이션이 화두일 때는 경제학자들이 며칠 전에 이에 관한 추정치를 내놓는다. 그러니 핵심 수치가 며칠 내에 나온다면 경제학자들의 예측 내용에 관심을 기울여야 한다. 그 수치가 5일 이내에 나오면 시장이 열릴 때의 가격을 주의 깊게 살펴보라. 특히 시가에 갭이 있는지 살펴보라. 갭은 경제학자들의 시장 예측 내용과 수준을 가늠할 수 있는 신호다.

이제 시장을 예측할 준비가 되었다. 채권 트레이딩은 간밤에 이루어졌지만 당일 소식은 아직 나오지 않았다. 보통은 뉴욕 시간으로 오전 8시 30분에 발표된다. 900번 전화로 이루어지는 첫 번째 시장 예측은 오전 8시 50분쯤 시작한다. 이 시간이면 채권, 뉴스, 간밤 주식의 모멘텀 등에 관해 어느 정도 감이 온 상태다. 시장 예측을 할 때는 각종 지표와 신호들을 하나로 통합해 전체적 관점에서 시장을 보려고 한다.

900번 전화를 통한 예측은 주중 오전 9시, 낮 12시, 오후 3시, 오후 5시에 진행한다. 일요일 오후 5시에는 중기 트레이딩과 관련한 예측을 한다. 예측이 틀렸거나 시장 변동성이 극심할 때는 오전 10시 30분이나 오후 1시 30분에 조정 메시지를 추가로 내보낸다. 아래는 아침의 시장 예측 사례다.

월요일 아침 예측, 1993년 7월 12일 오전 9시

내일 생산자물가지수(PPI)가 발표되면 채권 가격이 0.2~0.3% 하락할 것으로 예측됩니다. 현재 +3인 채권은 당일 +8에서 −2 수준이 될 것입니다. 이 예측치는 지난 목요일에 이미 나왔으므로 +16에 이익을 실현해야 합니다. 개장하면서 점차 상승한 후 반등과 하락이 이어지다가 장 마감 때 반등하는 패턴이 될 것입니다. 혼조세로 시작해 상승세로 끝나는 날입니다. 금 가격은 금요일에 이익을 실현한 후 약간 높아졌는데, PPI 혹은 CPI 수치와는 관련이 없습니다. 금은 현재 394달러에 매매되고 있고 수요일 이후에는 400달러에 매매해야 합니다. 대두는 날씨 때문에 저점 이하에서 매매될 것입니다. 약세장에서 매도하지 말고 반등할 때까지 보유하십시오. 우리는 대두에서 615에서 717로 100포인트 이상 이익을 냈습니다. 앞으로 어떻게 할지는 정오에 알려드리겠습니다.

이런 식으로 당일 시장 추세를 예측하는 것은 매우 중요하다. 예측과 반대되는 상황이 벌어진다면 무언가 틀렸다는 신호이기 때문이다. '프로그램 매매'가 있었거나, 소식을 잘못 해석했거나, 어떤 법규의 중요성을 과소평가했을 것이다. 요컨대 이 모든 것이 의미하는 바를 미리 알아내야 한다. 예측과 다른 상황이 발생한다는 사실 자체가 손실을 이익으로 바꾸는 데 중요한 역할을 한다. 내가 이 일을 하면서 항상 염두에 두는 원칙이 하나 있다. "무언가를 예측했는데 일어나지 않는다면 즉시 포지션을 뒤집어라."

이제 S&P 선물의 시가를 살펴보겠다. 시가는 당일 매매에서 매우 중요한 지표가 된다. 이익 매매의 가장 중요한 구성 요소는 (1) 시가와 개장 직후 형성된 가격 방향 (2) 시가가 전일 종가보다 높은지 여부 (3) 시가가 전일 고점보다 더 높은지 혹은 전일 저점보다 낮은지 여부다.

다른 것은 몰라도 시장이 당일 시가 범위를 초과한 수준에서 매매가 이루어진다면 시가 범위의 상한선보다 1틱 낮은 지점을 손실제한선으로 정하고 매수해야 한다. 예를 들어 전일 종가가 450.0이고 시가 범위가 450.00~450.25라면 손실제한선을 450.20으로 하고 450.30 수준에서 매수해야 한다. 그러나 이 손실제한선은 매도 포지션에 진입하기 위해서가 아니라 포지션의 균형을 맞추기 위해서만 사용한다.

시장가격이 시가 범위의 상단을 돌파하고 갭이 발생한 후 더 비싸게 매매되기 시작하면 오늘 저점을 찍었다고 보아도 된다. 이후 가격이 계속 상승할 것이다. 시가 틱이 오늘 저점이면 매우 중요한데, 앞으로 강한 상승세가 나타날 것임을 의미하기 때문이다(하락장에서는 반대다).

트레이더라면 본업이 포지션을 보유하는 것이 아니라 사고 파는 일이라는 사실도 명심해야 한다. S&P 선물을 거래할 때 일부 이익(최소 2계약은 거래해야 한다는 의미)을 실현하는 것은 시가에서 1포인트 상승한 지점이며 위 경우에는 451.00이다. 이 가격에서 포지션 절반을 매도한다. 이유는? 장내 트레이더가 다들 그렇게 하기 때문이다. 이너서클의 암묵적 동의다.

갭이 발생하고 추세 전환이 시작된다면 개장 후 10~15분 이내에 이익 실현 수준에 도달할 확률이 95%다. 이 확률을 믿길 바란다. 실제로 그렇다. 개장하고 나서 10~15분 후에도 갭이 발생한 방향으로 시장 추세가 유지된다면, 장 마감까지 그 추세가 이어질 것임을 나타내는 강력한 신호다. 10~15분 이후 시장 추세가 전환된다 하더라도 갭이 메워지지 않는다면, 갭이 형성된 방향에서 시장이 마감될 확률이 높다. 주식과 다른 상품들 모두에도 적용되는 이야기다.

잠깐 멈춰보자. 시가 흐름이 유지되는 시간은 약 30분이다. 그 이후에는 각종 뉴스, 발언, 내부 상황, 기술적·기본적 여건 등에 따라 시장 간 흐름이 맞물려 돌아가며 동향이 정해진다. 채권시장의 전형적 흐름을 예로 들 수 있다. 채권이 움직이면 주식도 움직이고, 이어서 금이 움직이고, 그러고 나서 CRB지수와 기타 상품들이 움직인다. 물론 이 움직임에는 한계가 있어서, 한 시장의 동향이 다른 시장에 아무런 영향을 미치지 않을 때도 있지만 대부분의 시간에는 약하게 상호작용을 한다.

이들 관계의 펀더멘털을 이해하는 것이 중요하고, 이 책과 전작에서 간접적으로 설명했다. 거시경제적 사건을 더 많이 이해할수록 더 많은 돈을 벌 수 있다. 전형적인 하루 패턴은 이렇다.

오전 10시부터 오전 11시 45분까지는 시장들이 조용한 상태이고 대개 오전 11시 40분쯤 발표되는 연준 조치에 촉각을 곤두세운다. 연준의 조치는 대부분 어느 정도 예측했던 내용이고 일반적인 기대에서 크게 벗어나지는 않지만 트레이더들은 그 조치가 시장에 중대한 변화를 유발할 수 있는 1% 정도의 확률 때문에 늘 긴장한다.

주식시장은 대개 오전 11시 45분부터 오후 2시 30분까지 큰 변동 없이 상승과 하락을 반복하는 경향을 나타낸다. 오후 2시 30분이 지나면 정신을 바짝 차려야 한다. 이때부터 본격적으로 움직이기 때문이다.

오후 3시 10분이 공격 개시 시간이다. 이때 형성된 시장 추세가 마감까지 이어질 확률이 80%나 된다. 여기서 다시 오후 3시 10분 이후의 시장 동향도 주목하고 추세 전환의 기미도 찾아본다. 만약 흐름이 바뀌어 3시 10분 가격으로 돌아간다면 그 방향으로 더 크게 움직일 가능성이 있다. 일반적인 경향이 그렇다는 것이지, '해는 동쪽에서 뜬다'와 같은 절대적 진리는 아니라는 사실을 명심하길 바란다.

장중 S&P 선물시장에는 크게 네 가지 움직임이 있다는 사실도 유념해야 한다. (1) 시가와 역(逆)시가 움직임 (2) 오전 10시부터 정오까지 변동이 심한 일방향 움직임 (3) 정오부터 오후 2시 30분까지 변동이 심한 역방향 움직임 (4) 마감까지 일반적인 일방향 움직임이다.

[그림 13.1] 일중 가격 움직임

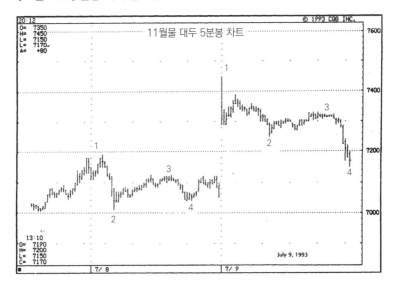

여기에서 핵심 단어는 바로 '일반적'이다. 모든 상황이 같다면, '일반적'인 사건이 일어나리라고 기대하고 모든 우발 상황에 맞게 조정해야 한다. 다른 상품시장 대다수도 트레이딩 시간이 달라서 시간대를 조정해야 하는 것 빼고는 대개 비슷한 추세 패턴을 보인다(그림 13.1 참고).

단기추세

이 책 전반에서 나는 자신에게 유리한 트레이딩으로 승률을 높일 도구로서 역사적(종단적) 연구 결과를 참고하는 것이 중요하다고 강조했다. 트레이딩의 다양한 측면 가운데 한 가지에만 치중하는 것을 막기 위해서라도, 어떤 접근법을 사용하든 이 도구를 함께 사용하는 것이 바람직하다. 더 일관성 있게 좋은 결과를 얻으려면 내가 설명한 모든 원칙의 지식을 조합해야 한다.

이 통합적 관점을 얻으려면 일중 매매가 단기추세의 한 부분이라는 사실을 알아두어야 한다. 여기서 단기추세는 며칠에서 몇 주일 동안 계속되며 대개 14일을 넘기지 않는다. 이보다 더 긴 추세를 중기추세라고 하고 몇 주일에서 몇 개월 동안 계속된다. 단기추세는 합리성이 결여된 일탈적 흐름이라서 예측할 수 없다고 보는 사람이 많다. 잘못된 생각이다!

단기추세를 관찰하면 오늘의 시장 행동을 단서로 내일 유리한 위치에 설 수 있다. 그림 13.2는 현실적인 사례를 보여준다. 요컨

[그림 13.2] S&P 선물(15분봉 차트)

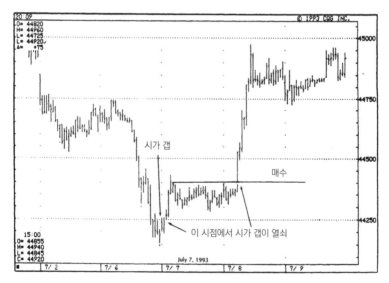

대 단기추세의 맥락에서 오늘 트레이딩해야 한다!

그림 13.2를 보면 9월물 S&P 선물(15분봉 차트)이 일반적이지 않은 패턴으로 매매되었다. 이 경우 주식은 채권의 추세를 따르지만 7월 7일에는 채권 가격이 하락했는데도 S&P 선물이 상승갭으로 출발해서 '일반적이지 않다'는 신호를 보냈다. 이는 7월 7일 발표되는 PPI와 CPI를 기초로 7월 13일과 14일 장세를 예측하는 것과 관련이 있다.

트레이더라면 이 차트를 보자마자 왜 주식 선물은 상승하고 채권은 하락했는지 물어야 한다. 여기서 놓친 사실은 7월 6일 종가와의 갭이 메워지지 않은 것이 매우 강한 상승 신호라는 점이다. 이를 바탕으로 7월 8일의 상승추세를 예측할 수 있다. 차트에서 보이는 바와 같이 7월 7일 시장은 주식이 채권의 하락추세를 따랐어야 하는데 그러지 않았다는 사실에서 무언가 긍정적인 흐름이 전개되리라는 사실을 말해주었다.

단기추세가 상승세라면 다음 날 추세도 어느 정도 예측할 수 있다. 다시 말해 다음 날 벌어질 일을 예상할 수 있고, 예상한 일이 발생하지 않는다면 단기추세에 영향을 미칠 변화가 일어나고 있다는 사실을 알게 된다. 이는 단기추세가 중기추세로 바뀌고 중기추세가 장기추세로 바뀌는 방식에도 똑같이 적용된다.

그림 13.3에 '시작-상승-하락-마감'으로 구성된 일일 가격 패턴들을 제시했다. 단기추세와 다음 날 시장 추세 예측에 관해 많은 것을 알려줄 것이다. 이들 패턴을 공부하고 머릿속에 담아두기 바란다. 일반적으로 단기추세는 중기추세와 반대로 움직이

[그림 13.3] 매수 신호와 매도 신호

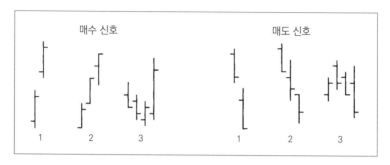

고 보통 1~3일 유지된다.

여기에 일일 동향을 분석할 때 고려할 사항을 몇 가지 제시했
다. 간단한 점수 체계를 사용하고 각 항목에 1점을 부여한다.

주식이나 상품

1. 어제 고점보다 높은가, 어제 저점보다 낮은가?

2. 상승 출발하는가, 하락 출발하는가?

3. 상승 마감하는가, 하락 마감하는가?

4. 오늘 가격 폭의 상위 50%에서 마감하는가, 하위 50%에서
   마감하는가?

5. 오늘 시가 위에서 마감하는가, 시가 밑에서 마감하는가?

6. 어제 저점보다 높은가, 어제 고점보다 낮은가?

7. 어제 고점보다 높게 마감하는가, 어제 저점보다 낮게 마감
   하는가?

상승세인 항목에는 +1을 매기고 하락세인 항목에는 -1을 매긴다. 참고로 상승 신호는 아래와 같다.

1. 어제 고점보다 높다.
2. 상승 출발한다.
3. 상승 마감한다.
4. 가격 폭의 상위 50%에서 마감한다.
5. 시가 위에서 마감한다.
6. 어제 저점보다 높다.
7. 어제 고점보다 높게 마감한다.

7개 항목이 모두 같은 방향을 가리킨다면 내일은 오늘 고점 위에서 매매될 확률이 90%이고 오늘 종가보다 높게 마감할 확률이 80%다. 원한다면 이 항목들을 바탕으로 트레이딩 계획을 수립할 수도 있다.

나는 그렇게 해왔지만 시스템을 팔려는 게 아니다. 상승 신호와 하락 신호를 통합해 다음 날의 장세를 비교적 높은 확률로 예측하는 방법을 알려주려는 것이다. 그러나 위 사례는 많은 고려 사항 가운데 하나에 불과하고, 이 외에도 유용한 도구가 많다(그림 13.4 참고).

스스로 일중 장세를 관찰하고 다음 날을 예측하는 데 도움이 되도록, 전체 과정을 서부영화 '황야의 7인(The Magnificent Seven)'에 빗대어 설명해보겠다. 율 브리너(Yul Brynner)와 스티브 맥퀸

[그림 13.4] 매수 신호(일봉 차트)

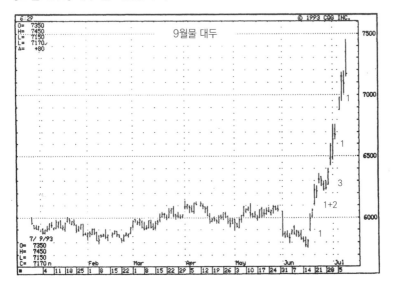

9월물 대두

주연의 이 고전 서부영화에서는 멕시코 마을의 농부들이 무법자들에게 대항하기 위해 율 브리너를 포함한 총잡이 7인을 고용하는 상황이 나온다.

총잡이를 고르는 과정에서 마을 사람 하나가 얼굴에 큰 흉터가 있는 사람을 보며 이렇게 말한다. "이 사람이 제일 강할 것 같군. 얼굴에 있는 저 흉터를 봐." 그러자 다른 사람이 이렇게 말한다. "아니, 흉터가 있는 사람이 아니라 저 사람한테 그 흉터를 만들어준 사람을 찾아야 해." 율 브리너가 돌아서며 말한다. "이제야 뭘 좀 제대로 알아가는군!"

반복되는 승리 패턴들을 관찰하고 연구해야 한다. 나도 모두 알지는 못하니 전달할 수는 없고, 패턴도 개별 상품과 주식에서 조금씩 달라지지만, 무엇을 찾아보고 어떻게 시작하는지는 가르쳐주려고 한다.

추세 분석

이 책을 읽으면서 보아온 것처럼 이론을 검증하는 가장 좋은 방법은 가능한 한 과거의 자료를 공부하는 것이다. 여기에 딱 적합한 사례를 하나 들어보겠다.

중기추세 맥락에서 매매하기

트레이더가 중기추세의 방향을 알면 단기추세나 소추세에서 매매하는 데 이 정보를 활용할 수 있다.

본질적으로는 일중 추세의 확률을 알아야 한다는 문제로 귀결된다. 예를 들어 주식시장에서 중기 상승추세가 일어나는 동안 일중 확률은 아래와 같다.

하락 일수	다음 날 상승 확률
1	60.0%
2	85.9%
3	94.4%

간단하지만 이 확률값은 어떻게 구했는가? 이 수치를 구하려면 맨 먼저 중기추세를 구분해야 한다. 일례로 표 13.1의 수치를

살펴보자. 우선 강세장의 중기 상승추세와 조정 시기에 연속 상승한 일수와 연속 하락한 일수를 측정한다. 약세장에서는 중기 하락추세와 조정 때 연속 하락한 일수를 계산한다. 관련 데이터를 찾기 위해 자료를 측정하는 방법과 전체 자료를 여러분에게 전수했다. 나는 처음에는 손으로, 이후에는 컴퓨터로 작업했다. 추세 구분은 다우 이론을 기준으로 했다.

이 연구에서 다우지수를 사용한 것은 1897년부터 제공되었기 때문이다. 그러나 이 연구는 1897년이 아니라 1926년에 시작하는 기간을 포괄한다. 나는 이 시스템을 S&P 선물과 연관지으려고 하는데 S&P지수가 1926년부터 발표되었기 때문이다. S&P 대신 다우지수를 사용한 것은 자료를 이미 확보했고 움직임이 거의 완벽하게 연관되기 때문이다. 편차는 미미하다.

그렇다면 이 자료는 무엇을 말해주는가? 관찰한 만큼 얻을 수 있다. 일례로 '강세장 중기 상승추세' 부분의 전체 표를 살펴보라. 강세장 중기 상승추세는 대개 3일 동안 2.068% 상승했다. 시장이 하락할 때는 하락 폭이 1.666%에 불과할 것으로 예측할 수 있다. 또 상승추세가 진행되는 동안에는 1일 하락(1,042회 발생)이 1일 상승(692회 발생)보다 많을 것이다. 그러나 2일, 3일, 4일 등 연속 일수가 길어지면 하락세보다 상승세가 더 많으며 각각의 확률은 발생 일수 표에 기록했다.

이 자료를 데이트레이딩에 활용하는 한 가지 방법은 트레이딩 지침으로 삼는 것이다. 강세장에서 중기 상승추세가 나타났고 3일 연속 가격이 하락했으며 평균 손실률이 1.21%라고 하

[표 13.1] 중기추세 분석

다우지수 기준 강세장 중기추세			다우지수 기준 약세장 중기추세		
하락(바닥)	1923/07/31	86.91	상승(천장)	1929/09/03	381.17
상승	1923/08/29	93.70	하락	1929/10/04	325.17
하락	1923/10/27	85.76	상승	1929/10/10	352.86
상승	1924/02/06	101.31	하락	1929/11/13	198.69
하락	1924/05/20	88.33	상승	1930/04/17	294.07
상승	1924/08/20	105.57	하락	1930/06/24	211.84
하락	1924/10/14	99.18	상승	1930/09/10	245.09
상승	1925/03/06	125.68	하락	1930/12/16	157.51
하락	1925/03/30	115.00	상승	1931/02/24	194.36
상승	1926/02/11	162.31	하락	1931/06/02	121.70
하락	1926/03/30	135.20	상승	1931/06/27	156.93
상승	1926/08/14	166.64	하락	1931/10/05	86.48
하락	1926/10/19	145.66	상승	1931/11/09	116.79
상승	1927/10/03	199.78	하락	1932/01/05	71.24
하락	1927/10/22	179.78	상승	1932/03/08	88.78
상승	1928/05/14	220.88	하락(바닥)	1932/07/08	41.22
하락	1928/06/18	201.96			
상승	1928/11/28	295.62			
하락	1928/12/08	257.33			
상승	1929/02/05	322.06			
하락	1929/05/27	293.42			
상승(천장)	1929/09/03	381.17			

시작일: 1926/03/30   종료일: 1926/08/14   지속 일수: 113
다우 시작점: 140.46   다우 끝점: 166.64   변동 폭: 26.18
변동률: 18.6%

평균 상승 폭: 2.05%   평균 하락 폭: −1.21%
상승 폭 중앙값: 1.74%   하락 폭 중앙값: −0.99%
평균 상승 일수: 3.04   평균 하락 일수: 1.73
상승 일수 중앙값: 3   하락 일수 중앙값: 1

상승일 계열

일수	발생 횟수	변동률 중앙값
1	6	0.28
2	4	1.13
3	6	1.56
4	4	1.77
5	2	2.27
6	0	N/A
7	1	6.13
8	1	4.49

하락일 계열

일수	발생 횟수	변동률 중앙값
1	15	−0.79
2	5	−1.68
3	0	N/A
4	1	−2.80
5	1	−2.77
6	1	−1.89

전체: 1926~1985년 모든 강세장의 중기 상승추세

상승일 계열

일수	발생 횟수	변동률 중앙값
1	692	0.39
2	530	1.06
3	349	1.72
4	168	2.29
5	114	2.82
6	61	2.90
7	31	3.46
8	21	4.07
9	12	3.30
10	7	4.96
11	2	2.83
12	1	8.23

하락일 계열

일수	발생 횟수	변동률 중앙값
1	1042	−0.33
2	523	−0.83
3	214	−1.45
4	86	−1.87
5	35	−2.36
6	19	−2.59
7	3	−3.12
8	0	N/A
9	1	−3.05

강세장 조정
한 사례의 표본 분석

시작일: 1926/08/14 종료일: 1926/10/19 지속 일수: 53
다우 시작점: 166.10 다우 끝점: 145.66 변동 폭: -20.44
변동률: -12.3%

평균 상승 폭: 1.05% 평균 하락 폭: -1.92%
상승 폭 중앙값: 0.92% 하락 폭 중앙값: -1.71%
평균 상승 일수: 1.69 평균 하락 일수: 2.21
상승 일수 중앙값: 2 하락 일수 중앙값: 2

상승일 계열

일수	발생 횟수	변동률 중앙값
1	6	0.71
2	5	1.29
3	2	0.91

하락일 계열

일수	발생 횟수	변동률 중앙값
1	5	-0.58
2	5	-1.84
3	2	-2.40
4	0	N/A
5	2	-4.58

전체: 1926~1985년 모든 강세장의 조정

상승일 계열

일수	발생 횟수	변동률 중앙값
1	233	0.43
2	142	0.95
3	52	1.64
4	14	1.77
5	18	2.25
6	5	1.89
7	2	1.48
8	0	N/A
9	1	8.27

하락일 계열

일수	발생 횟수	변동률 중앙값
1	195	-0.43
2	117	-1.15
3	90	-1.94
4	61	-2.89
5	29	-3.09
6	11	-4.21
7	7	-4.08
8	2	-7.56

시작일: 1929/09/03　　　종료일: 1929/10/04　　　지속 일수: 27
다우 시작점: 381.17　　다우 끝점: 325.17　　　변동 폭: -56.00
변동률: -14.6%

평균 상승 폭: 1.08%　　　　　　　　　　　평균 하락 폭: -2.89%
상승 폭 중앙값: 0.96%　　　　　　　　　　하락 폭 중앙값: -3.00%
평균 상승 일수: 1.42　　　　　　　　　　　평균 하락 일수: 2.12
상승 일수 중앙값: 1　　　　　　　　　　　하락 일수 중앙값: 2

상승일 계열

일수	발생 횟수	변동률 중앙값
1	5	0.67
2	1	2.10
3	1	1.65

하락일 계열

일수	발생 횟수	변동률 중앙값
1	3	-1.23
2	4	-3.00
3	0	N/A
4	0	N/A
5	0	N/A
6	1	-5.03

전체: 1926~1985년 모든 약세장의 중기 하락추세

상승일 계열

일수	발생 횟수	변동률 중앙값
1	421	0.47
2	202	1.11
3	84	1.79
4	36	2.14
5	19	2.64
6	6	2.24
7	2	2.84
8	0	N/A
9	0	N/A
10	1	5.59

하락일 계열

일수	발생 횟수	변동률 중앙값
1	244	-0.04
2	218	-1.40
3	165	-2.23
4	72	-2.72
5	64	-3.55
6	29	-4.69
7	21	-5.68
8	10	-8.99
9	1	-4.37

시작일: 1929/10/04   종료일: 1929/10/10   지속 일수: 5
다우 시작점: 325.17   다우 끝점: 352.86   변동 폭: 27.69
변동률: 8.5%

평균 상승 폭: 4.26%   평균 하락 폭: −2.89%
상승 폭 중앙값: 2.27%   하락 폭 중앙값: −0.21%
평균 상승 일수: 2   평균 하락 일수: 1
상승 일수 중앙값: 2   하락 일수 중앙값: 1

상승일 계열

일수	발생 횟수	변동률 중앙값
1	0	N/A
2	2	2.27

하락일 계열

일수	발생 횟수	변동률 중앙값
1	1	−0.21

전체: 1926~1985년 모든 약세장의 중기 조정

상승일 계열

일수	발생 횟수	변동률 중앙값
1	231	0.51
2	205	1.14
3	120	1.73
4	61	2.10
5	43	2.84
6	22	3.12
7	5	2.19
8	6	3.47
9	2	2.44
10	1	4.62

하락일 계열

일수	발생 횟수	변동률 중앙값
1	339	−0.36
2	170	−0.74
3	76	−1.16
4	34	−1.89
5	19	−2.16
6	10	−3.39
7	4	−4.36
8	1	−4.58
9	1	−4.37

자. 이런 정보를, 이미 설명한 하락 일수별 다음 날 상승 확률 (하락 일수가 3이면 다음 날 상승 확률은 94.4%)과 통합해 분석할 수 있다. 말하자면 하락 3일째 되는 날의 종가에 매수한다면 평균 1.309% 이익률, 혹은 2일 이내 변동률 중앙값 1.06%를 기대할 수 있다. 이 확률과 수치를 활용하는 방법은 부지기수다.

여러분에게 필요한 것은 내가 보여주는 방향을 따라오는 데 필요한 시간과 상상력뿐이다. 내가 트레이딩 시스템을 알려줄 수 있을까? 그렇다! 그러나 시스템이 항상 먹히는 것은 아니고 나도 그렇게 사용하지 않는다.

내가 제공하는 모든 시스템은 여러분이 이 책을 읽을 즈음에는 수정이 필요할 수도 있다. 또한 여러분이 시스템으로 트레이딩할 때는 그 시스템을 확신해야 하는데, 내가 여기서 제공한 어떤 시스템도 여러분이 직접 만든 시스템만큼 큰 의미를 갖지는 못한다. 내가 여러분에게 주고 싶고 주었기를 바라는 것은 큰 그림이다.

행운을 빈다. '흙터'를 만드는 강자가 되기를!

내가 이 일을 하면서
항상 염두에 두는 원칙이 하나 있다.
"무언가를 예측했는데 일어나지 않는다면
즉시 포지션을 뒤집어라."

PRO TRADER

4부

트레이딩하는 마음

: 전문 지식보다 더 중요한 멘털 관리

VICTOR
SPERANDEO

14

인격
단련하기

트레이더로서 성공하려면 무엇이 필요할까? 경험? 시장에 대한 '감'? 분석 기법에 대한 완벽한 이해? 이 모두가 중요하지만 최고 수준의 전문 지식을 갖추는 것만으로는 부족하다. '성공'을 어떻게 정의하든 트레이더로 성공하려면 트레이더로서의 심리적 자질을 갖춰야 한다. 다시 말해 트레이더에게 적합한 인격, 특정한 성격 유형, 사고방식 등의 요건을 충족해야 한다.

진정한 성공을 찾아서

시장을 다룬 다른 책들과 마찬가지로 이 책도 인지적 측면에 초점을 맞춘다. 즉 우리가 마음을 통해 알고 이해할 수 있는 모든 것이 논의 대상이다. 앞 장들에서는 기술적 분석의 기법, 기본 경제 원칙, 예시 데이터의 표 등 구체적이고 합리적이고 과학적인 아이디어를 통해 논의했다.

트레이더로 성공하려면 이 도구들과, 이들을 현명하게 적용할 정신적 예리함이 반드시 필요하다. 그러나 전인적 관점의 진정한 성공은 명석한 두뇌만으로는 부족하다. 인격도 중요하다.

인격(character)은 한 개인의 윤리적, 도덕적 세계관의 총합이다. 《웹스터 사전》에서는 '한 인간의 특성을 나타내는 정신적, 윤리적 기질의 총체'라고 정의한다. 윤리는 인간의 행동과 선택의 바탕이 되는 가치 체계다.

자신과 가족의 안위가 우선인가, 다른 모든 사람의 행복이 우선인가? 거짓보다 정직, 위선보다 솔직함, 태만보다 생산성을 선택하는가? 옳은 것과 그른 것, 정의와 연민, 이성과 감정적 변덕, 교만과 겸손 사이에서 균형을 잡을 수 있는가? 이 선택과 결정의 과정은 직관적이고 설명하기 어렵지만 언제나 개인의 도덕성과 윤리관, 다시 말해 인격에서 시작된다.

한편 성격(personality)은 무엇을 믿느냐가 아니라 어떻게 행동하느냐다. 《웹스터 사전》은 성격을 (1) 각 개인을 구별하는 특성의 총합 (2) 개인의 행동적·정서적 경향의 통합체 (3) 개인의 고유한 기질, 태도, 습관의 조직체 (4) 성향으로 정의한다.

여러분은 성공하는 트레이더에게 필요한 인격과 성격을 지녔는가? 건강한 심리의 구성 요소는 무엇인가? 인간은 변화하는 법을 배울 수 있는가? 성공하고 행복하게 살고 싶은 누구에게나 매우 중요한 질문들이지만, 지구에서 가장 어렵고 험난한 직업에 종사하는 트레이더에게는 훨씬 더 중요한 사안이다.

트레이딩이 그렇게 어려운 것은 실패를 합리화하거나 속이거나 감추거나 위장할 수 없기 때문이다. 트레이더의 삶에서는 현실이 곧 사실이다. 아리스토텔레스의 말처럼 A는 A다!

변호사가 재판에서 지면 "판사가 편파적이었습니다"라며 합리화할 수 있다. 환자가 사망하면 담당 의사는 "나는 전력을 기울였습니다만 신의 뜻입니다"라고 말할 수 있다. 이런 일이 발생해도 변호사와 의사는 돈을 받는다.

그러나 트레이더는 다르다. 결산일(일말, 월말, 분기말, 연말 등)이 되면 어김없이 받아 드는 트레이딩 '성과표'는 손실이 났는지 이익이 났는지를 보여준다. 이 업계에서 중요한 것은 손익 수치뿐이므로 트레이더는 변명의 여지가 없다. 실패한 트레이더는 보상을 받지 못한다.

트레이더의 행동 규범에 관한 위대한 논의에서 에인 랜드는 이렇게 말했다.

[이성적인] 사람들 간의 모든 관계의 표상과 인간 존중의 도덕적 표상이 바로 트레이더다. 트레이더는 물질과 정신 모두에서 전리품이 아니라 가치를 좇는다. 트레이더는 정당한 이익만을 취하고, 당연하지 않은 것은 주지도 받지도 않는다. 트레이더는 자신의 실패에 보상을 요구하지 않고, 자신의 결점을 사랑해달라고 요구하지도 않는다.[1]

이것이 트레이딩 업계의 본질이다. 이를 이해하고 받아들일 수 없다면 트레이더가 되는 것은 포기하라!

신경증적 트레이더의 특징

인격과 성격 같은 영역으로 이동할 때마다 심리학의 문제를 다루게 된다. 더 분명하게 말하면, 심리적으로 건강하지 않으면 트레이더로 성공할 수 없다. 심리적으로 건강하지 못한 사람, 신경증적인 사람은 현실을 외면하려 하므로 트레이딩이 불가능하고 오래가지 못한다.

신경증적인 사람은 어려움이 있을 때 맞서기보다는 피하려고 한다. 알코올 남용, 마약, 과식, 난잡한 성행위 등 잠깐 만족시키는 행동으로 회피한다. 트레이딩 세계에서 가장 흔히 보이는 것이 도박의 전율에 탐닉하는 모습이다.

신경증적 트레이더는 트레이딩을 '고양감'의 도구로 이용한다. 이들은 늘 아슬아슬한 상태에 놓이는 것을 좋아한다. 낮에는 트레이딩을 하고, 밤에는 프로 스포츠에 베팅하며, 주말이면 경마장에 가고, 휴가 때는 도박장을 들락거린다. 이들은 결과가 아니라 베팅 자체에서 전율을 느낀다. 돈을 잃든 따든 머릿속에는 다음 게임, 다음 트레이딩만 들어 있다. 이들은 순간을 넘어서는 목표가 없다.

이 장의 뒷부분에서 보겠지만 이것이 충동적 행동의 기본 심리이며, 성공적인 트레이더에게 필요한 건전한 심리와는 완벽하게 반대된다.

두 가지 성격 유형

신경증의 대척점에는 카렌 호나이(Karen Horney)가 "진지하고, 혹은 가식이 없고, 감정적으로 진술하고, 자신의 모든 것을 감정과 일과 신념에 쏟아부을 수 있음"이라고 표현한 유형이 있다. 상당히 심오하고 의미심장한 말이니 기억하기를 권한다. 트레이딩뿐 아니라 연인, 배우자, 가족, 자녀, 친구 등 특히 중요한 인간관계 등 삶의 모든 측면에서 더없이 중요하기 때문이다.

그렇다면 성공하는 트레이더의 성격 특질은 무엇인가? 겉으로는 상반되어 보이는 두 가지 유형이 있다. 하나는 조용하고 수줍어하고 여럿이 있을 때 눈에 띄지 않는다. 다른 하나는 사교적이고 화려하고 잘 노는 괴짜 스타일이다.

그러나 본질적으로 이 두 유형은 같다. 모두 대학에서는 과외 활동에 많은 시간을 할애하고 성적도 들쑥날쑥해서 어떤 과목은 A를 받고 어떤 과목은 C를 받는다. 대개 사랑받지도, 그렇다고 미움받지도 않고, 새로운 사람과 사건에 잘 적응한다. 매우 결단력 있고 매우 개인적이며 도움을 청하거나 부탁하는 일이 거의 없다. 다른 사람의 의견을 물어보거나 예측가들의 견해에 귀를 기울일지 몰라도 결국은 자신의 결정에 따라 행동한다. 뼛속까지 정직해서 자신의 능력과 용기를 바탕으로 삶을 영위해 나간다.

일부는 자신 혹은 손실을 못마땅해하거나 투덜거리고, 가끔은 일할 때 고함을 치거나 비명을 지르지만 이는 보통 긴장 해소를 위한 탈출구다. 이익이 나든 손실이 나든 결과는 다른 누군가의 문제가 아니라 자신의 책임이라고 본다. 최고의 인재는 보통 내향적이어서, 손실이 나더라도 상처를 안에 감추고 겉으로는 웃는다. 진정한 프로는 이익이 아니라 손실을 이야기한다. 자신의 성공을 자랑하지 않고 어떻게 해서 손실이 났는지만 이야기한다.

트레이딩에 적합하지 않은 사람들은 다른 사람의 의견을 구하고 그 정보를 바탕으로 행동하고는, 나중에 손실이 발생하면 조언해준 사람들을 비난한다. 이 비효율적인 트레이더들은 자신의 결정을 결코 책임지지 않고, 손실을 합리화하거나 불운 탓으로 돌린다. 늘 자신을 다른 사람과 비교하고, 잘나가는 사람들을 시기하고, 실수를 공부해서 능력을 향상시키려고 하지 않는다. 그러기는커녕 자신이 실수했다는 사실을 절대 인정하지 않는다!

내가 아는 한 트레이더(편의상 '존'이라고 부름)가 어느 날 술자리에서 친구 폴과 이야기를 나누고 있었다.

존이 물었다. "폴, 나 정도면 훌륭한 트레이더 아냐?"

폴이 대답했다. "괜찮은 트레이더야, 존. 그러나 훌륭하다고는 할 수 없지."

"무슨 소리야? 지난달에 총 34회 매매해서 32회 이익을 냈고 손실액은 겨우 1,000달러라고."

이것이 합리화다. 또한 성공하지 못하는 트레이더들의 가장 공통된 이유, 즉 손실 감수 능력 결여에 대한 사례다.

성공하는 트레이더의 자질

그래서 성공하는 트레이더에게 필요한 자질은 정확히 무엇인가? 내가 중요하다고 믿는 것들을 적어보았다. 어떤 의미인지는 모두 알 테니 길게 설명하지 않겠지만, 이것은 단순한 단어 목록이 아니다. 이 평범해 보이는 단어들 안에 진정한 삶의 원칙이 담겨 있다.

일반적으로 성공하는 트레이더는 이런 인격 특성을 지닌다.

판단력	진정성
용기	충성심
자기 비판적	진실함
헌신	승리에 대한 집념
신의	정직

트레이더의 성격 특성은 다음이 포함된다.

규율	열정
집중력	완벽주의
인내심	경쟁심
승리에 대한 열망	전심전력
초연함	감화력

트레이더의 태도(감정, 행동, 믿음)에는 다음과 같은 것들이 있다.

자존감: 자신이 선하고 능력 있고 가치 있다고 느낌

낙천적: 절대 포기하지 않고 미래에 대해 늘 긍정적임

자신감: 자신의 능력을 확신함

융통성: 변화에 적응하는 능력이 있음

끈기: 늘 연구하고 배움

존경: 다른 사람의 성공을 시기하지 않고 축하하고 높게 평가함

지성도 필요하다. 높은 지능지수(IQ)뿐 아니라 내적 이해를 의미한다.

명확성: 분명한 목표

지혜: 객관적 관계성을 파악하는 능력

상상력: 미래를 예측하는 능력

창의성: 포트폴리오를 구성할 때 필요

확신: 포지션을 취할 때 필요!

[그러나 위 특질들은 피트 트레이더, 스페셜리스트,* 장내 트레이더에게는 적용되지 않는다…. 농담이다!]

---

* 스페셜리스트(specialist): 증권 거래소 내 도매상으로서, 거래소 회원으로부터 받은 주문을 중개하거나 일정한 범위에서 자기매매를 하며 유통의 원활화를 꾀하는 사람

이 특질들은 관념론적인 해석만으로는 이해가 불가능하다. 바람직한 자질을 이해하는 가장 좋은 방법은 바람직하지 않은 자질을 아는 것이다. 이 맥락에서 '충동적 성격'을 설명하겠다. 성공하는 트레이더의 대척점에 있는 성격과 인격 유형이다.

충동적 행동에서 얻는 교훈

충동적인 사람들은 정상적 사고와 목적의식을 지닌 사람들과 비교하면 정상에서 벗어났다 싶은 사고방식과 행동 양식을 지닌다. 이 손상된 행동 방식 자체가 통제력 상실을 드러내서, 이들은 변덕스럽게 행동하고 유혹에 굴복하고 스스로 절대 하지 않겠다고 다짐한 바로 그 일을 한다. 10계약을 매매하기로 결심하고 나서 100계약을 덜컥 매매하고는 이렇게 말한다. "그냥 그랬어. 이유는 나도 몰라." 충동적인 행동이다.

갑작스러운 욕구, 변덕, 강한 충동 등 어떤 식으로 표현하든 본질은 같다. 정상적인 욕구의 왜곡이고 분별을 압도하는 발작적 행동이다. 충동적인 사람은 자신감이 충만해서가 아니라 단순히 결과를 기대하고 바라서 행동한다. 장기 목표는 없고 즉각적인 충동만 있다. 이들의 행동은 갑작스럽고 즉각적이며 계획이 없어서 생각을 행동에 옮길 때까지 걸리는 시간이 상당히 짧다. 트레이딩의 신속성이 나쁘다는 것은 아니다. 오히려 좋은 트레이더가 되려면 신속성이 반드시 필요한데, 그 순간의 몰입도와 기반 계획의 존재(혹은 부재)에서 차이가 난다.

계획이 없이 행동하면, 실패할 경우 통합된 과정이 제대로 작동하지 않고 행위자는 그 실패에서 아무런 교훈도 얻지 못하게 된다. 계획 없이는 충동적인 사람이 무엇이 작동하고 무엇이 작동하지 않는지 결정할 도구를 개발할 수 없다. 이들은 자신이 왜 실패했는지 이해할 수 없고, 실패한 계획이라도 나중에 같은 실수를 피하도록 이끌어 준다는 점에서 유익하다는 사실을 이해할 수 없다. 좋은 트레이더는 실패를 반면교사로 삼는다.

무계획은 문제의 일부일 뿐이다. 충동적인 사람은 사고 과정에도 문제가 있다. 정상적인 사람은 따져보고 분석하고 연구하고 첫인상을 발전시키지만, 충동적인 사람은 오래 생각하지도 않고 추측만으로 거액을 베팅한다. 인내심도, 집중력도, 추론 능력도, 반영적 사고도 없다. 판단력도 부족해 보이는데 이 '판단력 저하'는 사실 지성이 아니라 인격과 성격에서 비롯된다.

충동적인 사람은 진정성에도 문제가 있다. 인격이 바른 사람은 의식적 기준으로 성립한 도덕적 가치관을 지니고 있다. 인격은 고차원적인 원칙에 따라 삶을 영위하는 것과 관계가 있다. 고차원적인 원칙은 장기적으로 설정한 것이고 형체가 없고 다른 사람들 눈에 보이는 것도 아닌데도 열심히 지켜나간다.

즉각적인 만족에 목마른 충동적인 사람에게는 진정성이 방해만 될 뿐이다. 이들에게 인격은 훼방꾼 그 이상도 이하도 아니다. 이들은 인생이 유혹의 연속이라고 생각한다. 이 유혹들이 늘 기회로 보이겠지만 필연적으로 실망, 좌절, 분노, 우울을 낳을 뿐이고 결국 신경증적이고 자기파괴적인 행동을 유발하게 된다. 이 상황에 봉착한 사람들은 누구나 이렇게 말할 것이다. "멈출 수가 없어요." 어떤 측면에서 보면 정확하게 맞는 말이다. 그만두고 싶지 않은 것을 어떻게 그만둘 수 있겠는가!

더 심각한 것은 충동적인 사람은 실생활의 균형이 깨져 있다는 것이다. 자신 이외의 다른 것에 관심이 없고, 오늘의 승리로 즉각적인 만족감을 느끼는 것 말고는 아무 목표가 없다. 가족, 친구, 커뮤니티 활동 등에 전혀 관심이 없다. 대인관계도 허술하고 문화적, 지적, 사상적 문제에 관여하려는 의지도 없다. 따라서 일에 관한 부분이 삐걱거리기 시작하면(대부분 이런 결과를 낳지만) 걷잡을 수 없는 상황이 된다.

결론

트레이딩을 할 때는 자기 자신을 정확하게 아는 것이 필수적이다. 어떻게 생각하는지, 무엇을 믿는지, 인생에서 어떻게 행동하는지가 트레이딩에서 성공하고 인생에서 성공하는 데 중요한 부분을 차지한다. 트레이딩이 얼마나 섬세한 직업인지 이해하거나 아는 사람이 거의 없다. 다른 직업에서라면 그럭저럭 해나갈 수 있을지라도 트레이딩에서는 빠르게 제거된다. 슬프게도 대다수는 자신이 왜 실패했는지도 모른다.

14장 | 인격 단련하기

부의 윤리

이 책은 금융시장과 관련한 현실과 진실을 이해하려는 시도다. 이를 위한 가장 좋은 방법은 수고와 노력, 객관적인 연구, 역사적 고찰이다. 책을 마무리하는 시점에서 나는 시장과 경제가 어떻게 작용하는지, 그리고 시장과 경제가 호황과 불황의 등락을 통해 문명을 어떻게 움직였는지 이해하려고 노력하는 과정에서 알게 된 것들에 기반해서 견해를 펼치고자 한다.

경제 흐름에는 정치가 영향을 끼칠 수밖에 없다. 경제사는 대의라는 이름으로 대중을 통제하려는 지배 권력과 자유의 투쟁사다. 국가, 빈곤층, 공익, 애타주의, 굶주림, 혹은 헤아릴 수 없이 많은 인간의 욕망과 욕구 중 어떤 것 등이 이유였다. 그러나 이는 권력에 대한 욕망과 지도층의 군중 지배로 요약된다.

자본주의의 출현은 역사적으로 매우 진귀한 사건이므로 트레이딩을 다룬 책에 마땅히 포함되어야 하지만 현실은 그렇지 못하다. 1776년부터 1913년까지 137년 동안 미국에 존재했던 자본주의야말로 본질이 훼손되지 않은 순수한 형태의 자본주의였다. 그러다 1913년에 수정헌법 제16조(차등적 소득세 부과 권한 인정)가 통과되고 중앙은행 체계가 수립되면서 공식적인 자본주의는 끝났다. 여기서 이에 관한 기본 지식 몇 가지를 제시하고 이것이 트레이더와 어떤 관련성이 있는지도 더불어 설명할 것이다.

대다수 사람은 자신의 심리적 기질에 별로 관심을 기울이지 않는다. 개인의 믿음과 그 믿음을 갖게 된 이유가 행동을 결정한다. 믿음 체계는 트레이딩하는 방법과 살아가는 방법에 잠재의식 수준에서 중대한 영향을 미친다. 이상하게 들릴지 모르겠으나 나는 지금 잠재의식 차원에서 여러분의 머릿속에 '과도한 수준이 아닌 한 부를 축적하는 것은 괜찮다'라는 믿음을 심어주려고 한다.

우리는 자신의 행복과 안녕을 희생해 남을 돕는 것이야말로 가치 있는 도덕규범이라고 가르치는 신문, 영화, 책, 선생님, 종교 지도자, 정치가의 연설 등에 과도하게 노출되어 있다. 이 사실은 삶의 모든 장면에서 관찰된다. 영화에서는 부자를 나쁜 사람으로 묘사하고 기업가는 화이트칼라 범죄자로 묘사한다. 사람들은 배우, 유머, 훌륭한 연기 등을 이유로 감상하겠지만 영화의 철학적 주제는 바로 '부자와 이기심'과 '희생'의 대결이다.

이기심과 희생은 대척점에 놓인 도덕 개념으로서 배타적이

14장 | 인격 단련하기

다. 그러나 어느 쪽이 중요하고 적절한가? 상당히 중요한 질문이다. 돈에 대한 심리적 관점이 트레이딩 방식에 영향을 미치고 트레이딩은 부를 창출하는 일이기 때문이다. 부를 더 많이 창출할수록 직업을 더 잘 수행하는 것이다.

도덕은 선택과 행동을 인도하는 가치 규범이다. 도덕은 사람이 어떻게 살아야 하는가와 관계가 있고, 정치는 사회가 어떻게 기능해야 하는가와 관계가 있다. 전통적으로 종교가 윤리 규범을 제공하는데 이는 십계명에 압축되어 있다. 그러나 도덕을 독점할 수는 없다. 1700년대 말 이후로 주 또는 국가가 신을 대체하고 있다. 제2차 세계대전 이후 도덕은 복지라는 형태의 공익 혹은 타인에 대한 희생이라는 형태로 정의되었다. 이기심은 거의 언급되지 않는다.

시대를 막론하고 철학자 대다수는 부를 경멸한다(지적이고 노동을 싫어해서 가난하기 때문인 듯하다). 카를 마르크스(Karl Marx)의 어머니는 이런 말을 했다. "카를이 자본에 대해 말하는 것을 그만두고 돈이나 벌러 갔으면…" 물론 마르크스는 프리드리히 엥겔스(Friedrich Engels)라는 후원자를 찾았다. 아이러니하게도 아들과 마르크스에게 재정적 원조를 해준 엥겔스의 아버지는 부유한 상인이었다. 최초의 환경주의자이자 복지국가의 창시자 장 자크 루소(Jean Jacques Rousseau)와, '이타주의'에 입각한 희생의 도덕률을 제시했던 임마누엘 칸트(Immanuel Kant) 역시 이와 같은 부류였다.

이와는 대조적으로 부를 창출하는 것은 당연히 받아들일 수 있는 행위이고 더 나아가 부의 창출은 '선'이라고까지 주장하는 철학자와 지성인 집단이 있다. 대표적인 인물이 애덤 스미스(Adam Smith)와 존 로크(John Locke)다. 이들의 사상 대부분이 미국 헌법에 고스란히 반영되었다. 토머스 제퍼슨(Thomas Jefferson)은 로크의 주장을 말만 바꿔 독립선언서에 적어 넣었다.

누가 옳고 누가 그른가? 부는 과연 선인가, 아니면 악인가? 이 질문에 대답하려면 현실 혹은 관행에서 출발해야 한다. 다시 말해 철학자, 사상가, 이론가 등이 관념론적 측면에서 말하는 '욕망과 욕구'는 무엇이고, 대중이 말하는 '욕망과 욕구'의 실체는 무엇인가?

모든 인간은 가난을 싫어한다. 가난에서 벗어나려고, 가난이 가져오는 불안에서 벗어나려고 일한다. 유일한 질문은 가난에서 벗어나 더 잘살기 위해 어떤 접근법을 써야 하느냐다. 정상인은 가난하게 사는 쪽을 선택할 사람이 없으니 궁지에 몰리지 않는다. 가능한 접근법으로는 (1) 복지(인간으로서 누려야 하는 당연한 권리로서 일하지 않아도 음식, 의료, 집, 의복, 케이블TV 등 생활에 필요한 기본 요소들을 제공받을 권리가 있다는 논리) (2) 절도 혹은 기타 불법 행위 (3) 유산 상속 혹은 '운 좋은 정자' 콘테스트 당첨 (4) 열심히 일하기(가장 일반적인 방법)가 있다.

열심히 일하는 것이 성공을 보장해주지는 않지만 가난에 대한 불안을 덜어주는 최소한의 안전장치는 된다. 부유한 것보다 가난한 것이 좋다며 위선을 떠는 사람들도 있지만 모두가 가난보다는 부를 선호한다.

예를 들어 국회의원들은 1982년에 6만 662달러였던 세비를 1992년에 13만 달러로 인상해서 무려 141.3%나 상승했다. 같은 기간에 CPI는 겨우 41.9% 상승했다. 물가상승률을 훨씬 웃도는 수준으로 세비를 인상해 자기 밥그릇을 빵빵하게 채웠으면서도 이들은 레이건의 경제 정책이 부유층에게만 혜택을 주었다는 주장을 되풀이하고 있다.

　부에 대한 욕구는 매우 강하고 꾸준하고 보편적이고 지배적이고 절대적이다. 대다수 사람이 생계 유지에 필요한 수준 이상의 돈을 벌려고 하루에 꼬박 8시간 넘게 일한다. 부에 대한 욕망은 여성에게 자신의 성공을 과시하고 싶어 하는 남성에게는 필수불가결하다. 역사적으로 여성은 안정된 환경에서 자녀를 양육하기 위해 성공한 남성과 결혼하기를 원했다. 오늘날은 사회가 많이 변했다. 그래서 지금은 여성들도 직장을 다니며 가족을 부양하지만 여전히 부와 권력을 지닌 남성, 적어도 자신과 지위가 비슷한 남성을 배우자로 삼고 싶어 한다.

　이타주의를 역설하는 사람들은 우리가 돈에 대한 사랑을 버리고 고차원적인 도덕성(희생)을 추구해야 한다고 말한다. 그들에게 이렇게 묻고 싶다. 이 도덕성의 판단 기준이 무엇인가? 모든 인간의 가장 보편적인 기준은 바로 삶이다. 동물도 곤충도 식물도 아닌, 그리고 지구에서 살아가는 50억 인구 중 그 누구도 아닌 바로 나 자신의 삶이 그 기준이다.

　한 인간으로서 자신의 생존, 가치, 목표, 삶이야말로 부를 창출하는 것이 '선'이라고 말하는 이유의 본질이다. 생존과 목표가 선택과 행동을 결정한다. 윤리 규범이 필요한 이유가 여기에 있다. 무한한 타인들의 끝없는 요구와 필요를 충족하는 것은 실행 불가능한 도덕이다. 그나마 '공정한' 유일한 규범은 각자의 삶을 존중한다는 것이다.

어떤 종교는 죽음이 삶의 목표라고 말한다. 기독교에서는 이생의 궁극적 목적이 천국에 들어가는 자격을 얻는 것이라고 주장하고, 기독교인들은 그러려면 평생을 가난과 고통 속에 살아야 하며 선악과를 따서 먹은 아담의 원죄를 속죄해야 한다고 말한다. 그러나 아무리 신앙심이 깊은 종교인이라 할지라도 이는 인간의 삶이 아니다. 인간 본성과 현실은 이렇게 말한다. "논리는 아주 그럴듯하지만, 내가 신을 믿더라도 그렇게 사는 것은 원치 않는다."

우리는 지속적인 실존을 최고의 가치로 삼아 살아가야 한다. 잘 알지도 못하는 사람을 위해 혹은 재선에 눈이 어두워 위선을 떠는 정치인들의 감언이설에 혹해서 사회라는 제단 위에 자신을 제물로 바치는 것은 어리석은 일이다. 에인 랜드는 자신의 소설《We the Living(인간의 삶)》서문에서 이 부분을 아주 적절히 표현했다. 그는 이 책에서 삶의 궁극적 가치를 설명하려고 했다.

한 소녀가 시베리아 유배형을 받았고 다시는 돌아오지 못한다는 것을 알았다. 소녀는 다음과 같은 말로 삶의 궁극적 가치를 생각해보게 한다. "한 사람의 삶이 있어요. 산다는 것은 정말 값지고 소중해서 진귀한 보물처럼 아름답다고 느끼면서 시작합니다. 이제 그것이 끝났는데 다른 사람들은 달라질 것이 없네요…"

왜 당신과는 전혀 상관없는 전쟁에 당신을 보내려고 안달인 지, 또 왜 듣지도 보지도 못한 이유를 들어 세금을 뜯어 가려고 하는지 이해하도록 도와줄 위대한 명언이다. 정치인들은 자신 의 인생이 중요할 뿐, 다른 사람의 인생에는 관심이 없다.

"우리는 500년 동안 계속된 보스니아 전쟁을 끝내는 데 도움 이 되는 일을 해야 합니다. 우리는 군대를 파병해야 하고, 저도 자원해서 최전방으로 가겠습니다!" 이렇게 말하는 정치인을 본 적이 있는가? 물론 없다! 여기서 말하는 '우리'는 나와 여러분이 지, 그들이 아니다! '가난한' 사람들을 돕겠다는 마음으로 기초 생계비를 제외한 모든 재산을 포기하겠다고 선언하는 정치인 을 본 적이 있는가? "제가 솔선수범하겠습니다." 이렇게 말하는 사람 또한 본 적이 있는가? 없다!

이 사람들이 여러분에게 이름도 얼굴도 모르는 가난한 사람 들을 위해 혹은 공익을 위해 희생해야 한다고 역설하는 이유는 한 가지, 권력이다. 선거에서 당선되려면 선심 정책으로 유권자 의 표심을 얻기 위해 세금을 써야 한다.

미국 건국의 아버지들(헌법 제정에 참여한 건국 유공자들)도 이 시나리오를 매우 잘 알았다. 미 헌법 서명자인 로버트 모리스 (Robert Morris)는 1787년 8월 7일 연설에서 이렇게 말했다. "가난 한 이들에게 투표권을 주십시오. 그러면 이들은 그것을 살 능력 이 되는 부자들에게 팔 것입니다."

1993년에도 이 상황은 되풀이된다. 한 정치인이 수백만 달러 에 달하는 선거 자금을 요구하면서 답례로 탈세할 수 있도록 법망에 구멍을 뚫어주고, 정부 지출금이나 보조금을 배정해주고, 필요도 없는 공공사업을 시행하는 등을 약속한다. 특별 이익단체들이 웃으면서 응한다. 정치인은 선거 마케팅팀을 꾸리고 여론 조사원을 고용한다. 사업이 아니고 무엇이란 말인가!

자기계발을 하고 성공하려고 애쓰는 사람이 노력의 대가를 얻는 것이 마땅하지 않은가? 정치인들이 권력을 이용해 특정인들에게서 선거 자금을 받은 다음 그들에게 유리하도록 법을 바꾸는 작업을 함으로써, 선거 자금으로 정치인을 매수한 그들에게 돈을 돌려주는 상황은 공정성의 개념으로 이해할 수 없다.

미국 헌법에는 공정성이 언급되지 않는다. 힘들게 일해서 번 여러분의 돈을 정치인들이 세금이라는 명목으로 거둬들여서는 재선, 재선을 통한 권력 유지, 각종 특전, 13만 달러나 되는 세비, 미사용 선거 자금, 퇴직금 등 거한 혜택을 위해 사용하는 것을 합리화할 때만 공정성 운운한다.

이 사실들을 고려한다면 능력껏 열심히 일해서 부를 축적하는 것은 좋은 일이고 공정한 삶의 방식이라는 결론을 내려야 한다. 미국 건국의 아버지들은 1달러짜리 지폐 뒷면에 '섭리'의 눈(피라미드 위)을 그려 넣었다. 정치적 측면의 자유국가는 소수 권력을 위해 부를 재분배하기 위해서가 아니라 경제적 자유와 사유재산권을 보호하기 위해 존재한다.

미국 헌법의 제정 배경을 보면 건국의 아버지들이 생각하는 '공정함'이 무엇인지 좀 더 쉽게 이해할 것이다. 미국 헌법 제1조 제9절은 '인두세나 그 밖의 직접세는 앞서 규정한 인구 조사 또는 산정에 비례하지 아니하는 한 이를 부과하지 못한다'라고 되어 있다. 다시 말해 직접세를 부과한다면 누구에게나 공평하게 과세해야 한다는 것이다. 흥미롭게도 137년 동안 이것이 공정하다고 여겨왔고 국가의 필요에 따라 세금을 부과했다.

그런데 1913년에 수정헌법 제16조가 통과되었다. 이에 따라 연방 정부는 '소득원을 불문하고, 또 각 주에 배당하지 아니하면서 국세 조사나 인구 산정에 관계없이 소득세를 부과·징수'할 수 있게 되었다. 이 수정헌법이 통과된 이후 소득이 5,000달러인 사람의 '공정' 세율은 0.4%가 되었다. 물가상승률을 고려해 현재 시세로 환산하면 당시의 5,000달러는 8만 달러가 되고 이 소득에 1913년 당시의 세율을 적용하면 세액은 320달러밖에 되지 않는다. 그런데 오늘날 미국의 평균 가정은 1만 1,000달러 이상을 세금으로 낸다.

다시 말하지만 '공정'이 정치인의 정책 놀음에 따라 S&P 선물 지수보다도 빠르게 변화했다는 사실이 매우 흥미롭다.

한편 페이비어니즘(Fabianism)의 등장과 함께 자유를 상실하는 폭이 서서히 증가했다. 페이비어니즘은 영국의 사회주의자 단체인 페이비언협회에서 취하는 사회주의 실현 방식으로서 급진적 변화보다는 점진적 변화와 진보를 지지한다. 지금은 '경제 민주주의'라는 단어를 쓰지만 스스로 사회주의자라고 공공연히 밝혔던 클린턴 대통령의 측근 데릭 시어러(Derek Shearer)만 봐도 알 수 있다. 시어러는 클린턴을 두고 '진보적'이라고 했고 "클린턴은 능동적이고 적극적인 정부를 신봉한다"고 말했다. 그가 미

상무부 경제 담당 부차관에 임명된 이유가 짐작되는 부분이 아닐까?

이것으로 부족하다면 로버트 라이시(Robert Reich) 미 노동부 장관의 말을 음미해보자. "우리는 협력적 기업가 정신을 높이 사야 한다. 협력적 팀을 지향하고 공격적인 지도자들과 독단적인 천재들은 지양해야 한다."

일리노이주 출신의 민주당 세입세출위원회(House Ways and Means Committee) 위원장 댄 로스텐코프스키(Dan Rostenkowski)가 한 말을 되새겨 보면 오늘날 미국 정가를 지배하는 철학이 무엇인지 감이 올 것이다. "지난 10년 동안 배를 불리며 살았던 사람들의 지갑을 노리는 일을 할 것이다."

대조적으로 미국의 제4대 대통령이자 '헌법의 아버지'로 불리는 제임스 매디슨(James Madison)은 "(정부의) 주된 목적은 소외된 계층을 보호하는 것"이라고 썼다. 이것을 보면 1913년 이후 정부의 도덕적·정치적 믿음에 상당한 변화가 있었다는 사실을 알 수 있을 것이다.

우리는 부모님으로부터 정의의 경계 안에서 열심히 일해 부를 축적하는 것은 존경받고 칭찬받아 마땅한 것이라 배우지 않았던가. 그러나 오늘날 좌파 정치인들은 열심히 일하는 것의 도덕성을 부인한다. 이들은 복지 정책의 정당성을 주장한다. (암묵적으로) 모든 인간에게는 자녀를 낳을 권리가 있고 이것은 인간으로서 당연한 권리이기 때문에, 만약 생활보조금을 받는 여성이 아이 18명을 원한다면 그렇게 할 권리가 있다는 것이다. 이 논리가 타당하다면 복지 정책의 수혜자는 왜 전 세계 사람들이 아니라 미국 국민으로 제한되는가?

정치인의 합리화가 겨냥하는 표적은 바로 열심히 일한 대가로 얻은 결과물, 바로 세수입이다. 이들은 탐욕이라는 이유를 들어 "돈을 너무 많이 벌고 축적하면 안 된다"고 말한다. 탐욕이라는 개념은 사실 반(反)개념이다. 귀에 걸면 귀걸이 코에 걸면 코걸이처럼 자신이 원하는 의미를 얼마든지 갖다 붙일 여지가 있기 때문이다. 굶어 죽어가는 사람의 시각으로는 땅콩버터 두 병을 갖는 것조차 탐욕스러운 행동일 것이다.

사실 심리학적 측면의 탐욕은 정직하게 성공한 사람을 공격할 때 사용한다. 예를 들어 마피아 두목을 보고는 범죄자라고 하지, 탐욕스럽다고 하지는 않는다. 그러나 돈이 많은 기업인이 범죄를 저지르면 범죄자라고 하지 않고 탐욕스럽다고 말한다. 자신의 성공에 죄의식을 느끼게 해서 희생을 최고 가치로 삼게 하려는 정치적 의도가 강하게 느껴지는 부분이다.

여기서 이런 의문들이 생긴다. 합법적으로 돈을 벌고 축적하는 것이 어째서 '선'이 아니란 말인가? 일을 좋아해서 37세에도 은퇴하지 않고 계속 생산적인 일을 하는 빌 게이츠(Bill Gates)가 탐욕스러운 사람인가? 그는 자신이 하는 일이 좋아서 일하는 것인가, 아니면 70억 달러를 벌려고 일하는 것인가?

개인에게 비도덕적인 것은 사회에도 도덕적인 것이 될 수 없다. 국민을 위한다는 명목으로 자신의 권력욕을 채우려 온갖 일을 다 하면서도, 열심히 일해 부를 축적하는 사람을 비난하는 일부 좌파 정치인들의 행동은 정말 위선적이다. 필요하거나 원하는 물질에 대한 통제권을 갖겠다는 것이 왜 잘못된 것인가? 고급 식당에서 먹고 고급 자동차를 몰고 싶어서 일주일에 35시간이 아니라 80시간 일하면서 돈을 많이 벌겠다는 것이 왜 잘못된 일인가? 열심히 일하는 부자는 비도덕적이고, 빈둥거리며 아무 일도 하지 않는 가난한 사람은 청렴한가?

이들의 답변은 논리 혹은 언쟁이 아니라 이데올로기와 심리학적 측면에 존재한다. 심리학적 측면에서 보면 성공한 사람에 대한 분노, 그리고 성공이 부럽지만 자신은 그럴 능력이 없다는 것을 알고 어떻게든 흠집을 내보려는 비뚤어진 욕망에서 답변을 찾을 수 있다. 이데올로기 측면에 보면 실질적으로 일과 성공에 대한 욕구의 수준이 절대 같을 수 없는데도 모든 사람을 공평하게 대우하는 사회로 바뀌어야 한다는 인류 평등주의 사상에서 답변을 찾을 수 있다.

공산주의자, 사회주의자, 집산주의자, 급진적 민주주의자가 추구하는 궁극의 윤리는 바로 이타주의다. 가난하고 소외된 사람들에게 자비를 베풀고 이들을 돌보자는 주의가 아니라, 명분이 무엇이든 남을 위해 희생하는 것은 '선'이고 이기적으로 살아가는 것은 '악'이라는 주의다.

이기주의가 타인의 희생을 의미하지 않는다는 사실을 이해하기 바란다. 타인에게 해를 끼치라고 제안하지 않는다. 만족을 얻으려면 자신이 좋아하는 어떤 것을 포기하라고 암시하지도 않는다. 자신의 목표를 달성하기 위해 타인을 이용해야 하는 것도 아니다. 단지 우리 인간에게는 혼자 힘으로 살아갈 권리가 있고, 언제 어디서든 또 어떠한 이유에서든 자유를 구속받지 않을 권리가 있다는 것이다. 에인 랜드는 자신의 수필집 《Philosophy: Who Needs It(철학)》에서 이 부분을 적절히 표현했다.

> 이타주의가 말하는 도덕률은 무엇인가? 이타주의의 기본 원칙은 인간은 자신의 이익을 추구할 권리가 없고 타인에게 봉사하는 것이 존재의 유일한 이유이며 자기희생이 최고의 도덕적 의무와 미덕, 가치라는 것이다.

이는 단순히 다른 사람에게 친절하라든가 자비를 베풀라는 말이 아니다. 다른 사람이 자신에게 도움을 요청하는 상황이라면 그들 덕분에 지금의 생활을 유지하니 그들에게 빚을 졌다는 말이다. 게다가 노숙자에게 커피 한 잔 사 마시라며 1달러를 쥐여주는 것과는 차원이 다른 이야기다.

옳든 그르든 질문의 요지는 이것이다. 나까지 노숙자가 되는 순간까지 모든 노숙자에게 내가 가진 돈을 다 내주어야 할 의무가 있는가? 다른 사람이 곤궁한 처지라고 해서 그의 노예로 살아가는 것이 내가 살아가는 목표가 되어서는 안 된다. 누군가를 돕기로 했다면 좋다. 이는 내 존재를 양도하는 것이 아니라 '자선'이다.

공정성을 기하기 위해 이와 상반되는 도덕률의 예를 하나 들어보겠다. 아래는 1985년 8월에 〈플레이보이〉가 피델 카스트로(Fidel Castro)와 했던 인터뷰 내용이다.

질문자: 여전히 피델 카스트로에게 동기를 부여하는 것은 무엇입니까?

카스트로: 매우 어려운 질문입니다. 돈은 아닙니다. 물질은 제게 동기를 부여하지 못합니다. 점점 사심이 없어지고 희생정신이 고양될수록 자만심과 허영심, 기타 인간의 마음에 존재하는 모든 무용한 것을 포기하게 됩니다. 그런 허영심에 마음을 내준다면, 또 자만심에 우쭐대거나 자신이 없어서는 안 될 아주 중요한 사람이라고 생각하기 시작하면 부와 명예를 좇는 삶에 빠져들게 됩니다.

자신의 삶을 최우선 가치로 삼아야 한다는 에인 랜드의 견해를 다시 음미해보면 왜 많은 쿠바인이 플로리다로 탈출을 시도했는지를 이해하게 될 것이다.

한편 구소련은 오랜 세월 국민에게 희생과 고통을 강요했고, 지금의 러시아인들은 일본인을 닮고 싶어 한다. 러시아 언론정보부 차관 미하일 페도토프(Mikhail Fedotov)는 바르셀로나의 한 신문과 가진 인터뷰에서 이렇게 밝혔다.

우리는 돈은 악하고 부자는 나쁜 사람들이며 국가를 위해 봉사하면 국가가 우리를 돌봐줄 것이라고 배웠습니다. 이제 우리가 해야 할 일은 사람들에게 부는 좋은 것이며 사람은 이기적이 되어야 한다는 사실을 알리고 확신시키는 것입니다. 우리는 열심히 일하고 법을 지킬 수 있는 이기주의자들의 사회를 만들어야 합니다. 이것이 우리 모두에게 이익이 될 겁니다. 지금 러시아에는 정상적인 생활에 필요한 의식이 없는 병약자 1억 5,000만 명이 존재할 뿐입니다.

내가 이 문제를 논하는 데 많은 시간을 할애한 것은 잠재의식적으로 여러분의 머릿속에 돈을 버는 것은 좋고 건전하며, 인간에게는 돈을 벌 권리가 있다는 의식을 심어주기 위해서다. 미국 국민에게 강요된 이타주의 원칙의 부담이 너무 강한 탓에, 사람들은 성공하는 것에 묘한 불안감과 죄의식을 느끼게 되었다. 트레이더가 되는 것도 충분히 힘든데, 그 일의 도덕적 정당성까지 의심해야 한다면 트레이더가 되는 것은 거의 불가능하다.

이 문제를 논하는 데 많은 시간을 할애한 다른 이유는 자유국가의 상징이던 미국이 위상을 서서히 잃어가고 있다는 점이다. 자유가 점점 줄면 트레이딩 능력이 현저히 떨어질 수 있다. 높은 세율, 새로운 규제법, 정치적 변화 등 트레이딩을 어렵게 하는 악재들이 쌓이다가는 이 직업군이 사라져버릴 수도 있다.

트레이딩 분야는 개념과 사상을 토대로 한다는 점을 이해하라. 사상이 대조적인 인물들을 아래에 모아놓았다. 철학사 전반을 아우르는 이들이지만 여러분은 사실이라고 믿는 한쪽만 선택해야 한다.

아리스토텔레스 대 플라톤
성 토마스 아퀴나스 대 성 아우구스투스
존 로크 대 장 자크 루소
애덤 스미스 대 카를 마르크스
토머스 제퍼슨 대 블라디미르 레닌
에인 랜드 대 임마누엘 칸트

성공하는 트레이더가 되려면 홀가분한 마음으로 자유롭게 트레이딩에 임해야 한다. 트레이딩을 하려면 사상 논쟁의 장에서 자신을 방어할 수 있어야 한다. 그리고 돈을 버는 것은 완벽하게 도덕적인 일이며, 얼마나 많이 벌지는 전적으로 자신에게 달렸다는 사실을 느껴야 한다. 끝으로 여러분은 사회에 빚을 진 것이 아니고 다른 사람들 역시 여러분에게 빚을 진 것이 아니라는 것을 믿어야 한다.

부의 윤리와 심리학이라는 개념을 충분히 설명하려면 한 장으로는 턱없이 부족하지만, 그래도 부의 윤리의 중요성과 앞으로 미국이 나아갈 방향을 생각하도록 촉진하는 계기가 되었기를 바란다.

자본주의는 미국의 원조 사회 체계였지만 1913년에 변질되었다. 자본주의는 서서히, 그러나 확실하게 해체되고 파시즘, 사회주의, 공산주의, 복지주의 등이 혼합된 복합적 제도로 변형되고 복지 국가가 실현될 것이다. 정치인, 언론인, 학자, 법률가 등 사회 지도층 인사들은 원조 자본주의의 최초이자 최대 수혜자였다. 그런데 이들 대부분은 개인의 주도권과 그 결과, 즉 실적을 두고 부의 재분배 논쟁을 벌이고 있다. 나는 여러분이 자유로운 트레이딩을 통해 정당한 부를 당당히 거머쥐기를 바란다.

주석

2장. 건전한 투자철학의 기본 원칙

1. Ludwig von Mises, *Human Action* (New Haven, CT: Yale University Press, 1963) (3rd rev. ed.), pp. 10, 92. 오스트리아학파를 더 자세히 알고 싶은 사람은 다음 책을 읽어보길 바란다. Thomas C. Taylor, *An Introduction to Austrian Economics* (Auburn, AL: Ludwig von Mises Institute, 1980) 더 자세한 내용을 알고 싶다면 아래 주소로 연락하라. The Ludwig von Mises Institute for Austrian Economics Inc., Auburn University, Auburn, AI 36849.

2. 《전설의 프로 트레이더 빅》 207~208쪽 참조.

3. 가치의 주관적 속성과 가치 인식의 '차이'가 매매 과정에 영향을 미친다는 사실 자체는 매우 단순하고 자명하게 들리겠지만, 사실 이것은 루트비히 폰 미제스가 처음 도입하고 공식화한 개념이다. 그 이전에 애덤 스미스와 다른 고전경제학자들은 가치의 '균등성' 개념을 바탕으로 매매가 이루어진다고 보았다.

4. 자산의 속성에 관해, 그리고 물질의 생산만이 순자산을 증가시킨다는 오랜 믿음을 반박하는 논리에 관해 더 자세한 것을 알고 싶다면 《전설의 프로 트레이더 빅》 9장을 참고하라.

3장. 통화정책이 경기 순환에 미치는 효과

1. Ludwig von Mises, *Human Action* (Chicago: Contemporary Books, 1966), p.572

2. von Mises, *Human Action*, p. 398

3. 같은 책, p. 401. 화폐와 신용에 대한 오스트리아학파의 설명을 좀 더 상세히 알아보려면 뱃슨(H. E. Batson)이 번역한 *The Theory of Money and Credit* (Indianapolis: Liberty Classics, 1981)을 참조하라.

4. von Mises, *Human Action*, p. 418

5. 같은 책, pp. 416~419

6. 같은 책, p. 526

7. 같은 책, p. 527

8. 더 자세히 알고 싶다면 *Human Action*, pp. 534~586을 참고하라.

9. 내 전작 《전설의 프로 트레이더 빅》을 읽은 독자들은 본래의 이자가 시장 금리의 요소라고 설명했던 부분이 내 잘못이었다는 점을 알아주기 바란다. 본래의 이자는 시장 금리의 한 요소라기보다는 순이자(실질이자)가 도달하고자 하는 금리의 수준이라고 보는 것이 마땅하다. 기업가 요소와 가격 프리미엄 요소는 진정한 금리는 아니지만 각각 기업가 위험과 화폐 관계의 변화에 따른 할인 기능을 수행한다.

10. von Mises, *Human Action* (3rd rev. ed.), p. 551

11. 더 상세한 내용을 알고 싶다면 《전설의 프로 트레이더 빅》 10장을 참고하라.

12. 소비재 수요 증가는 자본재시장에서보다 훨씬 빠른 속도로 가격을 상승시킬 수 있다. 그 결과 저축이 강제되고 이것이 생산자 가격에 대한 상승 압력을 상쇄시킨다. 요컨대 본래의 이자가

하락하고 경제 성장 속도가 빨라질 것이다. 그러나 궁극적으로 소비재의 가격이 '실질 가치의 상승'을 유발하는 수준으로까지 상승한다.

13. von Mises, *Human Action*, p. 559

4장. 재정정책이 경기 순환에 미치는 효과

1. von Mises, *Human Action* (3rd rev. ed.), p. 807
2. John Maynard Keynes, General *Theory of Employment, Interest, and Money* (New York: Harcourt Brace, 1964) (1st Harbinger ed.)

7장. 변동성에서 기회 포착하기

1. Gordon A. Holmes, *Capital Appreciation in the Stock Market* (New York: Parket Publishing Company, 1969), p. 32

8장. 주가는 경기의 선행 지표

1. Irving Kristol, editorial, 1986년 1월 9일 자 〈월스트리트저널〉, p. 28
2. Robert Rhea, *Dow Theory Applied to Business and Banking* (New York: Simon and Schuster, 1938)
3. 배런즈의 비즈니스지수는 1938년 이후 산정이 중단되었다. 비즈니스지수와의 일관성을 유지하기 위해 1921년부터 현재까지의 산업생산지수(1987=100)를 이용했다.
4. Rhea, *Dow Theory Applied to Business and Banking*, p. 77

9장. 위험과 보상 분석

1. Rhea, *Dow Theory Applied to Business and Banking*.

10장. 강력한 기술적 지표들

1. 내가 제시한 기술적 분석 방법뿐 아니라 기술적 분석의 장점과 단점을 더 자세하게 알고 싶다면 《전설의 프로 트레이더 빅》을 참고하라.
2. Robert D. Edwards and John Magee, *Technical Analysis of Stock Trends* (Springfield, MA: John Magee, 1966)
3. 시장 분석의 기술적 원칙을 더 자세하게 알고 싶다면 《전설의 프로 트레이더 빅》 5~8장을 참고하라.
4. 주가 평균에 적용하자면 관련된 모든 지수가 추세를 확정해야 한다. 그렇지 않다면 이는 추세 변화의 가능성을 나타내는 신호가 된다.
5. 시험의 원인과 2B 패턴을 더 자세하게 알고 싶다면 《전설의 프로 트레이더 빅》 159~162쪽을 참고하라.
6. 오실레이터를 더 자세하게 알고 싶다면 《전설의 프로 트레이더 빅》 183~191쪽을 참고하라.

12장. 세 자리 수익률의 마법 열쇠

1. 이러한 매매 법칙을 더 자세하게 알고 싶다면 《전설의 프로 트레이더 빅》을 참고하라.
2. 《전설의 프로 트레이더 빅》 참고.

찾아보기

전설의 프로 트레이더 빅 2

초판 1쇄 | 2025년 2월 28일

지은이 | 빅터 스페란데오
옮긴이 | 이은주

펴낸곳 | 액티브
펴낸이 | 김기호
편집 | 정수란, 양은희
기획관리 | 문성조
디자인 | 표지·김윤남, 본문·채홍디자인

신고 | 2022년 5월 27일 제2022-000008호
주소 | 서울시 용산구 한강대로 295, 503호
전화 | 02-322-9792
팩스 | 0303-3445-3030
이메일 | activebooks@naver.com
홈페이지 | http://blog.naver.com/activebooks
ISBN | 979-11-991500-0-3 (03320)
값 | 25,000원